JN428981

성찰과 소통을 위한 글쓰기

개발책임 **신해진** 교수(국어국문학과)

집 필 진 **김 현** 박사(철학과)
김현정 박사(국어국문학과)
박세인 박사(국어국문학과)
이혜란 박사(영어영문학과)

자문위원 **강영신** 교수(심리학과)
유동일 교수(고분자융합소재공학부)
이학영 교수(생물학과)
정미라 교수(철학과)
조경순 교수(국어국문학과)

성찰과 소통을 위한 글쓰기

전남대학교 기초교육원 편

전남대학교출판문화원

차례

서문

성찰과 소통을 위한 역량 중심의 글쓰기

대학은 미래 인재를 양성해야 할 의무를 지닌다. 이때의 미래 인재란 시대의 변화에 맞춰 창조적 가치를 생산할 수 있는 교양인을 뜻한다. 이러한 미래 인재를 양성하기 위해, 지난 10여 년이 넘는 시간 동안 국내의 많은 대학이 글쓰기 교육을 교양교육의 핵심에 두고 있다.

미래 인재를 양성하기 위해 대학에서 글쓰기 교육을 강조하는 이유는 글쓰기가 지닌 성찰과 소통의 힘 때문이다. 글쓰기가 지닌 성찰과 소통의 힘은 동서양, 그리고 시대를 가로질러 항존의 가치를 지니는 것으로 여겨진다. 글을 쓰는 행위를 통해 자신을 되돌아보고 자신의 생각을 타인과 소통하고자 하는 욕망은 인간이 지니는 자연스러운 본능이다. 특히, 대학이라는 학문공동체 안에서 우리는 '나'와 나를 둘러싼 다양한 사회적 현상에 대한 깊은 이해를 바탕으로 자신의 생각을 표출하고자 하는 지적 욕망을 지니게 된다.

그런데 대학인 또는 교양인으로서 좋은 글을 쓰고자 하는 바람은 있으나, 좋은 글을 쓰는 데에 어려움을 겪는 이들이 많다. 또한 글쓰기가 미래 핵심역량을 기르는 데 최적의 수단이라는 것은 많이 들었지만, 어떤 과정을 거쳐 글을 써야만 핵심역량을 기를 수 있을지에 대해서는 막연해 하는 이들도 많다.

이 책은 이러한 이들을 위해 집필되었다. 이 책에서 삼고 있는 글쓰기 교육의 목표는 궁극적으로 학생들이 깊은 성찰을 바탕으로 자신의 생각이나 의견을 타인과 논리적이고 합리적으로 소통할 수 있는 능력을 기를 수 있도록 하는 데 있다. 그리하여 이 책의 제목을 『성찰과 소통을 위한 글쓰기』로 삼게 되었다.

특별히 이 책이 주목하고자 했던 것은 역량 중심의 글쓰기 교육이다. 이 책에서 주목한 역량은 크게 성찰적 사고 역량, 사회적 소통 역량, 비판적 사고 역량, 창의적 문제 해결 역량이다. 이러한 각각의 역량을 글쓰기를 통해 증진시키고자 하는 취지에서 학생들이 '글쓰기의 중요성과 윤리', '글쓰기의 과정'을 학습한 다음, '성찰과 표현을 위한 글쓰기', '사회적 소통을 위한 글쓰기', '비판적 사고를 위한 글쓰기', '창의적 문제 해결을 위한 글쓰기'와 같이 다양한 글쓰기를 해볼 수 있도록 장을 구성했다.

1장은 글쓰기의 중요성과 윤리를 다루는 장이다. 학생들이 본격적으로 글쓰기를 하기 전에 미래 핵심역량으로서 글쓰기가 중요하다는 것을 깨닫고, 글쓰기와 관련한 윤리적 관점과 태도를 지닐 수 있도록 내용을 구성했다. 특히, 글쓰기 윤리와 관련해서는 학문 공동체 안에서뿐만 아니라 인터넷에서의 글쓰기 윤리를 다룸으로써, 학생들이 일상생활에서도 윤리적으로 글쓰기를 할 수 있도록 했다.

2장은 글쓰기의 과정을 소개하는 장이다. 우선 대학에서 일반적으로 통용되는 좋은 글의 요건을 예문을 통해 제시함으로써, 학생들이 좋은 글의 요건들을 스스로 발견해 볼 수 있도록 했다. 그런 다음, 한 편의 글을 완성하기까지의 과정을 '준비하기 → 초고쓰기 → 고쳐쓰기'의 단계로 나누어 제시했다. 특히, 좋은 글을 쓰기 위해서는 고쳐쓰기 과정이 중요함을 학생들이 인지할 수 있도록 강조했다.

3장은 성찰적 사고 역량을 증진시키기 위한 목적에서 자신에 대한 성찰을 통해 '나'를 표현하는 글쓰기를 해볼 수 있도록 구성했다. 이 장에서는 '나'를 소재로 자신의 성찰이 보다 중심이 된 '자기성찰에세이'와 타인에게 나를 소개하는 '자기소개서' 쓰기를 실습 사례로 제시했다. 이 장을 통해 학생들이 좋은 글을 쓰기 위해서는 자신에 대한 진지한 성찰의 과정이 중요함을 깨달을 수 있도록 했다.

4장은 공동체 안에서의 사회적 소통 역량을 증진시키기 위한 목적에서 비평문을 써 볼 수 있도록 구성했다. 이 장에서는 먼저 공동체 안에서의 가치 소통의 중요성을 살펴볼 수 있도록 했다. 그리고 비평적 글쓰기 방법에 관한 전략을 제시한 후에, 이에 맞춰 서평문과 문화 비평문 쓰기를 해볼 수 있도록 했다. 이 장을 통해 학생들은 3장에서 배양한 성찰적 사고 역량을 바탕으로, 자신의 사상을 타인과 소통해 볼 수 있는 역량을 기를 수 있을 것이다.

5장은 비판적 사고 역량을 증진시키기 위한 목적에서 논술문과 칼럼을 써 볼 수 있도록 구성했다. 이 장에서는 비판적 사고와 판단의 기준을 이해해 보고, 다양한 논증적 글을 분석해 봄으로써 논증의 특징을 살펴볼 수 있도록 했다. 그런 다음 자신의 입장을 타인에게 설득시키기 위한 목적의 논술문과 칼럼 쓰기를 실습 사례로 제시했다. 이 장을 통해 학생들은 다양한 텍스트를 비판적으로 읽고, 이를 바탕으로 자신의 입장을 논리적으로 제시할 수 있는 역량을 기를 수 있도록 했다.

6장은 창의적 문제 해결 역량을 증진시키기 위한 목적에서 제안서와 연구계획서를 써 볼 수 있도록 구성했다. 이 장에서는 창의적 문제 해결 능력을 갖춘 융합형 인재의 특성을 살펴보고, 창의적인 문제 발견과 해결을 위한 전략을 살펴볼 수 있도록 했다. 그런 다음 문제 해결 과정으로서의 제안서와 연구계획서 쓰기를 실습 사례로 제시했다. 이 장을 통해 학생들이 이미 발견된 정보만을 가지고 글쓰기를 하는 것이 아니라, 주체적으로 자신이 새롭게 문제를 발견하고 이에 대한 대안을 제시해 봄으로써 창의적 문제 해결 역량을 기를 수 있기를 바란다.

부록에서는 좋은 문장의 요건과 연구보고서 작성법을 제시했다. 다양한 비문들을 학생들이 직접 고쳐보는 과정을 통해 스스로 좋은 문장의 요건을 발견해 볼 수 있도록 문제 중심으로 내용을 구성했다. 연구보고서 작성법은 연구보고서의 구성 요소를 서론, 본론, 결론의 구성으로 나누어 대략적으로 제시했으며, 인용과 출처 표기법도 함께 다루었다. 연구보고서 작성법은 학문 계열마다 다르기 때문에 학문 계열별 특성을 상세하게 다루지 못한 한계가 있으나, 이는 심화된 글쓰기 교육을 통해 학생들이 학습하기를 바라는 마음으로 간략하게 제시했다.

이와 같이 총 7장으로 구성된 『성찰과 소통을 위한 글쓰기』는 단순히 글을 잘 쓰는 방법을 다루기보다는, 학생들이 글을 쓰는 과정을 통해 미래 사회에서 요구되고 있는 다양한 역량들을 단계적으로 기를 수 있도록 구성되었다. 특히, 이 책에서는 다양한 장르의 글쓰기를 하는 방법을 설명적으로 제시하는 데에서 그치지 않고, 〈생각 나누기〉와 〈쓰기 활동〉을 통해 학생들이 스스로 좋은 글을 쓰는 법을 발견해 볼 수 있도록 했다. 그런 의미에서 이 책의 효과는 교수자와 학습자 간의 피드백을 포함한 다양한 토의 활동이 기반이 되었을 때 보다 더 극대화될 수 있으리라 본다.

책을 통해 학생들이 글을 쓰는 과정에서 자신을 깊이 있게 성찰하고 자신의 생각을 타인과 소통하는 즐거움을 느낄 수 있기를 바란다. 그리하여 글쓰기가 타인을 위한 행위라기보다는 궁극적으로는 자신의 내적 성장을 위한 가치 있는 행위임을 깨달을 수 있기를 바란다.

이 책은 많은 분들의 격려와 조언 덕분에 발간되었다. 대학 교양교육의 큰 틀을 제시하여 책의 방향을 조언해 준 전남대 총장님을 비롯하여 기초교육원 원장님과 교양교육지원센터 연구원들에게 이 지면을 빌려 감사의 뜻을 전한다. 또한 이 책의 집필 구상 단계에서부터 마지막 원고 작성 과정에 이르기까지 꼼꼼하게 검토를 해주신 여러 감수진 교수님들께도 고개 숙여 감사드린다. 무엇보다도 대학 글쓰기 교육 현장에서 이 책을 활용할 여러 교수자들과 학습자들에게 깊이 감사드리는 바이다.

2019년 2월

『성찰과 소통을 위한 글쓰기』 개발 책임 **신 해 진**

제1장

글쓰기의 중요성과 윤리

1. 미래 핵심 역량으로서의 글쓰기

1) 왜 글을 쓰는가?

프랑스 철학자 장 폴 사르트르(Jean Paul Sartre)가 쓴 소설 『구토』는 주인공 로캉탱이 한 권의 책을 써야겠다는 결심으로 마무리된다. 로캉탱은 글쓰기가 세계의 한복판에 내던져진 자신의 존재에 삶의 이유를 부여해 줄 수 있는 유일한 행위일 것이라고 결론짓는다. 로캉탱에게 글은 기원과 목적을 상실한 채 부유하는 삶에 '내가 이 세상에 존재한다'는 사실을 확인하는 수단으로 선택된다.

실존의 정당화라는 거창한 이유가 아니더라도 글을 쓰는 목적은 여러 가지다. 글은 그때 그때 떠오르는 생각을 메모함으로써 한정된 기억의 용량을 보조하는가 하면, 보다 나은 내일을 다짐하는 차원에서 하루의 일과를 회고하는 수단이 되기도 한다. 한 편의 글은 사회적 의제들에 자신의 목소리를 기입하는 참여를 보증하고, 일상의 사건이나 사물들을 소재삼아 자기 느낌을 표현하는 매체의 역할도 담당한다. 글을 쓰는 각가지 목적에도 불구하고 다양한 글들을 가로지르는 공통점이 있다. 모든 글은 저자가 있으며, 글은 글쓴이가 속한 사회 또는 그가 사는 시대에 대한 이런 저런 관계맺음의 방식을 반영한다는 점이다. 한 편의 글이나 한 권의 책이 한 사람의 세계를 담아낸다고 말하는 이유다.

인간의 삶은 다양한 관계들로 구성된다. 관계가 성립하기 위해서는 나 이외에 타자가 반드시 존재해야 한다. 스스로를 반성하는 성찰적 자기 관계마저도 타자와의 관계 맺음을 전제한다. 나는 관계를 전제로 이들과 소통하는 과정 중에 나의 인식을 확장하고, 세계와 인간에 대한 깊이 있는 이해를 갖춰간다. 관계 맺음 없이 소통할 수 없고, 소통이 없다면 성장을 도모하기 어렵다. 말하기와 글쓰기는 인간이 맺은 다양한 관계들에 의미를 부여하면서 타자와 소통하기 위한 가장 중요한 매체다. 그렇다면 말하기와 글쓰기는 어떻게 다를까?

말이 일회적이라면 글은 영속적이다. 말은 시간과 장소의 제약을 받으며, 한정된 청자에 구속되지만, 글은 시간이나 장소의 제약을 넘어 익명의 독자에게 무한대로 증식되어 갈 수 있는 힘을 갖는다. 말을 하는 과정에서 나를 화자와 청자로 분리시키는 것은 불가능하다. 말을 하는 내가 화자이면서 동시에 내 말을 듣는 청자일 수는 없기 때문이다. 그러나 글을 쓰는 과정에서 인간은 자기와 거리를 확보한 채 스스로를 객관화해야 한다. 글쓰기는 자신의 생각에 거리를 두고 이를 객관적으로 성찰하는 과정이다.

물론, 모든 글은 필자의 주관적인 견해를 녹여낸 지극히 사적인 것이다. 각각의 글에는 세상과 관계하는 필자만의 독특한 방식이 담겨 있기 때문이다. 그러나 각각의 글들은 개성적인 만큼 보편적인 것이기도 하다. 누군가의 글은 그가 세상과 맺은 관계방식만을 표현하는 것이 아니라, 세상이 그와 맺는 관계방식도 포함하고 있기 때문이다. 이런 이유에서 어떤 사람이 남긴 글은 한 사회, 한 시대를 가늠할 수 있는 기록이자, 사적 삶과 공적 삶을 매개하는 소통의 도구이기도 하다.

빼어난 글, 좋은 글일수록 개성을 상실하지 않고서도 더 많은 독자의 공감을 끌어낼 수 있다. 개성적이면서도 보편적인 글일수록 개인의 협소한 자연적 편향으로부터 벗어나 더 많은 관계 맺음과 더 많은 관심을 반영한다. 달리 말하자면, 개성적이면서도 보편적인 글은 필자가 맺는 관계의 다양성과 폭에 전적으로 의지할 뿐만 아니라, 공적 영역에 대한 적극적인 관심사를 반영하는 글이다. 이 때문에 우리는 세상에 글을 통해 그때그때의 사안들에 의견을 표명하는 한편, 경우에 따라서는 한 편의 글을 두고 갑론을박을 벌이면서 더 나은 삶, 더 나은 사회가 무엇인가를 토론하기도 한다. 글쓰기는 자신이 속한 사회와 시대에 적극적인 관심을 표명하는 행위이자 한 사회와 시대에 참여를 보증하는 수단이다.

합당한 다원주의의 현실 속에서 모든 사람들이 추구해야 하는 절대적 진리는 존재하지 않는다. 각자는 자신의 이해와 관심에 따라 옳음과 그름, 참과 거짓, 아름다운 것과 추한 것을 판단하고, 이를 정당화하기 위해 노력해야 한다. 다양한 이해와 관심이 공존하는 세계 속에서 느슨한 중첩적 합의를 지향하는 것이야말로 다원주의 사회가 요구하는 삶의 태도다. 글쓰기는 다원화된 사회와 세계 속에 나의 목소리를 기입하는 참여적 행위이자, 공동체의 구성원들과 함께 중첩적 합의를 지향하는 과정이다. 글을 쓰면서 나의 생각을 표현하고 다른 사회 구성원들과 소통을 시도하는 한편, 다른 사람이 쓴 글을 보면서 내가 미처 깨닫지 못했던 것을 배울 수도 있다. 글은 타자 관계를 통해 자기 관계를 풍성하게 하는 자기 성장의 매체다.

2) 대학에서 글쓰기를 왜 배우는가?: 미래 핵심 역량으로서의 글쓰기

그렇다면 일반적인 글쓰기와 대학 글쓰기는 어떤 점에서 차별화될까? 관계와 관심, 이해와 소통을 집약하는 매체라는 점에서 대학 글쓰기는 일반적인 글쓰기와 크게 다르지 않다. 사적인 관심사나 취향에 따라 자유롭게 작성하는 글들을 제외한다면 대학 생활 동안 쓰게 될 대부분의 글들이 일정한 형식과 요건을 갖춘 학술적 성격의 글이라는 점이 다를 뿐이다. 더욱이 이들 학술적 성격의 글들은 미래 사회가 요구하는 특별한 역량과 밀접한 관련을 갖고 있다.

'학제적 융합을 통해 창의적으로 사고하는 능력', '문제를 주도적으로 발견하고 구성하면서 이를 함께 해결하는 능력', '언어·상징·텍스트와 같은 다양한 매체들을 활용함으로써 상호 이질적인 사회 구성원들과 합리적으로 소통할 수 있는 능력' 등은 미래 사회 구성원들이 갖추어야 할 필수적인 역량으로 제안되고 있다. 이 세 가지 역량을 갖춘 미래 사회의 인재가 되기 위해서는 주어진 자료와 데이터를 정확하게 독해할 수 있어야 하며, 이해한 내용을 글로 표현할 수 있어야 한다. 글쓰기는 미래 지향적

인재를 요구하는 21세기 어젠다에 부응하기 위한 가장 기본적인 역량 가운데 하나다.

지난 세기 산업 현장을 포함한 사회가 대학 사회에 요구했던 인재상은 특정 영역에 대한 직능과 지식을 갖춘 전문적 지식인이었다. 그러나 다가오는 미래 사회는 전방위적인 분야에 걸쳐 개인의 역량을 발휘할 수 있는 창의적이고 융합적인 인재를 요청하고 있다. 학문 간의 경계를 넘나들면서 다른 전공 영역의 구성원들과 소통할 수 있는 융합적 능력을 갖출 필요가 있다는 것이다. 디지털 혁명이 가져온 사회상의 변화로 인해 지식의 유통 속도와 기한이 빠른 속도로 단축되고 각 학문들 간의 연계 필요성이 높아지고 있는 오늘날의 현실 속에서 특정 전공 분야의 지식만으로 해결 할 수 없는 복잡한 문제들이 도전적으로 제기되고 있기 때문이다. 더욱이 인공지능의 시대가 도래하면서, 의사소통의 주체가 인간 대 인간을 넘어 로봇과 인간으로까지 그 범위를 넓혀가고 있는 추세다. 4차 산업혁명 시대에는 로봇이 인간을 대체하여 상호 연결형 업무를 수행하고, 스마트 센서가 장착된 인간-기계 인터페이스가 일반화된 소통 유형의 하나로 자리 잡을 것이라는 전망이다. 이러한 전망 가운데, 향후 가까운 시일 내에 도래할 미래 사회에서는 특성화된 전문 기술을 보유한 전문가 엔지니어보다는 범학문적인 사고 모형을 장착한 융·복합적 인재가 각광받을 수밖에 없다. 예컨대 분석 전문가로, 엔지니어로, 프로그래머로 활동하면서 동시에 인문학적 성찰 능력을 겸비한 창의적 인재가 되기 위해 노력해야 한다는 것이다.

이와 같은 미래의 융·복합적 인재상에 부응하려면, 대학생활 동안 다양한 전공영역의 학문 동료들과 소통할 필요가 있다. 글쓰기는 이 과정에서 가장 기초적인 학습의 도구이자 소통의 매체다. 글쓰기가 읽기와 분석, 사고와 표현이 결합된 총체적인 훈련의 장이기 때문이다. 이 때문에 대학생활에서 갖추어야 할 미래 핵심 역량 가운데 글쓰기 역량은 가장 기초적인 영역에 해당한다고 하겠다. 인문학적 상상력, 이공학적 창의력이 결합되어 미래에 직면하게 된 다양한 문제들에 대한 융합적 해결능력을 기를 수 있는 기본적 출발점이 글쓰기이기 때문이다.

대학 글쓰기는 크게 세 가지 의미를 갖는다. **첫째, 대학 글쓰기는 대학에 막 입학한 신입생들에게 대학 교양인으로 성장하기 위한 자기 성찰적 장을 마련해 준다.** 대학은 대학의 신입생들에게 사회와 세상을 바라보는 자기만의 관점을 터득할 다양한 배움의 기회를 제공한다. 이 과정에서 대학의 신입생들은 자신이 배운 내용을 내실화하면서 자신의 미적·인지적·윤리적 성장을 도모해야 한다. 대학에서 배운 내용을 그때 그때 글로 표현하는 연습을 꾸준히 하는 것이야말로 자기 성찰 능력을 갖춘 대학 교양인으로 성장하기 위한 가장 좋은 방법이다.

둘째, 대학 글쓰기는 대학에 막 첫 발을 내디딘 대학 신입생들이 학문 공동체 구성원들과 소통할 수 있는 기본적인 소양을 갖추도록 안내한다. 자신의 전공영역을 기반으로 학문 공동체의 구성원으로 생활하려면 자신의 생각을 글로 전달할 수 있는 글쓰기 능력을 반드시 갖춰야만 한다. 특히 대학 생활 동안 작성하게 될 각종 보고서는 학문 공동체 구성원들의 기본적인 소통 방식이다. 이 때문에 학생들은 글쓰기 과정에서 자료에 대한 정확한 독해와 인용, 출처 표기 등에 관한 전형적인 방법들을 학습할 필요가 있다.

셋째, 대학 글쓰기는 글을 통해 자신의 관점과 입장을 정립하는 창조적 활동의 일환이자, 비판적 사고 역량과 합리적 의사소통 역량을 습득하기 위한 훈련의 장이다. 글쓰기는 글을 통해 기존 사회의 지배적인 담론의 장에 자신의 견해를 제출하고, 이에 대해 다양한 생각을 가진 타인들과 소통하는 사회 비판적인 활동의 의미를 갖는다. 대학 사회의 구성원들은 타자의 견해를 자신의 견해와 견주어 평가할 줄 알아야 하고, 각자의 의견들이 갖는 강점과 장점, 약점과 단점을 선별할 줄도 알아야 한다. 대학에서 학생들이 수행하는 각종 글쓰기 활동은 사고 역량과 소통 역량을 키우기 위한 가장 효과적인 수단이다.

생각 나누기 1

위에 제시된 미래 핵심역량들을 고려하면서 이번 학기 글쓰기 수업을 통해 얻고 싶은 것 세 가지를 적어보자.

2. 공동체와 글쓰기 윤리

1) 학문 정직성과 글쓰기 윤리

대학 생활을 하는 동안 우리는 학문공동체에 속해 다양한 글을 쓰게 된다. 이때 다른 자료를 참고하지 않고 오로지 자신의 생각만을 바탕으로 글을 쓰는 경우도 있지만, 대부분은 다양한 텍스트를 참고하여 자신의 글을 완성하는 경우가 더 많다. 다른 텍스트를 참고하는 것은 결코 부끄러운 것이 아니며, 학습을 위한 자연스러운 행위이다. 다만, 다른 텍스트를 자신의 글에 활용하고자 할 때에는 '학문 정직성'과 '연구/글쓰기 윤리'에 위배되지 않도록 유의해야 한다.

학문 정직성이란 올바른 방법으로 학문에 임하고, 그러한 학문의 결과에 대해 스스로가 떳떳할 수 있을 때 갖출 수 있는 것이다. 그리고 이때의 올바른 방법이란 연구 윤리에 어긋남이 없어야 하며, 이러한 절차를 통해 얻은 학문의 결과를 글로 옮길 때에도 글쓰기 윤리에 어긋나지 않아야 한다는 것을 뜻한다.

이와 같은 학문 정직성이 강조되면서, 최근 전 세계의 많은 대학에서 학생들에게 '학문 정직성'을 지키겠다는 윤리 서약을 받고 있다. 전남대학교에서도 연구 윤리를 확립하고 연구 부정행위를 사전에 예방하며, 연구 부정행위 발생 시 공정하고 체계적으로 연구 진실성을 검증하기 위한 목적으로 '연구윤리진실성위원회'를 설치하여 운영하고 있다. 전남대학교 연구윤리진실성위원회에서 정의하고 있는 '연구 부정행위'로는 다음의 9가지가 있다.

전남대학교 연구윤리진실성위원회의 '연구 부정행위' 정의

① '위조'는 존재하지 않는 연구 원자료 또는 연구자료, 연구결과 등을 허위로 만들거나 기록 또는 보고하는 행위

② '변조'는 연구 재료·장비·과정 등을 인위적으로 조작하거나 연구 원자료 또는 연구

자료를 임의로 변형·삭제함으로써 연구 내용 또는 결과를 왜곡하는 행위

③ '표절'은 다음 각 목과 같이 일반적 지식이 아닌 타인의 독창적인 아이디어 또는 창작물을 적절한 출처 표시 없이 활용함으로써, 제3자에게 자신의 창작물인 것처럼 인식하게 하는 행위

㉠ 타인의 연구 내용 전부 또는 일부를 출처를 표시하지 않고 그대로 활용하는 경우

㉡ 타인의 저작물의 단어·문장구조를 일부 변형하여 사용하면서 출처 표시를 하지 않는 경우

㉢ 타인의 독창적인 생각 등을 활용하면서 출처를 표시하지 않은 경우

㉣ 타인의 저작물을 번역하여 활용하면서 적절하게 출처를 표시하지 않은 경우

④ '부당한 저자 표시'는 다음 각 목과 같이 연구 내용 또는 결과에 대하여 공헌 또는 기여를 한 사람에게 정당한 이유 없이 논문 저자 자격을 부여하지 않거나, 공헌 또는 기여를 하지 않은 사람에게 감사의 표시 또는 예우 등을 이유로 논문 저자 자격을 부여하는 행위

㉠ 연구 내용 또는 결과에 대한 공헌 또는 기여가 없음에도 저자 자격을 부여하는 행위

㉡ 연구 내용 또는 결과에 대한 공헌 또는 기여가 있음에도 저자 자격을 부여하지 않는 행위

㉢ 지도학생의 학위논문을 학술지 등에 지도교수의 단독 명의로 게재·발표하는 행위

⑤ '부당한 중복 게재'는 연구자가 자신의 이전 연구결과와 동일 또는 실질적으로 유사한 저작물을 출처 표시 없이 게재한 후, 연구비를 수령하거나 별도의 연구 업적으로 인정받는 경우 등 부당한 이익을 얻는 행위

⑥ '연구 부정행위에 대한 조사 방해 행위 등'은 본인 또는 타인의 부정행위에 대한 조사를 고의로 방해하거나 제보자에게 위해를 가하는 행위

⑦ '연구 이탈행위'는 학계에서 통상적으로 용인되는 범위를 심각하게 벗어난 행위

⑧ '부정행위 강요'는 타인에게 위 각호의 부정행위를 행할 것을 제안 또는 강요하는 행위

⑨ 그 밖에 각 학문분야에서 통상적으로 용인되는 범위를 심각하게 벗어나는 행위

전남대학교 연구윤리진실성위원회에서 제시한 연구 부정행위 중, 글쓰기와 관련하여 특히 주목할 점은 '표절'이다. 표절(剽竊)의 한자어는 "남의 것을 훔치다."라는 의미를 지니며, 영어 표기인 'plagiarism'의 어원은 '어린아이 납치범'에서 비롯되었다고 한다. 이러한 표절의 속 의미를 살펴보면, 표절이라는 행위가 지니는 비윤리성을 쉽게 짐작해 볼 수 있을 것이다. 표절은 출처를 표기하지 않은 채 다른 사람

이 창작한 내용의 전문 또는 일부를 가져다 써서 마치 자신의 창작물인 것처럼 속이는 행위를 말한다. 의도적으로 다른 사람을 속이고자 하는 마음은 없었을지라도 정당한 방법으로 출처를 표기하지 않았다면, 이는 자신의 의도와 관계없이 표절에 해당될 수밖에 없다.

따라서 과제를 수행할 때에 글쓰기 윤리를 지키기 위해서는 정당한 인용법과 정확한 출처 표기법을 숙지해야 한다. 출처를 표기하는 것은 나의 주장에 대한 근거를 제시하는 것이며, 관련 내용에 대한 선행 연구를 수행한 원저자의 업적을 인정해 주는 행위이다. 출처를 표기하는 방법은 학문 분야에 따라 다르다. 따라서 자신이 속한 학문공동체에서 통용되는 출처 표기법을 미리 학습하는 것이 중요하다. 이와 관련된 일부 내용은 이 교재의 부록 편에 제시한 〈연구보고서 작성법〉에서 찾아볼 수 있다.

'부당한 저자 표시' 역시 글쓰기 윤리 측면에서 피해야 할 사항이다. 최근에는 인터넷 과제물 판매 사이트나 지인 등을 통해 다른 사람이 쓴 과제를 구한 후, 이를 제출하는 경우가 발견되기도 한다. 자신이 작성하지 않은 과제물을 자신의 것처럼 속여 제출하는 행위는 도덕적으로 매우 심각한 글쓰기 부정행위에 속하므로, 다른 사람의 과제를 자신의 것처럼 제출해서는 안 된다. 또한 조별 과제 수행 시 자신이 참여하지 않았음에도 불구하고 자신의 이름을 넣어 제출하는 '무임승차' 행위 역시 잘못된 것이다. 이러한 행위는 모두 '부당한 저자 표시'에 해당하는 것이기 때문에 이에 주의해야 한다.

이외에도 다른 수업 시간에 제출한 과제물을 또 다른 수업 시간에 새로 작성한 과제물인 것처럼 제출하는 것은 '부당한 중복 게재', 또는 '자기 표절'에 속한다. 각각의 교과목은 고유한 수업 목표가 있기 때문에, 그러한 수업 목표에 맞춰 새롭게 과제를 작성하는 것이 원칙이다. 아울러 자신이 작성한 글의 일부일지라도 자신의 다른 글에서 이를 활용할 경우에는 그 출처를 밝혀주어야 한다.

최근에는 보고서의 표절 여부를 검사할 수 있는 다양한 시스템이 개발되어 각 대학에서 이를 사용하는 경우가 많다. 한국연구재단에서도 2014년부터 논문 유사도 검사 서비스를 무료로 제공하고 있다. 보고서를 작성한 후에 각자가 이용할 수 있는 논문 유사도 검사 서비스 등을 활용하여 정당한 인용 없이 다른 사람의 글을 참고한 부분은 없는지 살펴보는 것도 표절을 예방할 수 있는 하나의 방법이다.

생각 나누기 1

다음은 〈글쓰기 윤리 준수 서약서〉와 〈과제물 제출 전 체크리스트〉이다. 과제를 제출하기 전에 스스로에게 점검해야 할 사항이 무엇인지를 다음의 〈글쓰기 윤리 준수 서약서〉와 〈과제물 제출 전 체크리스트〉를 통해 살펴보자.

글쓰기 윤리 준수 서약서

나는 ○○○ 교과목에서 제출하는 과제물 작성 과정에서 위조, 변조, 표절, 부당한 저자 표시, 부당한 중복 게재 등의 부정행위를 하지 않을 것이며, 연구 윤리를 준수할 것을 서약합니다.

년 월 일

이름 :

과제물 제출 전 체크리스트

1. 이 과제물은 내가/우리가 직접 연구하고 작성한 것이다. □
2. 인용한 모든 자료(책·논문·인터넷자료 등)의 인용 표시를 바르게 하였다. □
3. 인용한 자료의 표현이나 내용을 왜곡하지 않았다. □
4. 정확한 출처 제시 없이 다른 사람의 글이나 아이디어를 가져오지 않았다. □
5. 과제물 작성 중 도표나 데이터를 조작(위조 혹은 변조)하지 않았다. □
6. 과제물을 다른 사람으로부터 받거나 구매하여 제출하지 않았다. □
7. 이 과제에 실질적으로 참여하지 않은 사람을 공동 제출자로 명기하지 않았다. □
8. 이 과제물과 동일한 내용을 다른 교과목의 과제물로 제출한 적이 없다. □

– 출처: 연구윤리정보센터, 『학습윤리 가이드: 배우고 익히는 우리의 자세』, 국가과학기술인력개발원, 2013, 70쪽.

생각 나누기 2

다음은 논문 유사도 검사 프로그램의 첫 화면과 유사도 검사 결과 화면이다. 향후 보고서를 작성한 후에 논문 유사도 검사를 통해 자신의 논문 유사도 결과를 확인해 보면서, 글쓰기 윤리를 지킬 수 있는 방법에 대해 함께 토의해 보자.

● 턴잇인(TURNITIN)

- 첫 화면

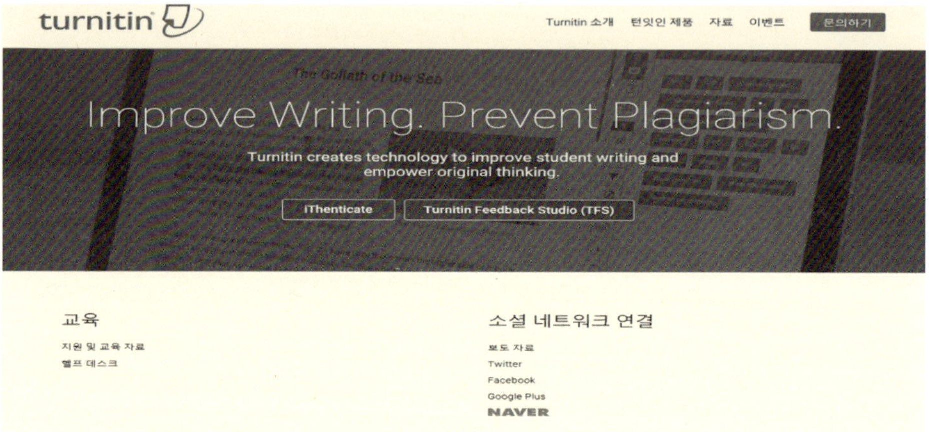

- 논문 유사도 검사 결과 화면

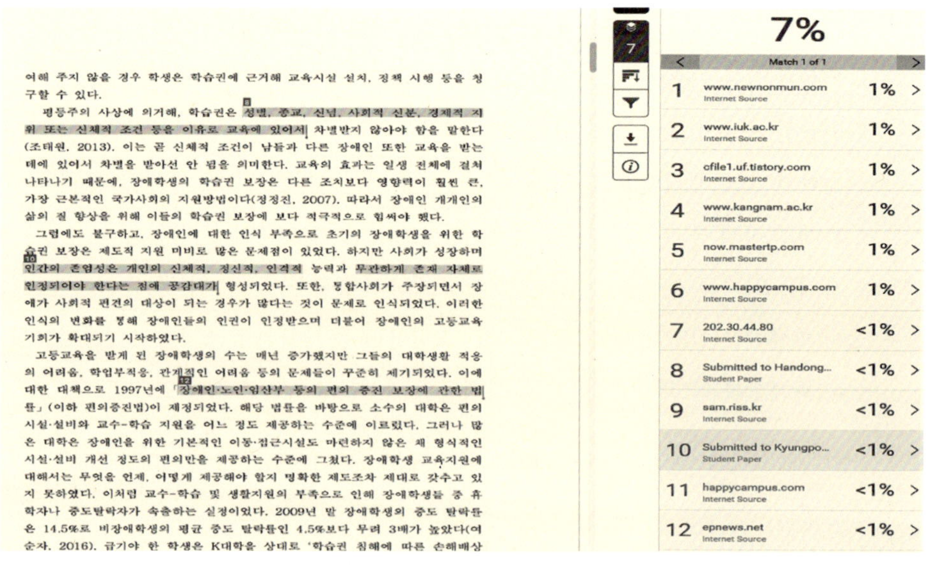

● 한국연구재단 KCI(한국학술지인용색인) 논문 유사도 검사 서비스

- 첫 화면

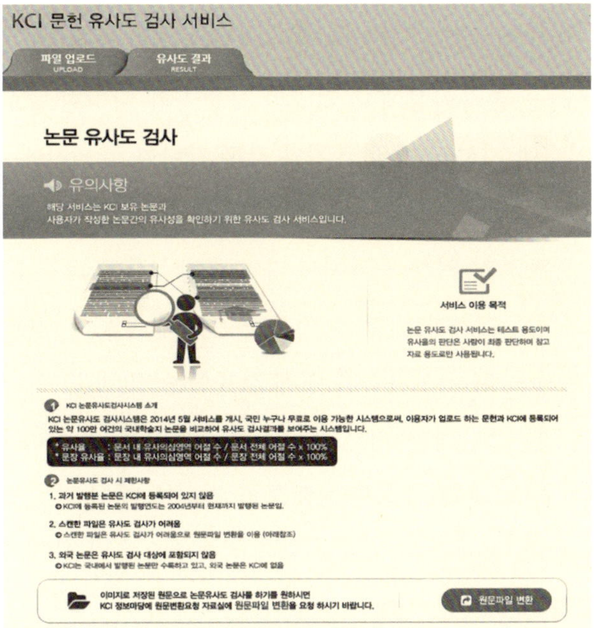

- 논문 유사도 검사 결과 화면

2) 타인과의 소통과 공존을 위한 글쓰기 윤리

학문공동체 안에서 글쓰기 윤리를 지키는 것도 중요하지만, 사회생활에서 타인과 건전하게 소통하며 더불어 잘 살기 위해서도 글쓰기 윤리가 필요하다. 정보 통신과 인터넷 매체가 발달하면서, 우리는 온라인상에서 익명의 누군가와 다양한 소통을 할 수 있는 기회가 많아졌다. 인터넷 기사의 댓글 달기와 같은 간단한 글쓰기에서부터 개인 블로그, 소셜 네트워크 등에서의 글쓰기에 이르기까지 우리는 여러 사람에게 자신의 생각이나 정보 등을 공유하기 위한 목적에서 다양한 방식으로 글을 쓴다. 정보 통신과 인터넷의 발달로 인해 우리는 여러 가지 정보를 손쉽게 받을 수 있으며, 자신이 지닌 유익한 정보나 생각 등을 다른 사람들과 쉽게 공유할 수 있게 된 것이다.

이로 인해 현대인들은 책에서 정보를 습득하기보다는 인터넷 매체를 검색하여 정보를 습득하는 경우가 훨씬 많아졌다. 우리는 수많은 정보를 인터넷 매체 검색을 통해 쉽고 빠르게 얻을 수 있으며, 여러 사람들이 정보를 함께 공유함으로써 집단의 문제를 해결해 가기도 한다. 이러한 대표적인 사례가 바로 집단지성의 발현이다.

집단지성이란 여러 사람들이 협력과 경쟁을 통해 얻어낸 지적 결과물로 얻어진 집단적 능력을 의미한다. 우리가 앞으로 직면하게 될 사회적 문제들은 그 양상이 매우 복잡하기 때문에 특정 한 분야나 전문가만이 해결할 수 없다. 따라서 다양한 분야에 속한 여러 사람들이 자신이 지닌 정보와 아이디어 등을 공유하며 더 나은 해결책을 찾아가도록 하는 과정이 중요하다. 바로 이러한 과정에서 집단지성의 발현이 필요해진 것이다.

이러한 집단지성이 실현된 대표적인 사례로는 온라인 백과사전인 위키피디아를 들 수 있다. 위키피디아는 누구나 정보를 생산하고 편집할 수 있다는 개방성을 지니고 있으며, 이에 대한 혜택도 모든 이에게 개방되어 있다. 그러나 모든 사람에게 개방되어 있다는 점에서 위키피디아에는 잘못된 정보나 의도적으로 왜곡된 정보 등이 게시되는 경우도 발생한다.

따라서 인터넷에 게시된 글을 활용하고자 할 때에는 그 글이 신뢰할 수 있는 내용인지를 신중하게 판단해야 한다. 또한 인터넷에 글을 남길 때에도 자신이 쓰는 내용이 정확한지 등을 판단하여 신중하게 글을 남겨야 한다.

그런데 최근에는 악성 댓글 달기·허위 사실 유포·사이버 명예 훼손·개인 정보 유출 등과 같이 남을 비방하기 위한 악한 목적으로 온라인상에서 글쓰기 윤리를 지키지 않은 사례가 빈번하게 발생하고 있다. 특히 익명으로 활동할 수 있는 여러 인터넷 게시판의 경우, 자유로운 소통과 토론이 활발하게 이루어지는 긍정적인 측면도 있으나, 익명성이라는 가면 속에서 다른 사람을 비난하고 조롱하는 부정적인 측면 또한 나타나고 있다. 비단 익명 게시판이 아닐지라도, 최근에는 소셜 네트워크에서 인신 공격성 글을 남겨 특정인을 집요하게 괴롭히는 식의 사이버 불링(Cyber Bullying)과 같은 사이버 폭력으로 피해를 호소하는 사람들도 증가하고 있다.

인터넷상에서의 글쓰기는 엄청난 속도로 복제 및 재생산이 가능하기 때문에, 그 파급력이 매우 크다. 따라서 자신이 무심코 남긴 글이 순식간에 인터넷에 전파되어, 다른 누군가에게 큰 상처를 줄 수 있다는 것을 늘 염두에 두어야 할 것이다. 올바른 인터넷 글쓰기에 대한 철저한 자기반성과 성찰이 필요할 때이다.

쓰기 활동 1

자신이 찾고 싶은 정보를 위키피디아를 통해 검색해 보고, 위키피디아에 게시된 정보가 정확한지 다른 자료 등을 통해서 다시 한번 살펴보자. 그런 다음, 위키피디아에서 검색한 정보를 어떻게 수정·보완할지를 간략하게 제시해 보자.

위키피디아를 통해 검색한 용어	
위키피디아에 게시된 주요 내용	
위키피디아에 게시된 내용 중 수정·보완해야 할 사항	

생각 나누기 3

〈예문 1〉을 읽고, 비윤리적인 인터넷 글쓰기로 인해 피해를 입은 사례나 사회적으로 물의를 빚은 사건들을 공유해 보자. 그런 다음, 아래의 정보통신윤리위원회가 2000년 6월 15일에 발표한 네티즌의 기본 정신과 행동 강령을 살펴보고, 윤리적인 인터넷 글쓰기를 위한 자정 노력 방안은 무엇이 있을지 토의해 보자.

예문 1

아님 말고 내던진 칼날이 향하는 곳 〈소셜포비아〉

에피소드 1

A는 B의 최근 소식을 상세히 알고 있다. B랑 언제 그렇게 연락을 하고 지냈냐는 질문에 A는 심드렁하게 말한다. 만난 적 없어. 페이스북에서 봤어.

에피소드 2

짜증나는 전 직장 상사가 아직도 후배들을 괴롭힌다는 소식에 친구 공개로 비난의 글을 올렸다. 팔로워도 아닌 직장 동료가 뜬금없이 따진다. 왜 자기 욕을 하냐며…….

에피소드 3

모르는 사람에게 친구 신청이 들어온다. 직업, 학교, 친구, 가족관계, 나와 함께 아는 친구 숫자. 승인을 할지 보류할지 결정하는 데 채 3분도 걸리지 않는다.

앞선 일화는 개인적 일화이면서 꽤 보편적인 일화일 것이다. 친구들을 앞에 두고도 SNS에 몰두하고, SNS 친구가 진짜 친구인 양 착각하고, '좋아요' 숫자가 인기라고 착각하는 사람들 사이에서 우리는 SNS를 떠나 사회적 관계를 이야기할 수 없는 시대 속에 살고 있다. SNS는 꽤 손쉽게 사람들 사이를 이어준다. '친구'를 맺은 사람과 그의 친구의 친구까지 실타래처럼 얽혀있기 때문이다. 반면 SNS는 일방적으로 친구 맺기를 거절하거나, 친구를 끊어낼 수 있는 지극히 배타적인 공간이기도 하다. 우리는 이렇게 SNS를 통해 또 다른 사회를 구성하고, 또 다른 친구를 사귀고, 그 속에 또 다른 나의 집을 짓는다. 이 대화에는 입이 필요 없다. 모두 손가락으로 대화를 나눈다.

홍석재 감독의 〈소셜포비아〉는 21세기, 지금 우리의 현실과 가장 밀착된 SNS를 소재로 제작된 영화다. 가장 뜨겁고 이슈가 될 만한 소재지만, 이미 너무 많이 알고 있어서 뻔할 수 있다는 단점도 있다. 이를 매끈하게 뛰어넘기 위해 홍석재 감독은 SNS라는 가상세계에 빠진 사람들이 특이한 일부가 아니라, 지금 우리 한국에 살고 있는 평범한 젊은이들이라는 사실을 강조한다. 그래서 어두컴컴한 피시방이 아니라, 영화에 주로 등장하는 곳은 젊은이들이 사회라는 전쟁터에 나가기 위해 칼을 가는 대학 강의실과 노량진 학원가이다. 탈영병의 자살 뉴스에 레나(하윤경)는 무심하게 악플을 단다. 그녀의 악플에 분노한 네티즌들은 아이디를 추적하여 레나의 신상을 턴다. 일부 네티즌은 현피 원정대에 참가하여 레나의 집을 찾아가고, 그 과정은 인터넷으로 생중계된다. 호기롭게 찾아간 현피 원정대를 맞이한 것은 목을 맨 레나의 시체다. 현피 원정대는 역으로 자살을 종용한 집단으로 낙인찍혀 다시 네티즌들에게 포위된다. 살아남기 위해서 이들이 해야 할 일은 레나의 죽음에 얽힌 실체다. 전쟁 같은 댓글의 소동 속에 밝혀진 레나의 정체는 충격적이다. 동시에 나와 늘 함께 하던 친구조차 믿을 수가 없다.

〈소셜포비아〉는 인터넷 문화를 넘어 어디서든 접속 가능한 스마트폰을 통해 창조된 새로운 언어와 문화에 직조된 신세계를 보여주고, 눈과 머리는 가상세계에 두고 있지만 두 발은 처참한 현실에 깊이 박힌 젊은이들의 현실을 보여준다. 인터넷 카페나 SNS에서는 근사한 이름의 아이디를 가지고 마치 보스처럼 군림하지만, 현실 속에서는 텅 비어있는 우리 시대의 청춘들이 살아가는 풍경은 스산하기만 하다. 이를 통해 우리가 만든 가상의 신세계 역시도 우리 현실과 꼭 닮은 전쟁터란 사실을 보여준다. 하지만 한 가지 다른 점이 있다. 모든 일에 책임을 져야 하는 현실과 달리, 가상의 세계에서는 폭탄을 툭 던져 놓고, '아님 말고'라는 태도로 그 누구도 책임을 지지 않는다. 가해자는 있지만 그 실체가 없는 유령의 도시인 셈이다.

〈소셜포비아〉가 던지는 묵직한 성찰과 두려움은 이미 현실과 가상의 경계가 사라져버린 우리 현실을 반영하고 있기 때문이다. 가상현실의 역사를 되짚어가자. 아이러브스쿨과 싸이월드에서 트위터와 페이스북으로 옮겨가는 사이, 우리는 포맷과 리셋을 통해 과거를 지우고 매끈하게 새로운 공간으로 이동했다. 진짜 친구들로 시작했던 소셜의 관계는 어느 순간, 가상의 페친으로 변했다. 문제는 심드렁하게 '좋아요'를 눌러대는 그와 내가 나눈 대화의 실체는, 내가 알고 있는 사람이 정말 그 사람인지 알 수 없다는 데 있다. 〈소셜포비아〉 속 주인공들은 취업의 불안과 그로 인한 분노를 SNS를 통해 배설한다. 하지만 함께 밥을 먹는 친구의 정체조차 알 수 없다는 사실은 진정한 공포가 되어 돌아온다.

SNS의 자판을 따르면 한글로 '눈'이 된다는 점은 아이러니하게도 SNS의 실체를 반영한다. 직접 눈을 마주하고 얘기할 수 없는 이야기를 쏟아내는 것은 모두 현실과 유리된 도피다. 그 도피 속에 똬리 튼 괴물은 멀리 있는 것이 아니라, 이미 나의 친구 혹은 내 속에 움트고 있는 건지도 모른다. 영화의 제목인 '소셜포비아'는 사회적이란 뜻의 '소셜'과 공포증이란 뜻의 '포비아'가 합쳐진 단어로, 사람들 앞에서 불안을 경험한 후 사회적 상황을 회피하고 사회적 기능이 저하된 정신과적 질환의 이름이다. 더불어 익명성 뒤에 감춰진 폭력이 현실의 물리적 폭력으로 발전하는 그 전환을 통해, 익명의 마녀사냥이 오락적 유희로 전락하는 가운데 둔감해지는 죄의식은 서슬 퍼런 칼날처럼 날카로운 무기가 된다. 〈소셜포비아〉는 바로 그 한가운데로 관객들을 밀어 넣는다. '아님 말고'라며 허공을 향해 내던진 칼날이 부메랑이 되어 내 눈앞으로 되돌아오는 광경을 상상해 보라고 말이다.

– 출처: 최재훈, 「아님 말고 내던진 칼날이 향하는 곳 〈소셜포비아〉」, 『YES24 채널예스』, http://ch.yes24.com/Article/View/27480(검색일: 2018. 7. 23.).

네티즌 기본 정신

- 사이버 공간의 주체는 인간이다.
- 사이버 공간은 공동체의 공간이다.
- 사이버 공간은 누구에게나 평등하며 열린 공간이다.
- 사이버 공간은 네티즌 스스로 건전하게 가꾸어 간다.

네티즌 행동 강령

- 우리는 타인의 인권과 사생활을 존중하며 보호한다.
- 우리는 건전한 정보를 제공하고 올바르게 사용한다.
- 우리는 불건전한 정보를 배격하며 유포하지 않는다.
- 우리는 타인의 정보를 보호하며 자신의 정보도 철저히 관리한다.
- 우리는 비속어나 욕설 사용을 자제하고 바른 언어를 사용한다.
- 우리는 실명으로 활동하며 자신의 ID로 행한 행동에 책임을 진다.
- 우리는 바이러스 유포, 해킹 등 불법적인 행동을 하지 않는다.
- 우리는 타인의 지적 재산권을 보호하고 존중한다.
- 우리는 사이버 공간에 대한 자율적 감시와 비판 활동에 적극 참여한다.
- 우리는 네티즌 윤리 강령 실천을 통하여 건전한 네티즌 문화를 조성한다.

생각 나누기 4

지난 1주일 동안 자신이 소셜 네트워크에 남긴 비속어나 남을 비방하는 글이 있었는지 찾아 보고, 자신의 소셜 네트워크 글쓰기 양상을 성찰해 보자.

제2장

글쓰기, 어떻게 접근할까?

1. 좋은 글이란 어떤 글일까?
2. 한 편의 글, 어떻게 완성할까?

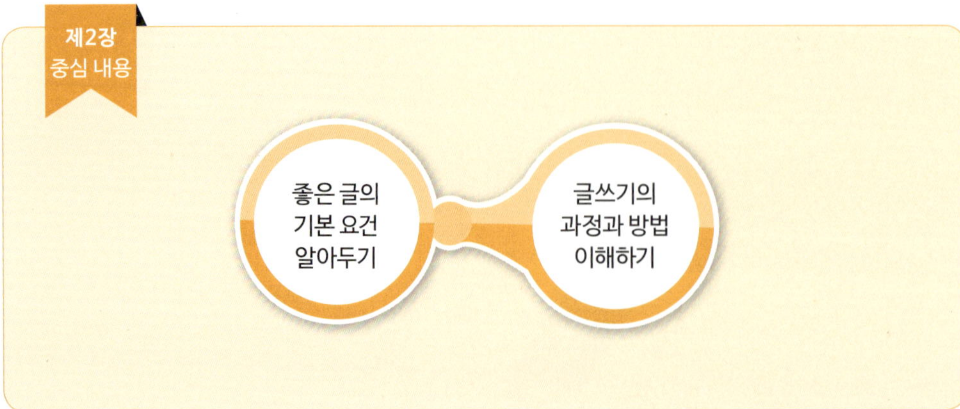

1. 좋은 글이란 어떤 글일까?

앞서 살펴보았듯이, 글쓰기 능력은 대학 학문공동체의 구성원이 갖추어야 할 기본적인 소양일 뿐만 아니라, 미래시대가 요구하는 핵심 역량을 기르기 위해서도 매우 중요하다. 하지만 글로 자기 생각을 조리 있게 표현하는 능력은 단번에 기를 수 있는 능력이 아니다. 글을 잘 쓰기 위해서는 무엇보다 꾸준히 써보는 연습이 필수적이며, 좀 더 좋은 글을 쓰기 위해서 기본적으로 알아야 할 사항들도 적지 않다. 특히 대학에서 우리가 쓰게 될 각종 보고서, 에세이, 소논문 등이 일반적으로 갖추어야 할 요건들에 대해 잘 알아둘 필요가 있다. 이번 장에서는 실제 글을 쓸 때 염두에 두어야 할 기본적인 사항들과 함께 한 편의 글이 완성되는 과정을 살펴봄으로써 좋은 글을 쓰기 위한 첫걸음을 내딛어보고자 한다.

좋은 글이란 어떤 글일까? 글을 쓰는 목적이나 글의 성격에 따라 그 요건이 다를 수 있을 것이다. 하지만, 글이 기본적으로 생각의 표현이라면 무엇보다 글쓴이의 생각이 잘 전달되는지의 여부가 좋은 글을 판별하는 으뜸 요건이라 할 수 있다. 물론, 생각을 그대로 옮긴다고 저절로 좋은 글이 되는 것은 아니다. 글은 우리의 생각이 문자를 도구 삼아 일정한 표현 형식을 갖추는 과정에서 탄생한다. 생각은 간혹 종잡을 수 없고 뒤죽박죽 혼란스러울 수 있는 반면, 글은 이러한 날것의 생각을 남이 쉽게 이해할 수 있는 형태가 되도록 끊임없이 가다듬는 과정을 요구한다. 우리의 생각이 남과 소통을 이룰 수 있는 모양새를 갖추기 위해 꼭 염두에 두어야 할 몇 가지 요소들을 살펴보고, 이를 좋은 글을 쓰는 길잡이로 삼아보자.

첫째, 좋은 글은 말하고자 하는 바가 분명하다. 모든 글은 무엇인가를 말하려는 욕구나 필요성에서 비롯된다고 할 수 있다. 좋은 글은 필자가 하고 싶은 이야기, 전달하고자 하는 바가 분명히 드러나야 하며, 이것이 바로 글의 주제가 된다. 주제를 반드시 무엇인가를 주장하는 형태로 제시해야 하는 것은 아니다. 어떤 글들은 주제를 에둘러 말하거나 암시적인 방식으로 드러내기도 한다. 글의 성격과 목적에 따라, 필자의 개성과 문체에 따라, 또 각 사회의 문화적 특징에 따라 주제를 드러내는 효과적인 방식이 따로 있을 수 있다. 특히, 무엇인가를 주장하거나 누군가를 설득하기 위한 글인지, 혹은 고백하거나 토로하기 위한 글인지, 설명하거나 묘사하기 위한 글인지에 따라 주제를 드러내는 방식에는 차이가 있을 것이다. 하지만 글의 성격과 목적이 무엇이든지 간에, 그 글이 말하고자 하는 바는 하나로 모아지는 것이 좋다. 마음 가는 대로 쓰는 일기나 여행기라 할지라도 글을 쓰는 사람은 늘 '나는 무엇을 말하려 하는가'라는 질문을 스스로에게 던질 필요가 있다.

둘째, 좋은 글은 짜임새 있는 구성을 갖추고 있다. 글을 쓸 때 우리는 막연히 나의 이야기를 다 이해해줄 이상적 독자를 상상하지만, 글로 소통하는 행위는 서로 전혀 알지 못하는 두 사람의 첫 만남과도 같다. 이 만남이 성공적인 것이 되기 위해서는 어떻게 이야기를 시작하고, 어떤 순서로 풀어나가 어떤 결론에 도달할 것인지에 대한 고민이 필요하다. 이러한 고민을 통해 글은 짜임새 있는 구성과 자연스러운 전개를 갖출 수 있다. 대부분의 글은 적절한 도입 부분(서론)과 말하고자 하는 바가 본격적으로 펼쳐지는 전개 부분(본론), 그리고 글 전체를 종결짓는 마무리 부분(결론)으로 구성된다. 도입부에서는 글을 쓰는 목적이나 동기 등을 간결하게 제시하면 좋다. 장황한 서술보다 독자의 흥미와 관심을 유발하는 간결하고 인상적인 서술이 효과적일 것이다. 전개 부분은 말하고자 하는 바를 본격적으로 풀어가는 과정이다. 조급함을 버리고 구체적 사례와 근거를 들어 차근차근 설명하거나, 제기될 수 있는 의문이나 반론에 대해 설득력 있는 논박과 해명 등이 제시되어야 한다. 마무리 부분에서는 지금까지 서술한 내용을 간결하지만 인상적인 표현으로 다시 한번 정리해주면 좋을 것이다. 글을 맺으면서 새로운 화제를 꺼낸다거나 불필요한 이야기를 덧붙이는 것은 좋지 않다. 정리하자면, 한 편의 좋은 글은 도입(서론)-전개(본론)-마무리(결론)와 같은 짜임새 있는 구성을 필요로 한다.

셋째, 좋은 글은 탄탄한 단락들로 이루어진다. 한 편의 글은 여러 생각들이 논리적으로 연결되어 전개된다. 단락은 바로 이 생각들을 담는 그릇이며, 각 단락은 하나의 생각을 이루는 몇 개의 문장들로 이루어진다. 글쓴이가 원하는 목적지(결론)로 독자를 이끌기 위해 한 발 한 발 내딛는 징검다리가 바로 각각의 단락들이라 할 수 있다. 목적지에 무사히 도달하기 위해서는 각각의 징검다리가 올바른 방향으로 튼튼하게 놓여야 하듯이, 글의 요지가 잘 전달되기 위해서는 각 단락들이 글 전체의 주제를 향해 논리적이고 체계적으로 배치되어야 한다. 하나의 단락을 마치고 새로운 단락을 시작할 때는 단락이 나누어진다는 표시로 반드시 '들여쓰기'를 해야 한다. 한 편의 글을 읽을 때, 들여쓰기로 구분되는 각 단락들은 독자가 글의 요지를 잘 따라가도록 이끌어주는 길잡이 역할을 하므로 논리성과 자연스러움을 염두에 두고 배치되어야 한다. 좋은 글은 글 전체의 주제를 향하는 좋은 단락들로 구성된다는 점을 꼭 기억하자.

넷째, 좋은 글은 정확한 어휘를 사용한다. 인간은 구체적 상황에서 비롯되는 특정한 감정들을 표현하거나 사고를 발전시키는 과정에서 다양한 어휘들을 탄생시켰으며, 이를 통해 언어가 지닌 결을 더욱 복잡하고 섬세하게 다듬어 왔다. 뒤죽박죽 엉켜있는 모호하고 막연한 생각의 실타래들이나 일상의 이런저런 경험들이 불러일으키는 복잡하고 설명하기 어려운 감정들은 그것을 담아낼 적절한 표현을 만날 때, 비로소 형태와 실체를 가진 그 무엇이 될 수 있다. 글을 쓴다는 것은 아직 갈래가 잡히지 않은 생각이나 감정에 부합하는 언어적 표현을 찾아내는 적극적 과정을 필요로 한다. 이것은 결코 쉽지 않은 것으로서, 글을 쓰는 고통은 대부분 여기에서 기인한다 해도 과언이 아닐 것이다. 평소에 폭넓은 독서로 어휘를 꾸준히 습득한 경우라면 이 과정은 훨씬 수월할 것이다. 그렇지 않은 경우라면, 한 문장을 쓰기 위해 또는 하나의 어휘를 찾아내기 위해 깜박이는 모니터를 하염없이 바라보며 머리를 쥐어짜는 시간을 감내해야 할지도 모른다. 하지만 좋은 글은 바로 이런 고된 노동 끝에 손에 넣을 수 있는 선물임에 틀림없다.

다섯째, 좋은 글은 올바른 인용으로 타인의 생각과 접속한다. 특정한 주제를 다루는 글을 써야하는 경우 다른 사람들의 견해나 연구 성과를 참조하는 것은 중요하다. 타인의 생각이나 지적 성과를 비판적으로 검토하고 이를 통해 자신의 사고를 한 걸음 더 진전시키는 것은 글쓰기를 매개로 이루어지는 인간의 가장 고차원적인 소통이다. 특히, 대학에서 학술적 목적을 지닌 보고서나 에세이, 논문 등을 작성하는 경우, 선행 연구를 참조하는 것은 필수적이라 할 수 있다. 이때, 가장 중요한 것은 타인의 생각이나 주장, 연구 성과를 자신의 글에서 언급하거나 참조하는 경우, 그것이 누구의, 어떤 글에서 온 것인지 반드시 그 출처를 밝혀야 한다는 점이다. 글의 종류나 참조하는 내용의 성격에 따라 가볍게 저자의 이름이나 책 또는 글의 제목만 밝혀도 무방하지만, 학술적 목적을 지닌 글의 경우, 각주 등을 통해 보다 엄밀하게 출처에 대한 정보를 제시해야 한다. 특히, 글의 맨 마지막에는 따로 목록을 만들어 인용 또는 참고한 자료의 저자, 글 제목, 책 제목, 출판한 곳, 출판한 연도 등에 관한 사실 정보를 각 학문 영역에서 정해놓은 규칙과 방식에 따라 정확하게 표기해야 한다. 이렇게 하지 않을 경우, 앞서 글쓰기 윤리를 설명하는 대목에서 명시했듯이, 타인의 생각을 자신의 것인 양 도용하는 '표절'로 간주될 수 있다. 좋은 글의 필자는 타인의 지적 성과와 적극적으로 소통하되 정확한 인용 방식을 지킴으로써 타인의 업적과 성과를 존중하며, 이로써 글에 대한 독자의 신뢰를 얻는다.

여섯째, 좋은 글은 문장기호 사용 약속을 잘 지킨다. 때로는 쉼표 하나에 문장의 뜻이 달라지기도 하고 느낌표 하나에 문장의 맛이 달라지기도 한다. 어떤 언어공동체든지 서로 약속한 문장기호들이 있고, 이 기호들은 각각 쓰임새가 다르다. 큰따옴표와 작은따옴표의 쓰임새가 서로 다르고, 겹낫표와 홑낫표가 각각 의미하는 바가 다르다. 문장기호들의 쓰임새에 대한 정확한 지식을 갖추어 글을 매개로 한 소통을 원활하게 하자.

일곱째, 좋은 글은 좋은 제목으로 완성된다. 유명한 예술품이 그렇듯이 좋은 글은 그 제목으로 기억되고 회자되는 경우가 많다. 제목은 단순히 독자의 관심과 흥미를 끄는 것을 넘어 필자의 의도를 직, 간접적으로 드러내주는 중요한 장치이다. 좋은 제목은 독자가 글의 주제나 의도를 효과적으로 파악하는 데 있어 길잡이 역할을 한다. 반대로, 아무렇게나 갖다 붙인 무성의한 제목, 과장되고 표현만 그럴듯해 보이는 제목은 독자의 읽기를 방해하거나 실망시키는 경우가 많다. 가볍고 짤막한 글이든 무거운 주제를 다루는 학술적 성격의 글이든 반드시 글의 내용을 잘 집약해주는 매력적인 제목을 필요로 한다는 것을 명심하자.

이상에서 좋은 글이 갖추어야 할 기본적인 요건들을 일곱 가지로 정리해보았다. 하지만, 이러한 요건들은 좋은 글에서 공통적으로 추출해볼 수 있는 다소 일반적인 요소들이다. 우리들은 종종 형식적으로 완벽하지 않거나 소박하기 이를 데 없는 글에서도 특별한 깊이와 감동을 경험하는 경우가 있다. 글은 한 사람의 정신과 내면의 표현이기에 형식적 요건들을 다소 결여하고 있더라도 진솔함과 진정성이 바탕에 깔려있는 글, 사려 깊은 혜안과 날카로운 통찰이 돋보이는 글들은 우리의 마음을 잡아끈다. 그럼에도 불구하고, 앞서 언급한 요건들이 글의 품격과 완성도를 더욱 높일 수 있다는 점을 강조하고자 한다. 더구나 사적, 공적 영역에서 여러 종류의 글쓰기를 수행해야 하는 대학생들의 경우, 한 편의 글이 갖추어야 할 기본적 요건들을 익혀두는 것은 좋은 글을 쓰기 위한 든든한 바탕이 되어줄 것이다.

마지막으로, 좋은 글을 쓰려면 폭넓은 독서를 통해 좋은 글을 자주 접하는 것이 중요하다는, 일견 당연한 사실을 환기하고자 한다. 누군가의 글을 읽는 행위는 한 사람의 정신과 만나는 것이자, 그의 경험을 통해 세계를 체험하는 매우 의미 있는 일이다. 특히, 풍성한 사유와 예리한 언어 표현을 품고 있는 좋은 글들은 타성에 빠지기 쉬운 우리의 자아를 새롭게 일깨우고 다듬어준다. 충만한 독서의 경험은 좋은 글을 쓰기 위한 마르지 않는 밑천이 될 수 있다는 것을 기억하자.

생각 나누기 1

좋은 글의 요건을 염두에 두고 다음 글을 읽은 후 각자의 생각을 나누어 보자.

예문 1

몸의 춤, 영혼의 춤

"당신은 이 지구에 왜 왔는가?" 최근 한 텔레비전 대담 프로그램에 나온 뮤지션 박진영에게 진행자가 던졌다는 질문이다. 어둠 속에서 느닷없이 날아든 주먹과도 같은 이 종류의 돌발 질문에 얼른 대답할 말을 평소 우리는 준비하고 다니지 않는다. 그런데 박진영은 대답했다고 한다. "춤추러 왔다." 이것이 그의 준비된 대답이었는지 한순간의 빛나는 순발력의 산물이었는지는 알 수 없다. 그러나 어느 쪽이었든 그 답변의 섬광은 박수갈채를 받을 만하다. 준비된 대답이었다면 박진영은 "내가 이 지구에 왜 왔지?"를 그 자신의 평소 질문으로 가지고 있었다는 얘기가 된다. 순간적 응답이었대도 사정은 마찬가지다. 자기 자신을 향해 한 번도 그런 질문을 던져본 일이 없는 사람이라면, 적어도 그가 벼락의 신이 아닌 한 그 입에서 그런 번개 같은 답변이 나오기는 어렵지 않겠는가.

오늘은 신묘년 새해 첫날이다. 정월 정초는 우리가 두 개의 얼굴로 두 개의 시간을 경험하는 지점이다. 얼굴 하나는 우리가 막 떠나보낸 어제 이전의 한 해를 돌아보고 있고, 다른 하나는 아직 오지 않은, 그러나 뚜벅뚜벅 우리를 향해 어김없이 걸어오고 있는 내일 이후의 한 해를 마주보고 있다. 지나간 한 해는 우리가 살았기 때문에 '아는' 시간이고, 다가오는 한 해는 아직 살지 않았으므로 '모르는' 시간이다. 지난 세월을 돌아보는 얼굴은, 모든 정든 것들과 작별하는 사람의 표정처럼 아쉬움과 미련과 섭섭함의 색조를 띠고 있다. 아직 오지 않은 시간을 마주보는 얼굴에는 낯선 것들과의 만남을 준비할 때처럼 두려움과 기대와 희망이 모자이크로 서려 있다. 그 아쉬움과 두려움 사이에서 돌아보는 얼굴과 내다보는 얼굴의 대화가 빚어내는 송구영신의 의식 하나가 흔히 '정초 작심'이라는 것이다. 지난 한 해 나는 어떻게 살았던가라고 한 얼굴은 묻고, 다가오는 새해에 나는 어떻게 사는 것이 좋겠는가라고 다른 한 얼굴이 묻는다. 그리고 이야기 속의 용감한 아이처럼 우리는 그 두 얼굴의 대화로부터 정초 작심이라는 카드를 꺼내든다.

고백컨대, 나도 신년 작심을 위한 화두를 지난 연말부터 몰래몰래 준비해왔다는 비밀 하나를 여기 털어놓고 싶다. 그러다가 만난 것이 "당신은 이 지구에 왜 왔는가"라는 질문, 그리고 그 질문에 대한 한 뮤지션의 대답("춤추러 왔다")이다. 나는 당신의 신년 작심이 어떤 내용의 것일지 알지 못한다. 당신에게는 일자리가 필요할지 모르고 더 많은 돈, 더 많은 사랑이, 더 큰 행복과 빛나는 성취가 필요할지 모른다.

나는 당신의 작심 내용을 존중할 준비가 되어 있다. 단 한 가지, 나는 당신의 신년 결의가 무엇이냐에 관계없이 그 작심이 당신의 '삶의 품위'와 '삶의 기쁨'을 높이는 데 기여하는 것이었으면 싶다. "나는 이 지구에 왜 왔는가"라는 질문은 우리가 비록 부대끼며 살아도 그 삶이 지녀야 할 품위를 생각하게 하고 "춤추러 왔다"는 대답은 우리가 무슨 일을 하면서 살건 간에 그 삶에 기쁨이 있어야 한다는 요청의 절실함을 곰곰이 생각해보게 한다.

몸으로 추는 춤만이 춤의 모두가 아니다. 몸의 춤이 있다면 마음의 춤, 영혼의 춤도 있다. 우리에게는 몸의 춤과 영혼의 춤이 모두 필요하다. 누구나 출 수 있는 것이 춤이다. 이것이 춤의 위대함이다. 자연의 생명 가진 모든 것들은 춤추며 살고 있고 춤으로 삶의 기쁨과 영광을 표현한다. 낙지도 춤추고 지렁이도 춤추고 청둥오리도 춤춘다. 그런데 자연계의 모든 춤꾼들에게는 오만한 소리로 들릴지 모르지만, 유독 인간만이 두 종류의 춤을 추거나 출 수 있다. 몸의 춤과 영혼의 춤이 그것이다. 인간의 춤이 몸의 춤, 영혼의 춤 어느 한 쪽으로만 기울면 춤은 일그러지고 반쪽 되고 삶의 영광은 쪼그라든다. 어느 쪽 춤도 출 수 없을 때 인간의 삶은 영광과 기쁨 모두를 상실한다.

우리가 영혼의 춤을 가장 잘 출 수 있는 것은 타인의 마음, 타인의 정신, 타인의 영혼을 만날 때이다. 이 만남의 소중한 순간을 제공하는 것이 '책읽기'다. 책을 읽는다는 것은 두 영혼의 만남이 일으키는 신명나는 춤판, 마음의 공동체가 벌이는 즐거운 무도회, 인간이 자기 존재를 들어 올리고 확장하는 사계절 축제이다. 거기에는 봄여름가을겨울이 따로 없다. 무엇보다도 그것은 우리가 삶의 품위를 지키고 삶의 영광을 드러내는 소박한, 그러나 가장 확실한 길이다.

– 출처: 도정일, 『별들 사이에 길을 놓다』, 문학동네, 2014, 101-104쪽.

- 〈예문 1〉에서 글의 주제는 무엇이라고 생각하는지 이야기해 보자.
- 〈예문 1〉에서 도입-전개-마무리의 구성이 어떻게 짜여 있는지 살펴보자.
- 〈예문 1〉의 제목에 대해 어떻게 생각하는가? 제목이 글에 어떤 효과를 부가하는지 이야기해 보자.
- 〈예문 1〉이 좋은 글이라 생각되는가? 어떤 점에서 그렇다고 생각하는지 이야기해 보자.

생각 나누기 2

다음 글을 읽고 좋은 글에 대한 서로의 생각을 나누어 보자.

예문 2

씨앗은 어떻게 기다려야 하는지 안다. 대부분의 씨앗은 자라기 시작하기 전 적어도 1년은 기다린다. 체리 씨앗은 아무 문제없이 100년을 기다리기도 한다. 각각의 씨앗이 정확히 무엇을 기다리는지는 그 씨앗만이 안다. 씨앗이 성장할 수 있는 유일무이한 기회, 그 기회를 타고 깊은 물속으로 뛰어들 듯 싹을 틔우려면 그 씨앗이 기다리고 있던 온도와 수분, 빛의 적절한 조합과 다른 많은 조건이 맞아떨어졌다는 신호가 있어야 한다.

기다리는 동안에도 씨앗은 살아 있다. 300년 동안 우뚝 선 떡갈나무가 살아 있듯 그 아래 떨어져 있는 도토리도 모두 살아있다. 씨앗도, 나이 든 떡갈나무도 자라지 않고 있다. 둘 다 기다리고 있다. 그러나 그 둘의 기다림은 다르다. 씨앗은 번성하기를 기다리지만 나무는 죽기를 기다린다. 숲에 들어간 사람들은 대부분 인간으로서는 도달할 수 없는 높이로 자란 큰 나무들을 올려다볼 것이다. 그러나 발아래를 내려다보는 사람은 드물다. 발자국 하나마다 수백 개의 씨앗이 살아서 기다리고 있는데도 말이다. 그들은 모두 그다지 가망은 없지만 희망을 버리지 않고 절대 오지 않을지도 모르는 그 기회를 기다린다. 그 씨앗 중 절반 이상은 모두 자기가 기다리던 신호가 오기 전에 죽고 말 것이고, 조건이 나쁜 해에는 모두 죽을 수도 있다. 이 모든 죽음은 이렇다 할 흔적을 남기지 않는다. 머리 위로 우뚝 솟은 자작나무 한 그루당 매년 적어도 25만 개의 씨앗을 만들어내기 때문이다. 이제 숲에 가면 잊지 말자. 눈에 보이는 나무가 한 그루라면 땅속에서 언젠가는 자신의 본모습을 드러내기를 열망하며 기다리는 나무가 100그루 이상 살아 숨 쉬고 있다는 사실을.

야자열매는 우리 머리통만큼이나 큰 씨앗이다. 아프리카 해안에서 출발해 대서양 전체를 둥둥 뜬 채로 건너 카리브 해안에 뿌리내릴 수도 있다. 반대로 난초의 씨앗은 조그맣다. 난초 씨앗 100만 개를 모아도 종이 클립 하나 무게밖에 되지 않는다. 크거나 작거나 대부분의 씨앗은 사실 기다리고 있는 배아의 식량이다. 배아는 세포 수백 개를 모아놓은 것에 불과하지만 뿌리와 싹이 이미 형성되어 있는, 식물의 청사진이다.

씨앗 안의 배아는 자라기 시작하면 일단 허리를 굽히고 기다리던 자세를 곧게 펴서 오래전부터 기다려온 형태를 정식으로 띠기 시작한다. 복숭아씨, 혹은 참깨씨나 겨자씨, 호두씨 등을 둘러싼 딱딱한 껍질은 대체로 이런 팽창을 방지하려고 존재한다. 실험실에서는 이 딱딱한 껍질을 긁어내고 물을 조금만 부어도 거의 대부분의 씨앗이 자라난다.

지난 몇 년 동안 내가 껍질을 깬 씨앗만 수천 개가 넘지만 그다음 날 거기서 나온 초록을 보면 언제나 감탄을 금치 못한다. 그토록 어려운 일이 약간의 도움으로 그토록 쉬워진 것이다. 적절한 장소에서 적절한 조건을 만나면 몸을 펼치고 원래 되려고 의도했던 그 존재가 마침내 될 수 있는 것이다. 연꽃 씨앗의 껍질을 열고 배아를 성장시킨 과학자들은 그 껍질을 보존했다. 그 껍질을 방사성 탄소 연대법으로 측정한 과학자들은 그 연밥이 중국의 토탄 늪에서 2,000년을 기다려왔다는 것을 깨달았다. 인간의 왕조가 흥망성쇠를 거듭하는 동안 이 작은 씨앗은 미래에 대한 희망을 버리지 않고 고집스럽게 버틴 것이다. 그러다가 어느 날 그 작은 식물의 열망이 어느 실험실 안에서 활짝 피었다. 그 연꽃은 지금 어디 있을까.

모든 시작은 기다림의 끝이다. 우리는 모두 단 한 번의 기회를 만난다. 우리는 모두 한 사람 한 사람 불가능하면서도 필연적인 존재들이다. 모든 우거진 나무의 시작은 기다림을 포기하지 않은 씨앗이었다.

– 출처: 호프 자런, 김희정 옮김, 『랩 걸: 나무, 과학 그리고 사랑』, 알마, 2017, 50-52쪽.

- 〈예문 2〉는 다섯 개의 단락으로 이루어진 글이다. 각 단락의 시작 부분을 짚어보며 필자가 이렇게 단락을 나누어 쓴 이유에 대해 이야기해 보자.
- 〈예문 2〉는 긴 글의 일부분이지만, 독립적인 하나의 글로 읽어도 손색이 없을 듯하다. 이 부분만 따로 떼어내어 신문이나 잡지에 싣는다면, 어떤 제목을 붙여주면 좋을까?
- 〈예문 2〉가 좋은 글의 미덕을 갖추고 있다고 생각하는가? 어떤 점에서 그렇다고 생각하는가?

생각 나누기 3

다음 글이 문장기호를 어떻게 사용했는지 잘 살피며 읽어 보자.

예문 3

피 빠는 당신, 빛나는 당신

흡혈귀를 위하여

개봉 대기 중인 박찬욱 감독의 신작 〈박쥐〉는 '뱀파이어가 된 신부(神父)'의 이야기라고 한다. 하고 싶은 말과 만들고 싶은 화면을 동시에 밀고 나가는, 비전과 기교를 함께 갖춘 감독이니 이번에도 본때를 보여주겠지. 그러니 오늘은 뱀파이어 이야기나 해볼까. 동유럽에 퍼져 있던 흡혈귀 설화의 주인공들이 처음으로 '뱀파이어'라는 이름을 얻게 된 것은 존 폴리도리의 소설 『뱀파이어』(1819)에서였다고 한다(당시에는 저명한 바이런의 이름으로 발표됐다). 이후 이 소재는 19세기 내내 낭만주의자들의 단골 메뉴로 애용된다.

보들레르의 『악의 꽃』(1857)에도 「흡혈귀」(뱀파이어)라는 제목의 시가 있다. 애증의 연인 잔 뒤발을 흡혈귀에 비유한 것으로 알려져 있는 이 시에서, 흡혈귀를 죽여 달라고 애원하는 '나'에게 "독약과 칼날"은 이렇게 응수한다. "설령 우리의 노력이/그녀의 지배에서 너를 구해준다 해도,/네 입맞춤은 네 흡혈귀의 시체를/되살려낼걸!" 인간 욕망의 악마성에 예민했던 시인답게, 흡혈귀를 기르는 것은 내 안의 병리성임을 적시했고 끔찍하면서 동시에 매혹적인 흡혈귀의 이중성에 기대어 고단한 사랑의 풍경을 그렸다.

그러나 아직은 충분히 심오하지 않다. 브람 스토커의 장편소설 『드라큘라』(1897)가 하나의 분기점이 된다. 이 소설은 이후 수십 년 동안 출현한 잡다한 뱀파이어 서사들의 원본이 됐다. 무르나우의 〈노스페라투〉(1922)에서부터 코폴라의 〈드라큘라〉(1992)에 이르는 영화들도 저 고전에 빚지고 있다. 이후 또 하나의 분기점이 된 것은 앤 라이스의 소설 『뱀파이어 연대기』다. 『뱀파이어와의 인터뷰』(1976)를 시작으로 지금까지 계속되고 있는 이 시리즈 덕분에 뱀파이어는 '고뇌하는 실존주의자'의 형상을 얻었다. 영화 쪽에선 캐서린 비글로의 〈죽음의 키스(Near Dark)〉(1987)나 아벨 페라라의 〈어딕션〉(1995) 등이 유사한 방향의 재해석을 시도했다.

뱀파이어가 햄릿형 캐릭터로 진화한 것은 이해할 만하다. 살아 있는 것도 아니지만 그렇다고 죽지도 못하니까. 실로 '사느냐 죽느냐'인 거다. 게다가 그들의 사랑은 늘 파괴를 동반해야 하니 괴롭다. 시 「흡혈귀」(『죽은 자를 위한 기도』, 1996)에서 남진우는

"내 사랑의 방식이 마음에 들지 않기 때문"에 고뇌하는 뱀파이어의 탄식을 받아 적었다. 이 흡혈귀는 "사랑하는 여인의 흰 목덜미에 날카로운 송곳니를 처박고"는 운다. 같은 시집에 수록돼 있는 「가시」, 「일각수」 등과 더불어, 인간 운명의 어두운 본질 중에서도 특히 사랑의 비극에 초점을 맞춘 사례다.

2005년 이후 시작된 스테프니 메이어의 『트와일라잇』 시리즈는 뱀파이어 서사의 역사에서 또 하나의 분기점을 만들고 있는 것처럼 보인다. 틴에이저 뱀파이어들이 화사하게 출몰하면서 불안정한 정체성을 산다(生). 거의 '매력적인 소수자'처럼 보일 지경이다. 시인 장이지는 「젊은 흡혈귀의 초상」(『안국동울음상점』, 2007)에서 부유하는 동시대 청춘들을 멜랑콜리한 흡혈귀에 비유한다. 그에 따르면 "물고 싶은 송곳니와 물리고 싶은 목을 가진/젊은 영혼들이 거리를 활보"하는 까닭은 이렇다. "나는 무엇을 갈망하는지 몰라서/피에 탐닉한다." 같은 시집에 수록돼 있는 「흡혈귀의 책」도 매력적이다. 최근에 발표된 시 중 각별히 아름다운 한 편을 더 읽자.

> "당신이 나를 당신에게 허락해준다면/나는 순백의 신부이거나 순결한 미치광이로/당신이 당신임을/증명할 것이다./쏟아지는 어둠 속에서/우리는 우리의 아이가 아니라/우리 자신을 낳을 것이고/우리가 낳은 우리들은 정말로/살아갈 것이다./당신이 세상에서 처음 내는 목소리로/안녕, 하고 말해준다면./나의 귀가 이 세계의 빛나는 햇살 속에서/멀어버리지 않는다면."
>
> –「안녕, 드라큘라」 중에서

계간 『시인세계』(2009년 봄호)에 발표된 하재연의 시 후반부다. 흡혈귀에게 바쳐진 이 연서는 범박하고 지루한 "빛나는 햇살"의 사랑을 우아하게 냉대하면서 진짜 사랑은 "쏟아지는 어둠" 속에 있을 것이라고 유혹한다.

보들레르에서 하재연에 이르기까지, 뱀파이어의 내포는 이렇게 변해왔다. 이 모티프는 계속 진화해나갈 것이다. 뱀파이어는 불멸이니까.

– 출처: 신형철, 『느낌의 공동체』, 문학동네, 2011, 174–177쪽.

- 〈예문 3〉에서 필자는 다른 저자들의 글 일부를 여러 대목에서 인용하고 있다. 인용이 어떤 방식으로 이루어지는 모두 짚어보고, 글쓰기 약속에 따라 인용한 글의 출처를 어떻게 밝히고 있는지 살펴보자.

- 〈예문 3〉에는 여러 문장기호들이 사용되고 있다. 겹낫표(『』)와 홑낫표(「」), 괄호와 빗금, 큰따옴표와 작은따옴표 등 문장기호들을 모두 찾아보고 각각 어떤 경우에 사용되는지 알아보자.
- 〈예문 3〉이 좋은 글의 미덕을 가지고 있다고 생각하는가? 어떤 점에서 그렇다고 생각하는가?

지금까지 좋은 글이 일반적으로 지니고 있는 특징들을 살펴보았다. 덧붙여, 피해야 할 점, 조심해야 할 점을 짚어보며 자신의 글을 보다 꼼꼼하게 점검해보자.

첫째, 내 글이 독자를 고려하지 않은 일방통행적 글은 아닐까? 모든 글은 글쓴이와 독자 간의 성공적인 소통을 목표로 한다. 일방통행적 글이 되지 않으려면 누가 이 글을 읽게 될지를 염두에 두고 어떤 어휘를 선택할지, 어떤 방식으로 전개할지, 근거로 드는 사례는 무엇을 제시할지 등을 고려해야 한다. 나와 다른 사고, 다른 경험을 가진 독자라면 이 문장을, 이 표현을 어떻게 받아들일 것인가를 늘 냉정하게 생각해보자. 특히, 최근 우리 사회에서는 서로 다른 문화적 배경을 지니거나 성적, 인종적으로 다양한 정체성을 가진 구성원들이 점점 많아지고 있다. 입장의 차이를 염두에 두지 않은 채 막연하게 '우리'라는 보편 주어를 사용하는 글쓰기는 자칫 자기중심적, 자문화중심적 사고로 흐르는 오류를 범하기 쉽다. 인종적, 성적, 문화적으로 차이와 다양성이 존재할 수 있음을 염두에 둔 글쓰기만이 폭넓은 공감을 이끌어 낼 수 있을 것이다.

둘째, 내 글이 요지가 불분명하거나 모호한 글은 아닐까? 읽기는 일정한 시간 동안 주의 집중을 요구하는 행위이다. 글이 필자의 의식의 흐름이라도 따라간 양 혼란스럽게 진행되어 말하고자 하는 바를 포착하기 어렵다면 독자가 느끼는 낭패감은 클

것이다. 글을 써 가면서, 그리고 다 쓴 후에는 애초에 의도했던 요지가 자신의 글에 분명히 드러나고 있는지를 꼭 점검해보자.

셋째, 어법에 맞지 않는 문장들이 내 글의 품격을 실추시키고 있는 것은 아닐까? 문법에 맞지 않아 의미가 명확히 전달되지 않는 문장을 비문(非文)이라 한다. 주어, 목적어와 서술어가 서로 호응하지 않는다거나, 조사가 잘못 쓰였다거나, 수식어가 적절한 위치에 놓여있지 못한 비문들은 정확한 의미 파악이 어려울뿐더러 매끄럽게 읽히지 않는다. 설령, 무슨 이야기를 하려는지 대강은 알 수 있을지라도 문장들이 어법에 맞지 않거나, 사용하는 어휘가 어색하거나, 맞춤법과 띄어쓰기 오류가 많은 경우 글은 독자의 신뢰를 얻기 어렵다. 이와 같은 오류를 범하지 않기 위해서는 반드시 퇴고의 과정을 거치는 것이 좋다. 퇴고는 여러 오류를 피하고 글의 완성도를 높이기 위해 꼭 필요한 과정이다.

2. 한 편의 글, 어떻게 완성할까?

머릿속에 아무리 많은 생각과 느낌을 가지고 있더라도 그것이 바로 글이 되지는 않는다. 부유하는 생각의 조각들을 글로 엮어내기 위해서는 일정한 과정과 절차가 필요하다. 한 편의 글은 '준비하기 → 초고 쓰기 → 고쳐쓰기'의 유기적 과정을 통해 완성된다. 흔히 초고 쓰기를 가장 중요한 과정으로 여기는 경우가 많다. 그런가 하면 어떤 이들은 초고 쓰기를 아예 글쓰기의 시작으로 삼기도 한다. 이러한 태도는 글의 준비가 이루어지는 과정이나, 글을 쓴 후에 이어져야 할 고쳐쓰기에 대한 중요성을 인식하지 못하고 소홀히 생각한 데서 비롯한다. 성실한 준비를 하지 않고 섬세한 고쳐쓰기가 뒤따르지 않는다면 좋은 글을 기대하기 어렵다.

'준비하기' 단계에서는 글을 탄탄하게 쓰기 위한 여러 활동이 이루어진다. 글의 방향을 분명히 정하고 글의 흐름에 대한 계획을 세우며, 글을 풍성하게 만들어 줄 수 있는 다양한 자료를 수집하는 일 등이 이 단계에서 이루어진다. 이러한 준비 과정의 바탕 위에서 초고가 쓰이는 것이다. 초고를 쓰고 난 후에는 필자가 애초에 계획했던 의도가 잘 드러나고 있는지 꼼꼼히 살펴야 한다. 이에 따른 수정과 보완을 마치고 나면 비로소 한 편의 글이 완성된다. 준비 단계에서부터 초고를 쓰고 고치는 모든 과정이 어느 한 부분도 소홀할 수 없는 중요한 과정임을 알 수 있다.

1) 준비하기

(1) 무엇에 대해 쓸까?

글을 쓸 때 가장 먼저 해야 할 일은 '무엇'에 대해 쓸 것인가를 정하는 것이다. 필자가 써야 할 '무엇'이 바로 주제이다. 주제란 필자가 내세우는 중심 생각으로, 글이 담고 있는 핵심적인 주장을 말한다. 주제가 정해져야 글의 목적과 방향이 뚜렷해지고 쓰려는 내용과 범위도 한정된다. 적절한 주제 선정에서부터 좋은 글쓰기를 위한 첫 관문이 시작되는 것이다.

좋은 주제를 정하기 위해서는 몇 가지 유의할 점이 있다. 첫째, 주제는 단일한 개념이어야 한다. 하나의 글 안에서 기술해야 할 중심 생각이 둘 이상이 되면, 그 글은 목적지를 찾아 이리저리 허둥대다가 어느 곳에도 제대로 도달하지 못한 모호한 글이 되기 쉽다. 둘째, 주제는 구체적이어야 한다. 지나치게 범위가 넓거나 추상적인 주제는 글을 산만하게 만든다. 글쓴이의 주장이 명료하게 드러나기 위해서는 글의 성격과 분량을 고려하여 주제의 범위를 적절하게 한정해야 한다. 셋째, 주제는 독창적이고 참신해야 한다. 오랫동안 굳어져서 새로울 것이 전혀 없는 낡은 견해나, 누구나 알고있는 관습적인 시각은 독자의 흥미와 관심을 끌기 어렵다. 넷째, 주제는 글쓴이가 충분히 이해하며 분명한 소신을 갖고 다룰 수 있는 주제여야 한다. 자신의 지적 수준과 학습 능력을 고려하지 않고 주제를 선정할 경우 글의 내용이 엉성하고 부실해져서 글에 대한 신뢰도가 떨어질 수 있다.

(가) 화제 정하기

주제를 정하는 일은 글감을 떠올리는 것에서부터 시작된다. 글감은 글의 재료가 되는 막연한 생각으로, '화제' 혹은 '가주제'라고도 한다. 글감에서부터 시작된 미미한 생각의 실마리가 점점 명료화되면서 주제로 발전해 가는 것이다. 따라서 좋은 글을 쓰기 위해서는 적절한 글감을 찾는 일이 무엇보다 중요하다. '브레인스토밍'이나 '마인드 맵'은 창의적인 글감을 찾는 데 자주 활용되는 방법이다.

① **브레인스토밍(brainstorming)**

브레인스토밍은 '두뇌'라는 말과 '폭풍'이라는 말이 결합된 단어이다. 머릿속에 떠오르는 다양한 생각들을 마치 폭풍이 몰아치듯이 거침없이 자유롭게 쏟아내는 아이디어 발상법으로, '자유연상법'이라고도 한다. 브레인스토밍은 풍부하고 다채로운 아이디어를 넉넉하게 마련하는 것이 목적이기 때문에 어떤 조건이나 제약을 두지 않고 유연하게 사고하는 태도가 필요하다. 다소 엉뚱하거나 타당하지 않을 것 같은 생각도 의외로 좋은 글감으로 발전할 수 있으므로 미리 평가하고 제한하는 것보다 떠오르는 생각 그대로 수용하는 것이 좋다.

② 마인드 맵(mind map)

마인드 맵은 생각의 지도를 그리는 발상법으로, 생각의 흐름을 따라가면서 다양한 생각이나 감정을 단어나 기호, 이미지나 색 등을 사용하여 연결해 나가는 것이다. 가장 핵심적인 개념을 중심에 두고서 이를 구체화 시키는 생각들을 방사형으로 뻗어 나가게 하고, 이와 관련된 아이디어를 사슬로 이어나가는 방법이다. 이러한 특징 때문에 마인드 맵은 아이디어들 간의 관계를 확인하는 데 편리하고, 복잡한 아이디어를 빠르고 쉽게 파악할 수 있다. 또한 어떤 개념에 대한 직선적이고 단선적인 사고가 아니라 입체적인 사고를 하는 데도 도움이 된다.

쓰기 활동 1

우리의 일상은 좋은 글감을 품고 있는 보물 창고다. 〈예문 1〉과 같이 일상의 평범한 경험 중에서 문득 생각나는 사건을 고른 후, 이 사건과 관련해서 떠오르는 생각을 자유롭게 적어보고, 그 중 한 가지를 골라 마인드 맵을 그려 보자.

예문 1

- 학생 식당에 앉을 자리가 없어서 친구랑 다른 자리에 앉았다.
  : 학교 복지 시설, 물가 상승, 혼밥족, 부족한 시간… → '혼밥족' 마인드 맵

- 버스를 놓쳐서 1교시 수업에 지각했다.
  : 늦잠, 건강, 원거리 통학, 셔틀버스 절실… → '셔틀버스' 마인드 맵

(나) 주제 선정과 주제문 작성하기

좋은 글을 쓰기 위해서는 주제가 선명하고 명료해야 하는데 화제는 그 범위가 넓고 의미가 추상적이어서 아직 주제라 하기 어렵다. 따라서 화제의 범위를 한정하고 모호한 의미를 좀 더 분명히 해야 하는데, 이때 화제보다 구체화된 어구 형태를 '주제' 혹은 '참주제'라고 한다.

주제도 화제보다는 범위가 줄어들기는 했지만 필자의 주장과 관점을 온전히 보여주지는 못한다. 필자의 의견을 보다 분명하게 제시하기 위해서는 어구 형태의 주제를 하나의 문장으로 다시 한 번 구체화하는 과정이 필요하다. 이렇게 정리된 문장을 '주제문'이라 한다. 주제문을 완성하고 나서야 비로소 글을 쓸 방향이 정해졌다고 할 수 있다. 주제문은 글의 범위를 제한하고, 글의 목표를 명확히 제시해 줌으로써 필자의 생각과 의도를 분명하게 해 준다. 화제 선정에서부터 주제문 작성에 이르는 과정을 다음과 같이 살펴볼 수 있다.

화제 (가주제)		주제 (참주제)		주제문
동아리 활동	➡	동아리 활동의 좋은 점	➡	동아리 활동은 교우 관계를 넓히는 데 도움이 된다.

화제로 제시된 '동아리 활동'을 통해 글의 소재가 무엇인지는 알 수 있으나, 구체적으로 어떤 방향으로 글을 쓸 것인지에 대해서는 알 수 없다. 주제인 '동아리 활동의 좋은 점'은 화제보다는 좀 더 구체화되었으나, 필자가 무엇에 초점을 맞추어서 동아리 활동의 좋은 점을 이야기할 것인지 아직 정확치 않다. '동아리 활동은 대학 내에서의 교우 관계를 넓히는 데 도움이 된다.'는 주제문을 작성하고 나서야 비로소 글쓴이가 동아리 활동이라는 글감으로 어떤 글을 쓰고자 하는지가 분명해졌다.

주제문이 필자의 중심 생각을 제대로 보여주기 위해서는 몇 가지 고려해야 할 점이 있다. 첫째, 주제문의 형식은 명제문이어야 한다. 단순한 진술문이나 의문문은 글쓴이의 주장을 명확히 알 수 없기 때문에 주제문이 될 수 없다. 둘째, 주제문의 표현은 직설적이어야 한다. 비유적이고 함축적인 표현이 담긴 주제문은 글을 전개하는 데 혼란을 줄 수 있다. 셋째, 주제문은 확실한 근거에 의해 증명할 수 있어야 한다. 객관적이고 구체적인 자료를 통해서 주장에 대한 근거를 제시하기 어려운 문장은 주제문으로 적절하지 않다.

주제문을 완성하고 나면 제목을 정하는 것이 좋다. 제목은 글을 쓰는 어느 과정에서든지 정할 수 있으나, 글을 쓰기 전에 정하는 편이 글의 방향을 상기하는 데 도움이 된다. 글의 제목은 마치 가게의 간판과 같다. 간판만 보고도 그 가게가 어떤 가게인지 대충 짐작할 수 있듯이, 제목도 그 글이 어떤 내용을 다루고 있는지, 글쓴이의 태도나 관점이 무엇인지 등에 대한 유용한 정보를 제공하기도 한다. 또한 인상적인 제목은 독자들의 관심과 흥미를 끄는 데도 큰 영향을 줄 수 있기 때문에 제목을 정하는 것도 신중해야 한다.

쓰기 활동 2

다음에 제시된 '화제'에 대한 '주제'를 정하고, '주제문'을 작성해 보자.

화 제	주 제	주 제 문
인공지능		
최저임금		
혐 오		

(2) 어떤 짜임새가 좋을까?

본격적으로 글을 쓰기 전에 어떤 내용과 순서로 구성하는 것이 주제를 드러내는 데 효과적인지 미리 그려보는 과정이 필요하다. 이렇게 글의 흐름에 대한 필자의 의도를 구체적인 형태로 구현하는 것을 '개요'라고 한다. 건물을 지을 때 설계도가 필요하듯이 글이라는 구조물을 완성하는 데도 적절한 설계도가 긴요한 역할을 하는데, 개요가 바로 글의 설계도인 셈이다.

좋은 개요는 글의 방향을 분명하게 보여주기 때문에 논지가 흐트러지는 것을 막을 수 있고, 글 전체에 유기적인 구조와 일관성을 부여해 준다. 또한 내용의 중복이나 누락을 방지할 수도 있다. 이 밖에 글의 전개 순서나 분량을 조절하는 데도 활용할 수 있어서 균형 잡힌 글쓰기를 하는 데 많은 도움이 된다.

글의 개요에는 화제 개요와 문장 개요가 있다. 각 단계의 중심 내용을 단어나 어구 형식으로 표현하는 것이 화제 개요이고, 문장 형식으로 표현하는 것이 문장 개요이다. 화제 개요는 항목 개요라고도 하는데, 각 항목의 내용을 핵심어구 형태로 표기하기 때문에 전체 글의 흐름을 살피는 데 용이하다. 문장 개요는 각 항목의 핵심 내용을 간결한 문장으로 작성하기 때문에 해당 항목의 주요 내용을 구체적으로 파악할 수 있다는 장점이 있다. 따라서 개요의 형식이나 유형은 정해져 있는 것이 아니라 글의 종류나 글쓴이의 편의에 따라 자유롭게 선택할 수 있다.

다음의 〈예문 2〉는 동일한 주제에 대해 화제 개요와 문장 개요로 작성한 것이다.

예문 2

- 화제: 건강세
- 주제: 건강세 도입의 필요성
- 주제문: 건강세는 국민들의 건강을 증진시키는 좋은 방안이 될 수 있기 때문에 도입이 필요하다.

화제 개요	문장 개요
1. 도입: 건강세의 개념과 문제제기 **2. 전개**: 건강세 도입이 필요한 까닭 1) 국민들의 건강을 위한 국가의 실효적인 정책 2) 건강 위협 물품이나 식품의 구매력 약화 유도 3) 새로운 세수를 활용한 대국민 건강 정책 확대 가능 **3. 마무리**: 건강세 도입의 필요성 강조	**1. 도입**: 최근에 건강보험 적자에 대비하여, 국민의 건강을 해칠 수 있는 제품을 생산하거나 판매해서 이윤을 얻는 기업에게 부과하는 세금인 건강세를 도입해야 한다는 필요성이 제기되고 있다. **2. 전개**: 건강세 도입이 필요한 까닭 1) 건강세는 국민의 건강을 보호하기 위해 국가가 개입하여 실제적인 효과를 확인할 수 있는 정책이다. 2) 건강세가 도입 되면 관련 물품이나 식품 등의 가격이 오르기 때문에 질환 유발 상품에 대한 구매력을 낮춤으로써 질병 예방 효과가 있다. 3) 건강세를 통해 걷힌 세금으로 국민들의 건강을 위한 정책을 확대하여 수립할 수 있다. **3. 마무리**: 건강세는 국민들의 건강한 생활과 삶의 질을 향상 시킬 수 있는 제도이므로 도입이 필요하다.

개요와 글쓰기의 긴밀한 관계를 이해하기 위해서는 완결된 글의 개요를 정리해 보는 것도 한 방법이다. 다음 〈예문 3〉의 글을 도입-본문-마무리로 나누어 보고, 각 단락의 중심 내용을 정리해서 개요를 작성해 보자.

예문 3

① 2016년 6월 국립현대미술관에서 열린 이중섭(李仲燮, 1916~1956) 탄신 100주년 기념전은 '백 년의 신화'가 오늘에 환생하는 것만 같았다. 이중섭이 한국 현대미술의 전설이 된 것은 오래된 일이지만 정작 국민들이 그의 작품을 실제로 보고 예술적 감동을 받을 기회는 아주 적었다. 그간 미술평론가, 미술사가로 한 생을 미술과 함께 살아온 나 자신도 1986년에 서울 호암갤러리에서 열린 이중섭 서거 30주기전 이후 30년 만이다. (중략)

② 이중섭은 단 한 번도 자신의 예술에 깊이 천착할 기회를 갖지 못했지만 삶의 파편처럼 남겨진 그의 작품들에는 일관되게 흐르는 하나의 예술세계가 있다. 그것은 '그리움'이다. 엽서 그림도, 은지화도, 풍경화도, 〈달과 까마귀〉, 〈부부〉, 노을에 울부짖는 〈황소〉도 살점이 떨어져나가는 것 같은 그리움으로 가득 차 있다. 그리움, 그것은 이중섭 예술의 본질이기도 하다.

③ 이중섭의 그리움은 그리움을 탁월하게 시로 읊은 김소월(金素月, 1902~1934)의 그것에 비견할 만한데 김소월과 이중섭의 그리움에는 큰 차이가 있다. 김소월의 그리움은 가져보지 못한 것에 대한 그리움이었다. 김소월은 〈초혼〉에서 "산산이 부서진 이름이여! 허공 중에 헤어진 이름이여! 불러도 주인 없는 이름이여! 부르다가 내가 죽을 이름이여"라며 목 놓아 통곡하였다.

④ 이에 반해 이중섭의 그리움은 잃어버린 행복, 따뜻했던 사랑에 대한 그리움이었다. 이중섭에게도 행복했던 순간은 있었다. 사랑하는 아내, 귀여운 두 아들과 함께 살던 원산 신혼 시절, 아직 가족과 오붓이 생활하던 서귀포 피난 시절. 그런데 세월이 그것을 앗아갔다. 때문에 이중섭의 그리움은 더욱 애절하고 아픔이 느껴진다. 그런 이중섭의 예술을 가장 잘 드러내는 작품은 〈황소〉이다.

⑤ 이중섭의 황소 중 머리만 그린 작품이 셋 있다. '고개를 휘젓는 황소', '황혼에 울부짖는 황소' 그리고 '검은 눈망울의 황소'다. 나는 이 세 작품을 이중섭의 자화상이라고 생각하고 있다. '고개를 휘젓는 황소'에서는 애처로움이 느껴지고, '황혼에 울부짖는 황소'에는 그리움에 몸부림치는 애절함이 있는데 이번에 처음 공개된 '검은 눈망울의 황소'는 젊고 힘이 넘친다. 아직은 좌절하지 않았을 때의 이중섭을 보는 듯한 활기가 있다.

⑥ 이중섭이 가진 것 없는 피난 시절 다방 한쪽 구석에서 그렸다는 은지화는 오직 그만의 예술영역이다. 여기에서도 그의 외로움과 그리움 그리고 거의 병적인 자학이 절절히 나타나 있다. 팔다리가 묶인 군상들, 개 한 마리를 끌고 다니는 천둥벌거숭이의 아이 그리고 사랑하는 아내와의 짙은 포옹, 그것도 모자라 입술을 꽉 깨문 키스를 그린 그림은 명작이라는 탄사가 절로 나온다. 아주 작은 철필 스케치이지만 마치 대형 벽화의 축소판을 보는 듯한 감동이 일어난다.

⑦ 이번 회고전이 더욱 감동적으로 다가온 것은 뛰어난 디스플레이 덕분이기도 했다. 유화라고 해도 소품뿐이고 엽서, 편지, 은지화가 전부인 이중섭의 예술을 현대 전자기술을 이용한 입체적인 동영상으로 보여준 것은 정말 환상적이었다. 전시장을 오랜 시간 둘러보는 동안 나는 여러 미술관 관장들을 만날 수 있었다. 모두들 오랜만에 보는 이중섭의 예술에 대한 감동을 말하면서 대화 끝에는 이구동성으로 우리나라 전시 기술이 언제 이렇게 발전했냐는 찬사를 보냈다.

⑧ 백년 전에 세워진 석조건물에 백년 뒤 후손들이 이중섭이라는 백 년의 신화를 이렇게 장식하고 있는 것이다. 이것을 천상의 중섭은 보고 있는지 모르고 있는지. 그리고 지금은 어떤 바닥에 무엇을 그리고 있는지.

- 출처: 유홍준, 『안목』, 눌와, 2017, 210~219쪽.

〈예문 3〉은 이중섭 탄신 100주년 전시회를 소개하면서 글의 화제를 제시하는 것으로 글을 시작하고 있다. ②단락부터 본문이 시작되는데, 이중섭 예술 세계의 특징을 '그리움'으로 분석하고 있다. 이어지는 ③단락과 ④단락에서는 시인 김소월과 이중섭의 그리움을 비교하고, 이중섭 그림에 드러나는 그리움의 특징에 대해 설명하였다. ⑤단락과 ⑥단락은 이중섭의 그림을 구체적으로 분석한 부분으로, 〈황소〉 세 작품과 은지화에 대한 감상과 평가가 드러나 있다. ⑦단락에서는 이중섭 회고전을 성공적으로 이끈 우리나라의 뛰어난 전시 기술을 높이 칭찬하였다. 글의 마무리인 ⑧단락은 공간과 기술, 그림이 잘 어우러진 수준 높은 전시에 대한 자부심과 이중섭에 대한 그리움을 토로하면서 글을 마치고 있다. 이러한 내용을 개요로 정리하면 다음과 같다.

개요

도입(화제 제시): 국립현대미술관에서 이중섭 탄신 100주년 기념전이 열렸다.

본문 1: 이중섭 예술세계의 본질은 그리움이다.

본문 2: 그리움을 탁월하게 노래한 시인 김소월의 그리움은 가져보지 못한 것에 대한 그리움이다.

본문 3: 이중섭의 그리움은 잃어버린 행복, 따뜻했던 사랑에 대한 그리움이다.

본문 4: 〈황소〉 연작 중 황소 머리만 그린 세 작품은 이중섭의 자화상이다.

본문 5: 이중섭의 은지화에는 피난 시절의 다양한 정서와 감성이 담겨 있다.

본문 6: 우리나라의 빼어난 전시 기술은 이중섭 회고전을 더욱 돋보이게 했다.

마무리: 이중섭 회고전은 전통공간과 그림, 높은 기술력이 잘 어우러진 수준 있는 전시였다.

개요에 따라 글을 써 내려가다 보면 애초 계획과는 다르게 생각이 바뀌는 경우가 종종 생긴다. 이때에는 개요를 수정하고 고친 개요에 따라 글을 조정해야 한다. 처음에 작성한 개요를 그대로 둔 채 바뀐 생각에 따라 글만 고쳐서 쓰다 보면, 의도와는 다른 글이 되기도 하고 글의 논지와 균형을 잃은 글이 될 수도 있다. 글을 쓰는 중에라도 문제점이 발견되거나 보완이 필요할 때에는 언제든지 개요를 수정하고, 이에 맞추어 글을 쓰려는 자세가 필요하다.

쓰기 활동 3

다음의 〈예문 4〉를 읽고 개요를 작성해 보자.

예문 4

한때 중·고등학생들의 일상어에서 욕설에 해당하는 말이 '졸졸'흐르는 사태를 크게 염려하는 어른들이 많았다. 지금이라고 해서 이 사태가 크게 달라졌을 것 같지는 않다. 나로서는 그런 사태를 놀라워하거나 염려하는 편이 아니며, 실상은 그것을 사태라고 생각하지도 않는다. 아마도 그것은 무슨 시대적 현상이기보다는 그 나이대의 생리라고 해야 옳지 않을까 싶기도 하다.

반세기 전에 내가 고등학생이었을 때도 나나 내 친구들이 순화된 말을 사용했던 것은 아니다. 분노나 증오의 표현에 욕설이 앞선 것은 말할 것도 없고, 뜻밖의 행운에 놀랄 때도, 친구에게 우정을 전할 때도 질펀한 사투리에 상소리로 강조점을 찍곤 했다.

욕설이 언어에 생기를 주었던 듯도 하지만 그것이 폭력이었던 것은 말할 것도 없다. 지나가는 길에 공연히 나뭇가지를 부러뜨리고 의자를 발로 차던 어린 시절의 방자함이 가장 만만한 것 가운데 하나인 말을 가만히 놓아둘 리 없었다.

언어를 왜곡하고 학대하는 방법은 여러 가지였다. 어마어마한 수를 말한답시고 '2만8백3만2천 개'같은 소리를 주워섬기는 것은 흥부전에서 배운 말투였고, '조예가 깊다'를 '조지가 깊다'라고 말하는 것은 한자를 조금 알고 있다는 거들먹거림이었다(한자를 많이 쓰던 시절이었지만 한자 '造詣'를 '조지'로 읽는 사람들이 실제로 없지 않았다).

말에 필요 없는 음절을 집어넣는 방법은 고전적이기까지 하다. 우리 때는 음절마다 '앵애'를 넣은 어법이 유행했다. 이 어법에서 '사랑'은 '사앵애라앵앵'이 되고 '손톱'은 '소앵앤토애앱'이 된다. 나는 이 '앵애어'를 자유자재로 쓰기 위해 특별한 연습을 한 적도 있다. 불필요한 음절을 집어넣어 말을 헷갈리게 쓰는 방법은 외국어에도 예가 없지 않다.

프랑스 시인 로베르 데스노스의 『개미』는 10행에 그치는 짧은 시다. 제1차 세계대전 직후에 스위스의 볼테르 카바레에 몰려 있던 유럽의 젊은 문인들은 이 시에 곡을 붙여 그것을 다다이즘의 찬가라고 일컬었다.

그 시에 "프랑스어를 말하고 라틴어와 자바네를 말하는 개미"라는 구절이 있다. 젊은 강사 시절 이 시를 강의하던 나는 '자바네'를 '자바어'라고 성급하게 번역하였다. 그것이 19세기 말에 유행했던, 자음과 모음 사이에 'javais'를 집어넣은 방식의 은어 어법인 것을 알고 얼굴을 붉힌 것은 한참 후의 일이다.

청년기에 접어드는 학생들이 말에 가하는 폭력은 말과 자아를 함께 발견하는 한 방법이기도 하고, 자기를 둘러싼 세상의 의미체계를 은근히 깨부숴보려는 소심한 모험이기도 하다. 그것을 탓할 생각은 없다. 거친 말이 거친 심성을 만든다고 걱정하는 사람들도 있으나 오히려 이미 거칠어진 심성이 그렇게 순화되고 있다고도 생각할 수 있는 일이다.

그러나 나는 청소년들의 과도한 말의 축약이 자주 마음에 걸린다. 거리에서 한 학생이 제 친구에게 "버정에서 기다려, 버카충하고 올게"라고 말한다. 인터넷에서 '버정'을 검색했더니, '버스 정류장'이란다. 그렇다면 '버카충'은 '버스 카드 충전'이겠다.

축약의 남발도 말에 가하는 폭력의 일종이지만, 욕설이나 '앵애어'와는 성질이 조금 다르다. 욕설 등속은 말을 여전히 말로 대하는 반면에 과도한 축약어는 말을 오직 기호로만 대한다. 기호를 소통의 도구로 삼는 사람은 오직 외부와 소통할 수 있을 뿐인데, 말을 말로 대접하여 말하는 사람은 저 자신과도 소통한다. 그것이 말의 힘이다.

언젠가 서울의 교외에서 '들꽃 피는 언덕'이라는 간판을 단 카페를 본 적이 있다. 아름다운 말이다. 그러나 옛날 같으면 단지 '언덕'이라는 말만으로는 저 아름다움을 드러낼 수 있었을 것이다. '언덕'은 꽃 피는 언덕도 되고 눈 내린 언덕도 된다. 언덕 앞에 붙는 다른 말의 길이만큼이나 우리말이 힘을 잃었다고 생각할 수밖에 없다.

그 카페의 풍경에 대학의 박사학위 심사 모습이 겹치는 것도 그 때문이다. 이 단어를 무슨 뜻으로 썼느냐고 심사위원이 물으면, 그 단어는 영어의 어느 단어에 해당한다는 대답이 나오고 좌중은 고개를 끄덕인다. 말이 그 힘을 외부에서 빌려오는 것이다.

– 출처: 황현산, 『황현산의 사소한 부탁』, 난다, 2018, 60~63쪽.

쓰기 활동 4

〈쓰기 활동 2〉의 주제 중에서 한 주제를 선택하고, 그에 대한 개요를 작성해 보자.

(3) 어떤 자료를 활용할까?

필자의 주장과 의도를 잘 표현하기 위해서는 주제에 부합하는 적절하고 다양한 자료의 도움이 필요하다. 자료란 글의 내용을 뒷받침하거나 검증하는 데에 제공되는 일체의 정보를 말한다. 풍부하고 다채로운 자료는 글에 대한 신뢰도를 높이고 내용에 생동감을 주는 등 좋은 글을 쓰는 데에 중요한 역할을 한다.

자료 수집은 주제를 정하거나 개요를 구성할 때, 초고를 쓰거나 고쳐 쓸 때 등 글쓰기 어느 과정에서나 이루어질 수 있다. 그런데 이 중에서도 주제가 정해진 후에 활용할 자료를 찾아내는 과정은 훨씬 정밀해야 한다. 이때는 수집된 자료의 질을 평가하고, 많은 자료 중에서 실제로 쓸 수 있는 자료를 선별하는 분석적 행위가 이루어지기 때문이다.

자료를 본격적으로 찾기 전에 예비 조사를 통해 참고 자료 목록을 만드는 것도 좋다. 예전에는 도서관을 직접 방문해야만 접할 수 있었던 자료를 이제는 대부분 온라인을 이용해 곧바로 활용할 수 있다. 따라서 대학 도서관의 온라인 사이트, 학술정보 검색 도구를 적절히 이용하면 각종 매체의 기사, 논문 정보 등 다양한 자료를 쉽게 얻을 수 있다. 온라인을 이용한 각종 자료 조사 외에 필요한 자료를 직접 얻기 위해 설문 조사, 인터뷰, 관찰 조사, 실험을 하는 방법도 있다.

자료를 수집할 때는 한 가지 방법을 고수하기보다 여러 종류의 다양한 자료를 확보하려는 노력이 필요하다. 이때 반드시 염두에 두어야 할 것이 자료에 대한 신뢰도이다. 해당 분야의 전문가나 권위 있는 기관이 생성한 자료, 인용 빈도가 높은 자료 등 독자들이 신뢰할 만한 자료 수집을 위해 성실한 노력이 필요하다. 이와 함께 수집한 자료의 서지사항을 정확히 확인하고 출처를 분명하게 적어두는 것도 잊지 말아야 한다.

어느 정도 자료가 모아졌으면 꼼꼼한 분석을 통해 실제 글쓰기에 유용한 자료를 선별하는 과정이 필요하다. 이 과정에서 새로운 자료가 추가되기도 하고, 불필요한 자료를 배제하기도 한다. 그런가 하면 자료는 개요에 영향을 미치기도 해서, 수집된 자료의 내용에 따라 개요가 보완되거나 수정될 수도 있다.

| 유용한 온라인 학술 정보 사이트

전남대학교 도서관 http://lib.jnu.ac.kr

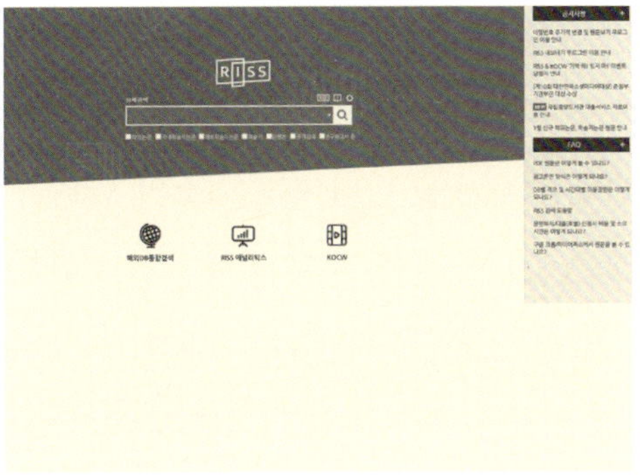

한국교육학술정보원 http://www.riss.kr

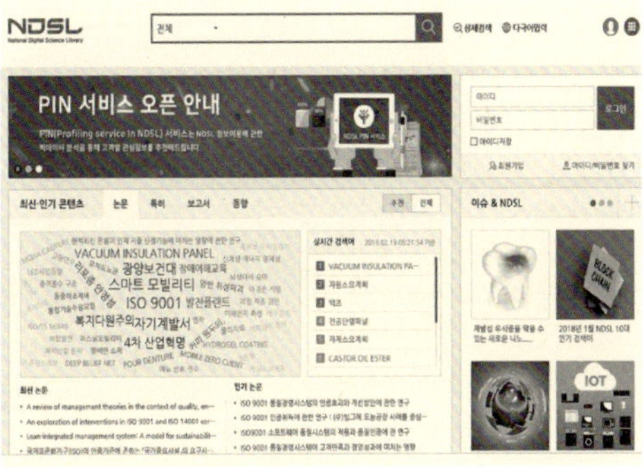

국가과학기술정보센터 http://www.ndsl.kr

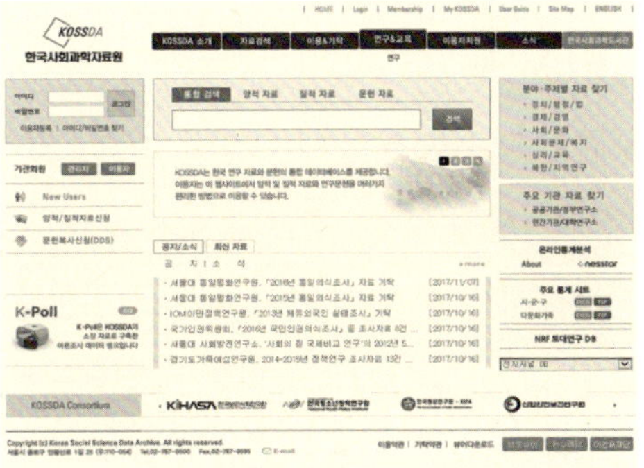

한국사회과학자료원 http://www.kossda.or.kr

국회도서관 https://www.nanet.go.kr

한국민족문화대백과사전 http://encykorea.aks.ac.kr

2) 초고 쓰기

수집한 자료를 정리하고, 자료를 분석한 결과에 따라 개요에 대한 검토와 수정을 한 다음, 본격적인 글쓰기가 이루어진다. 초고 쓰기는 개요의 구성에 따라 선별한 자료를 활용하여 실제 글을 써 내려 가는 과정이다. 생각이나 감정을 글로 표현할 때 완결된 내용을 나타내는 최소의 단위는 문장이지만, 필자가 드러내려는 생각과 주장은 단락을 통해 보다 구체적으로 전개된다.

단락은 몇 개의 문장이 공통된 하나의 생각을 중심으로 모여 있는 글의 덩어리이다. 이때 여러 문장이 서로 연결될 수 있도록 중심을 잡아주는 공통된 생각을 '소주제'라고 한다. 소주제를 구심점으로 하여 유관한 문장들로 이루어졌다는 점에서 하나의 단락은 마치 완성된 글의 축소판과 같다.

(1) 단락 구성

단락은 중심 문장과 뒷받침 문장으로 구성되어 있다. 중심 문장은 한 단락이 내보이려는 핵심 생각, 곧 소주제가 드러난 문장을 말한다. 뒷받침 문장은 중심 문장을 부연해서 설명하거나, 근거를 들어 논증하는 등 상대적으로 일반적이거나 추상적인 중심 문장을 구체화 시켜주는 역할을 한다.

중심 문장은 단락 안에서 명확하게 제시되는 경우가 많지만 그렇지 않을 수도 있다. 단락 안에서 중심 생각이 문장의 형태로 드러나지 않을 경우, 글을 읽고 중심 생각을 문장으로 재구성함으로써 단락의 주제를 예측해 볼 수 있다.

다음의 〈예문 5〉와 〈예문 6〉을 읽고 중심 문장을 찾아보자.

예문 5

반구정과 압구정은 대비의 조건을 두루 갖추고 있습니다. 반(伴)과 압(狎)은 뜻이 같습니다. 벗한다는 뜻입니다. 압구정은 압구정동으로 유명합니다. 그러나 그것이 세조 때 모신(謀臣) 한명회(韓明澮)의 아호(雅號)라는 사실은 잘 알려져 있지 않습니다. 또 지금은 정자인 압구정이 없습니다. 당시에 한강 건너편에다 정자를 짓는다는 것도 남다른 발상이었습니다. 반구정은 황희(黃喜) 정승이 퇴은하고 노후를 즐기던 정자입니다. 황희 정승은 세종 치하 24년을 정승으로 지냅니다. 그중 19년을 영상 직에 있었습니다. 87세에 간신히 사직하고 90세에 별세합니다. 세종보다 오래 살았습니다. 반구정에서 노후를 오래 즐기지는 못했으리라 짐작됩니다만 황희 정승의 장수와 마찬가지로 반구정은 지금도 건재합니다. 압구정이 현대 아파트 27동 옆에 유허지임을 알리는 표석으로 남아 있는 데 비해서 황희 정승의 정자인 반구정은 지금도 임진강 갈매기들을 벗하며 여전한 모습으로 남아 있습니다. 사람도 대조적이고, 두 정자의 남아 있는 모습도 대조적입니다.

- 출처: 신영복, 『담론』, 돌베개, 2017, 379쪽.

예문 6

민옹이든 김신선이든 둘 다 세상의 주류적 가치나 표상 외부에 사는 존재들이다. 그들은 지배적 코드로부터 벗어나 전혀 다른 종류의 삶을 추구한다. 그래서 자유롭다! 연암이 이들을 찾아다니고, 그들의 이야기로부터 위안을 얻는 것은 그의 병의 뿌리가 어디에 있는지를 얼마간 짐작케 해준다. 그는 자신이 이제 밟아가야 할 '홈 패인 공간'이 주는 무거움 때문에 밥을 먹을 수도, 잠을 잘 수도 없었던 것이 아닐까? 그래서 그는 중력장치에서 벗어난 존재들과 접속함으로써 치유의 가능성을 찾고자 했던 것이 아닐지.

- 출처: 고미숙, 『열하일기, 웃음과 역설의 유쾌한 시공간』, 그린비, 2010, 43쪽.

〈예문 5〉는 단락의 중심 생각이 문장 형태로 명시적으로 드러나 있다. 이 글의 중심 문장은 "반구정과 압구정은 대비의 조건을 두루 갖추고 있습니다."라는 첫 번째 문장이고, 다른 문장들은 반구정과 압구정을 비교하고 둘 사이에 어떤 차이가 있는지 예를 들어 설명하는 뒷받침 문장들이다.

이와 달리 〈예문 6〉은 단락 안에 중심 문장이 명확하게 제시되지 않아서 글의 내용을 통해 유추해야 한다. 〈예문 6〉을 읽어보면 글쓴이의 중심 생각은 '연암은 주류에서 벗어나 자유롭게 살아가는 비주류들에게서 병증을 치유하는 가능성을 찾고자 했다.'는 문장 형태로 정리할 수 있다.

앞에서 보았듯이 단락의 중심 생각이 문장의 형태로 제시되었는지의 여부는 그리 중요하지 않다. 또한 중심 문장은 단락의 처음이나 끝, 중간 어디에도 올 수도 있는 등 그 위치도 중요하지 않다. 좋은 단락을 위해 염두에 두어야 할 점은 한 단락은 하나의 생각 덩어리로 이루어져야 하며, 이 생각 덩어리의 의미가 단락을 통해 분명하게 포착될 수 있어야 한다는 것이다.

(2) 단락의 통일성과 긴밀성

좋은 단락은 통일성과 긴밀성을 갖추고 있다. 단락의 통일성이란 단락의 내용이 하나의 중심 생각으로 모아져야 한다는 것을 말한다. 단락의 긴밀성이란 단락의 각 문장들이 논리적으로 자연스럽게 연결되어야 한다는 의미이다.

단락의 통일성이 한 단락 안에 하나의 중심 생각만을 담아야 한다는 원칙이라면, 단락의 긴밀성은 단락을 구성하는 문장들 간의 연결 관계가 논리적인 일관성을 갖추어야 한다는 원칙이다.

〈예문 7〉을 읽고 단락의 통일성에 대해 이해해 보자.

예문 7

① 나는 영화 보는 것을 좋아한다. ② 특히 혼자 보는 영화를 좋아한다. ③ 혼자 영화를 보고 왔다고 하면 대부분 그게 무슨 재미냐는 반응을 보인다. ④ 이런 반응은 이른바 영화 '혼족'의 유익한 점을 몰라서 하는 말이다. ⑤ 우선 내가 원하는 영화를 마음대로 선택할 수 있어서 좋다. ⑥ 친구, 가족 등 다른 사람들과 함께 영화를 보면 내 취향보다는 함께 볼 수 있는 영화를 고를 수밖에 없다. ⑦ 그런데 영화는 다른 사람들과 함께 즐기기 좋은 장르인 것도 사실이다. ⑧ 여러 사람과 함께 가도 번거롭지 않고 적은 비용으로 기분 전환도 할 수 있어서 사람들이 좋아하는 것 같다. ⑨ 영화에 집중할 있는 것도 홀로 영화보기의 장점이다. ⑩ 가끔 영화 상영 중에 영화음악이나 특정 장면에 대해 물어보는 사람들이 있는데, 질문에 답을 하다보면 영화에 대한 몰입감이 현저히 떨어진다. ⑪ 시간에 상관없이 아무 때나 영화를 볼 수 있다는 점도 참 좋은 점이다. ⑫ 친구와 영화를 함께 보려고 약속 시간을 정하는 데 한참 걸려서, 결국 영화를 보지 못하고 놓친 적이 종종 있었다. ⑬ 이런 이유들이라면 항상 누군가와 함께 영화관에 가는 사람도 한 번쯤 혼자 영화를 보고 싶지 않을까?

– 학생의 글

〈예문 7〉의 중심 생각은 '나는 혼자 보는 영화를 좋아한다'는 것이다. 따라서 좋은 단락이 되기 위해서는 뒷받침 문장들이 혼자 보는 영화의 유익한 점을 기술해야 한다. 그러나 〈예문 7〉에는 중심 생각과 상관없는 뒷받침 문장들이 일부 포함되어 있다. ⑦번과 ⑧번 문장은 이 단락의 중심 생각과는 거리가 먼 내용들이다. 바로 앞 문장에서 다른 사람과 영화를 보면 원하는 영화를 못 볼 수도 있다는 말을 했는데, 이에 이어서 여럿이서 영화를 보려는 이유도 이해할 만하다는 다른 내용으로 흐르고 있다. 〈예문 7〉은 혼자 보는 영화의 좋은 점을 중심으로 글을 전개해 가고 있는데, 이 두 문장 때문에 단락의 통일성이 흐트러지고 있다.

〈예문 8〉은 단락의 긴밀성을 높이기 위해서 맥락에 맞추어 문장의 순서를 바꾸거나, 적절한 접속어 사용이 필요한 부분이 있다.

예문 8

① 거리를 다니다 보면 주택가, 공원, 학교, 상가 등 사람들의 통행이 있는 곳이라면 어디든지 감시카메라가 설치되어 있다. ② 이 때문에 사생활을 감시받는 것 같아서 불편하다고 말하는 사람들도 있다. ③ 어떤 경우는 꼭 있어야 하는 자리인데도 감시카메라가 없는 곳이 있다. ④ 내가 버스를 타러 나올 때마다 꼭 지나야 하는 골목 모퉁이가 있다. ⑤ 무단으로 버려진 온갖 쓰레기 때문에 그곳을 지날 때마다 기분이 좋지 않다. ⑥ 특히 음식물 쓰레기 수거가 안 되는 주말이나 기온이 높은 여름철이면 상황은 더욱 심각하다. ⑦ 아무렇게나 버려진 남은 음식, 입다 버린 것 같은 낡은 옷가지, 각종 플라스틱과 일회용 용기 등 마치 쓰레기 집합소 같다. ⑧ 제일 큰 문제는 쓰레기에서 나는 고약한 악취이다. ⑨ 분명 그 골목 근처에 사는 사람들이 버렸을 텐데도 쓰레기 무단 투기자를 알 수가 없다. ⑩ 이와 같이 불법적으로 버려지는 쓰레기가 많은 장소에는 반드시 감시카메라가 필요하다. ⑪ 감시카메라가 24시간 촬영한다면 쓰레기를 함부로 버리는 사람은 크게 줄어들 것이기 때문이다. ⑫ 주민들의 쾌적한 생활환경을 위해 주택가 쓰레기 수거지에 좀 더 많은 감시카메라를 설치했으면 좋겠다.

– 학생의 글

〈예문 8〉의 중심 생각은 '주민들의 쾌적한 생활환경을 위해 주택가 쓰레기 수거지에 감시카메라 설치가 필요하다.'로 정리할 수 있다. 글의 흐름을 살펴보면, 앞부분에서 감시카메라 설치가 늘어난 사회적 상황을 언급한 뒤, 그럼에도 불구하고 주택가 감시카메라 설치가 더 필요한 이유를 이야기하기 위해 필자의 일화가 이어지고 있다. 나아가 주민들의 건강한 생활을 위해 주택가에 감시카메라 증설이 필요하다는 주장으로 단락을 마치고 있다.

이러한 맥락에 따라 글을 읽어보면 ⑥번 문장의 위치가 자연스럽지 못하다. ⑥번 문장은 쓰레기 악취 문제가 더욱 심해지는 상황을 말하고 있기 때문에 ⑧번 문장 다음에 연결하는 것이 적절하다. 또한 ③번 문장은 앞에서 언급한 내용과 상반되는 입장이므로 이를 반영하는 접속어가 필요하다. ⑤번 문장은 본격적인 문제제기를 위해 필자의 일화가 시작되는 부분이므로 내용의 전환을 알려줄 수 있는 접속어를 쓰는 것이 좋다.

이와 같은 방법으로 문장들 사이의 논리적 연결을 고려하면서 필자의 중심 생각이 정연하게 드러날 수 있도록 〈예문 8〉을 수정하면 다음과 같다.

예문 9

① 거리를 다니다 보면 주택가, 공원, 학교, 상가 등 사람들의 통행이 있는 곳이라면 어디든지 감시카메라가 설치되어 있다. ② 이 때문에 사생활을 감시받는 것 같아서 불편하다고 말하는 사람들도 있다. ③ **그러나** 어떤 경우는 꼭 있어야 하는 자리인데도 감시카메라가 없는 곳이 있다. ④ 내가 버스를 타러 나올 때마다 꼭 지나야 하는 골목 모퉁이가 있다. ⑤ **그런데** 무단으로 버려진 온갖 쓰레기 때문에 그곳을 지날 때마다 기분이 좋지 않다. ⑦ 아무렇게나 버려진 남은 음식, 입다 버린 것 같은 낡은 옷가지, 각종 플라스틱과 일회용 용기 등 마치 쓰레기 집합소 같다. ⑧ 제일 큰 문제는 쓰레기에서 나는 고약한 악취이다. ⑥ **특히 음식물 쓰레기 수거가 안 되는 주말이나 기온이 높은 여름철이면 상황은 더욱 심각하다.** ⑨ 분명 그 골목 근처에 사는 사람들이 버렸을 텐데도 쓰레기 무단 투기자를 알 수가 없다. ⑩ 이와 같이 불법적으로 버려지는 쓰레기가 많은 장소는 반드시 감시카메라가 필요하다. ⑪ 감시카메라가 24시간 촬영한다면 쓰레기를 함부로 버리는 사람은 크게 줄어들 것이기 때문이다. ⑫ 주민들의 쾌적한 생활환경을 위해 주택가 쓰레기 수거지에 좀 더 많은 감시카메라를 설치했으면 좋겠다.

- 학생의 글

3) 고쳐쓰기

(1) 고쳐쓰기의 중요성

초고를 완성했다면 자신의 글이 처음에 의도한 대로 잘 쓰였는지에 대한 확인이 필요하다. 완성된 글을 읽고 검토하며 수정하는 과정을 '고쳐쓰기'라고 한다. 초고쓰기를 마치고 나면 대부분 자신이 생각한 내용이 글로 잘 표현되었을 것으로 생각하는 경향이 있다. 그런데 타인의 관점에서 객관적으로 글을 다시 읽어 보면 이런 자신감은 점점 약해지고 오히려 여기저기 수정할 부분이 눈에 들어온다. 심한 경우 어떤 글은 전체적으로 다시 써야 하는 상황이 발생하기도 한다. 이때 번거롭고 귀찮다고 해서 대충 넘어가버리면 그 글은 미완성인 채로 남게 된다. 반대로 이 과정에서 꼼꼼하고 섬세한 고쳐쓰기가 이루어진다면 초고의 상태를 잊을 만큼 빼어난 글로 환골탈태 할 수 있다. 그러므로 고쳐쓰기는 완성된 글을 한 번 읽어 보는 정도의 소극적인 글쓰기 과정이 아니라, 처음 글을 쓰는 것과 마찬가지로 주제부터 단어의 표현에 이르기까지 글 전체를 다시 써가는 적극적인 글쓰기라는 인식이 필요하다.

글 쓰는 일을 직업으로 삼고 있는 세계의 유명 작가들도 고쳐쓰기를 거듭하며 글의 완성도를 높이기 위해 부단한 노력을 기울였다. 중국의 시성(詩聖)으로 알려진 당나라 시인 두보는 자신의 시가 다른 사람을 놀라게 하지 못 한다면 죽어도 그만두지 않겠다는 마음으로 치열한 고쳐쓰기를 했다고 한다. 시성이라는 명성은 이러한 노력을 통해 얻어진 것이다. 당나라의 또 다른 유명 시인 백거이는 어느 노파가 자신의 시를 이해하지 못하자, 그가 이해할 때까지 몇 번이고 시를 다시 썼다고 한다. 서구의 작가들도 예외는 아니다. 노벨문학상을 받은 소설 『노인과 바다』는 미국 작가 헤밍웨이가 12년 동안 신문에 연재한 시를 소설로 개작한 것인데, 이 과정에서 그는 무려 400번 이상을 고쳐 썼다고 한다. 『개미』의 작가로 유명한 프랑스 작가 베르나르 베르베르도 12년에 걸쳐 쓴 이 소설을 100번이 넘게 다시 썼다. 최인훈의 소설 『광장』도 8번의 거듭된 고쳐쓰기를 통해 전쟁문학의 빼어난 수작이라는 명성을 얻을 수 있었다. 이러한 사례가 보여주듯이 좋은 글은 고쳐쓰기를 통해 완성되는 것이다. 작가들의 재능에 비해 평범한 글쓰기 능력을 가진 우리들은 좋은 글을 쓰기 위해 더 많은 노력이 필요하다는 것은 자명하다.

(2) 고쳐쓰기의 방법

고쳐쓰기는 언제 하는 것이 좋을까? 고쳐쓰기는 꼭 초고를 완성한 후에 하는 것은 아니다. 개요를 작성할 때나, 문장이나 단락을 쓸 때도 고쳐쓰기를 할 수 있다. 글을 쓰는 과정 중에 이루어지는 고쳐쓰기도 소홀히 여길 수 없는 중요한 과정이다. 그러나 이 경우는 그때그때의 상황에 맞춰 단편적으로 고쳐쓰기를 한 것이다. 반면에 초고를 쓴 뒤에 하는 고쳐쓰기는 글 전체 수준에서 종합적으로 검토하는 것이기 때문에 글의 질적인 수준을 높이는 데 더욱 중요한 과정이라고 할 수 있다.

좋은 글을 쓰려면 고쳐쓰기를 몇 번이나 하는 것이 좋을까? 앞에서 사례로 든 유명 작가들의 일화에서 알 수 있듯이 고쳐쓰기의 횟수는 정해져 있지 않다. 중요한 점은 글의 질적인 수준을 높이기 위해서 고쳐쓰기는 생략할 수 없는 과정이라는 것이다. 필자의 의도가 제대로 드러날 때까지, 글이 전체적으로 만족스러운 수준에 이를 때까지 횟수에 상관없이 고쳐쓰기를 하는 것이 좋다.

고쳐쓰기는 어떤 방법으로 하는 것이 좋을까? 고쳐쓰기라 하면 대체로 오타나 맞춤법 교정 정도를 생각한다. 그러나 이는 고쳐쓰기 중에서도 매우 지엽적인 부분에 불과하다. 고쳐쓰기는 주제부터 구성, 단락과 문장 표현 등 글과 관련된 모든 요소를 대상으로 해서, 전체적인 글의 구조를 조망하고 글의 맥락을 살피는 데까지 나아가야 한다. 따라서 초고를 고칠 때에는 '글 전체 수준 → 단락 수준 → 문장 수준 → 단어 수준'과 같이 큰 영역에서 시작해서 세부 영역으로 검토해 가는 것이 바람직하다. 각 수준에서 고쳐쓰기를 할 때 주요하게 검토해야 할 사항으로 다음과 같은 내용이 있다.

① 글 전체 수준

- 글의 주제가 분명하게 드러나는가?
- 글의 주제는 적절한가?
- 글이 전체적으로 일관성이 있는가?
- 글의 구성이 균형적인가?
- 글의 내용이 논리적으로 전개되고 있는가?

② **단락 수준**

- 각 단락이 글의 주제와 연관성이 있는가?
- 단락들이 논리적 흐름에 따라 유기적으로 연결되고 있는가?
- 각 단락의 중심 내용이 명료한가?
- 단락의 구분은 적절한가?

③ **문장 수준**

- 문장의 연결이 논리적인가?
- 문장이 어법에 맞게 표현되었는가?
- 가독성을 고려할 때 문장의 길이가 적당한가?
- 문장 부호는 적절하게 사용하였는가?

④ **단어 수준**

- 글의 주제나 내용에 비추어 적절한 단어를 사용했는가?
- 맞춤법과 띄어쓰기가 올바르게 되었는가?
- 같은 단어를 중복해서 사용하지는 않았는가?

고쳐쓰기의 효과를 보다 높이기 위해서는 주변의 도움을 받는 것이 좋다. 많은 학생들이 자신이 쓴 글에 대한 부끄러움 때문에 다른 사람에게 글을 내보이는 것을 꺼린다. 혼자서 검토하고 수정을 하는 경우가 대부분이다. 그런데 스스로 자기 글의 부족한 부분을 발견해 내기란 여간 어려운 일이 아니다. 이 때문에 혼자 하는 고쳐쓰기는 대충하게 되거나 소홀해지기 쉽다. 누구나 초고는 부끄럽다. 잠시의 민망함과 부끄러움을 뒤로 하고 친구나 선배, 교수 등 타인의 객관적인 시선으로 글을 검토한다면 좀 더 좋은 글로 나아가는 데 많은 도움을 얻을 수 있을 것이다.

고쳐쓰기를 마쳤다면 제출하기 전에 글을 소리 내어 읽어 볼 것을 권한다. 다 쓴 글도 소리를 내서 읽어보면 눈으로 읽을 때 드러나지 않았던 오류나 어색함을 발견할 수 있기 때문이다. 소리 내어 읽기는 글의 완성도를 높이는 데 효과적인 방법이 될 수 있을 것이다.

쓰기 활동 5

〈예문 10〉과 〈예문 11〉은 자신의 대학생활을 주제로 학생이 쓴 초고 상태의 글로서, 두 편 모두 아직 고쳐쓰기를 하기 전의 글이다.

예문 10

1학기는 마쳤는데…

"아.. 또 늦겠네.."

1학기 중반이 넘어갈 즈음부터의 아침 첫마디였다. 바로 뛰어나가도 수업에 늦을 시간 즈음, 창문 밖에서 들려오는 햇님의 목소리 덕분에 잠에서 깼다. 그러고는 시계도 보지 않고 여유롭게 씻는 일이 다반사였다. 옷을 입고 수업에 들어갈 때 쯤이면 첫수업은 반절정도 끝나있었다. 이러면 안된다는 생각을 매일 하면서도 나는 잠을 이길 수 없었다.

처음부터 이러지는 않았다. 학기 초반에는 강의시간에 절대 늦지 않으려고 노력했다. 일찍 잠에 들기도 하고, 알람을 많이 맞춰놓기도 했으며, 친구에게 깨워달라는 부탁도 했다. 꽤 많은 노력을 해가면서 강의는 빠지지 않고 잘 참여했다. 물론 그만큼 열심히 들으려고도 했다. 그런데 물과 술이 바뀌어버린 어느날 밤이 지나고부터는 노력을 잘 하지 않게 되었다.

여자친구와의 다툼으로 인해 기분이 좋지 않은 날이 있었다. 친구도 무슨 이유인지 기분이 썩 좋아보이지 않았다. 그 날 친구와 함께 술잔을 기울였고, 친구도 나도, 술이 물인지, 물이 술인지 모를만큼 많이 마시게 되었다. 평소 술을 많이 마셔도 수업은 어떻게든 일어나서 빠지지 않고 들어갔지만 이번에는 그러지 못했다. 일어나보니 부재중이 많이 와있었고, 수업 2개정도는 지나가 있었다. 친구와 나는 강의를 처음 빠져봐서 어떻게 해야하나 걱정했지만 고등학교를 다닐 때와는 다르게 교수님은 아무 말씀도 하지 않으셨다. 덕분에 걱정이 눈녹듯이 사라졌다.

하지만 문제는 그 다음부터였다. 이 일이 있은 후 술만 먹으면 다음날 첫수업은 가볍게 지각을 하게 되었다. 또한, 강의를 열심히 들으려고 했던 예전과는 달리 대충 듣는일이 다반사였다. 덕분에 학점은 엉망이 되었고, 유쾌하지 못하게 1학기를 마치게 되었다.

1학기 성적을 조회해보고 내가 너무 한심하게 느껴졌고, 지난 1학기를 너무 바보같이 살았던 것 같았다. 그래서 꽤 진지하게 생각을 해 보았다. '나 왜 이렇게 살까?', '강의는 왜 안들었지?'등 여러가지 생각을 해 보았는데, 아무리 생각해보아도 술때문인 것 같았다. 그래서 2학기부터는 술을 절때 마시지 않겠다는 결심을 하였다. 그러나 술을 너무 좋아하는 나는 방학이 끝나자마자 친구들과 술을 마셨다. 심지어 내가 먼저 얘기를 꺼냈다. 이러면 안되는걸 알면서도 손은 술잔을 들고있었다.

하지만 1학기와는 조금 달라진 점이 있다면, 2학기가 시작한 후로 아직 한번도 늦은적이 없다. 술을 잔뜩 먹고도 다음날 수업은 열심히 들어가고, 1학기에 비해서는 열심히 들으려고 노력한다. 아직 학기초라 그럴지는 모르겠지만 방학때까지는 계속 이렇게 한심하지 않은 생활을 하고싶다. 그런김에 술이나 한잔 해야겠다.

- 학생의 글

예문 11

스무살의 나와 열아홉의 나

지금 나의 생활은 불과 1년전인 고3때와 매우다르다.그래서 나는 나를 소개하는 글을 스무살의 나와 고3때의 나를 비교하는 형식으로 써보려 한다.

첫번째로 달라진 것은 생활패턴이다.고3때는 매우 규칙적인 생활을 했다.아침6시반에 일어나 학교를 가고 학교가 끝나면 독서실을가고....지금 생각해보면 미친거같다. 스무살에 나의 평균기상시간은 9시반이다.9시반에 일어나 핸드폰갖고 놀다보면 10시쯤된다.그럼 그때부터 학교갈 준비를 하고 학교를간다.글을 쓰면서 생각한건데 귀가시간은 비슷한 것같다.다만 고3때는 독서실을가서 늦게들어가고 지금은 술을 마시다 늦게들어간다는게 다르긴하다.

두번째로 학교생활이다.고3때는 학교를 가면 가방을 열고 책을 꺼내지만 지금은 가방에 책을 거의 안넣고 다닌다.수업시간은 고3이랑 지금이랑 비슷한 것같다.물론 고3때는 수업을 듣다가 졸았지만 지금은 편하게 잔다. 점심은 학교다닐때는 급식을 먹으니 선택권이 없었다.하지만 지금은 먹고싶은걸 먹을 수 있다.그런데 내가 살짝 결정장애라 뭐먹을지 고르는게 힘들기도 하고 점심먹을 시간에 나가기가 귀찮아서 일주일에 3번은 부리또를먹는다.부리또를 너무 자주 먹어서 이제는 또리또라고 부를 정도다.수업이 끝난 후에는 고3때는 위에서 말한것 처럼 독서실을 갔지만 지금은 친구들이랑 당구를치거나 동아리방에서 논다.

마지막으로 여자친구다.솔직히 말하면 이건 얼마전까지만 해도 고등학교때와 다를게 없었다.

나는 남중-남고-공대 그중에서도 00과 라는 엄청난 스펙을 가지고 있다.친한여자 라고는 대학교와서 친해진 과친구들 정도다.답이 없었다.그런데 얼마전에 과친구가 자기 룸메이트를 소개시켜 줬다.그리고 지금은 사귀는 중이다!

오늘 나를 소개하는 글을 쓰면서 나의 생활에 대해 생각해볼 수 있었다.이대로면 1학기만큼 성적이 안좋을 것같다.앞으로는 좀더 규칙적인 생활을 하고 공부라는 것도 해봐야겠다.

– 학생의 글

- 〈예문 10〉과 〈예문 11〉을 각각 '글 전체 수준'과 '단락 수준'에서 고치려고 할 경우, 어떤 방향으로 고쳐쓰기를 하면 좋을지에 대해 이야기해 보자.
- 〈예문 10〉과 〈예문 11〉에 사용된 문장과 단어가 글의 맥락과 어법에 맞게 쓰였는지 살펴보고, 수정이 필요한 부분을 적절하게 고쳐보자.

제3장

성찰과 표현을 위한 글쓰기

1. 나에게서 시작하는 글쓰기
2. 무엇을 어떻게 쓸까?
3. 자기성찰에세이와 자기소개서

제3장
중심 내용

글쓰기로 '나'를 표현하는 것의 중요성

글쓰기가 '나'의 구체적인 경험과 생각에서 비롯되어야 할 필요성

나를 위해 내가 쓰는 글: 자기성찰에세이

남을 위해 나에 대해 쓰는 글: 자기소개서

1. 나에게서 시작하는 글쓰기

하나의 언어체계를 익혀 읽고, 듣고, 말하고, 쓰는 능력을 기르는 데는 긴 시간이 필요하다. 한 사람이 온전한 언어능력을 갖추기 위해서는 적어도 십 수 년 동안 무수한 어휘를 습득하고 문법 규칙을 익히는 지속적인 과정이 필요한 것이다. 하지만 그토록 오랜 시간에 걸쳐 하나의 언어를 터득했다 해도 무엇인가를 글로 써야 하는 상황은 늘 우리에게 적잖은 부담을 느끼게 한다. 자신의 생각이나 감정을 글로 옮기는 것은 왜 이렇게 늘 어렵게 느껴질까?

글쓰기는 언어를 완벽하게 습득하거나 아는 것이 많다고 저절로 되는 것이 아니다. 언어는 단순한 기호체계가 아니며, 정작 중요한 것은 그 기호들이 형성하는 의미라고 할 수 있다. 하나의 단어, 하나의 문장은 그것을 발화한 존재의 생각과 감정으로부터 분리될 수 없으며 늘 구체적 상황을 동반한다. 나의 구체적 경험에서 비롯되는 생각과 감정에 기반을 두어야 비로소 의미가 탄생하고 글은 생명력을 얻는다. 나의 생각과 감정이 어떤 의미의 짜임새를 갖도록 하는 것, 이것이야말로 글쓰기의 핵심이며, 이러한 글쓰기야말로 타인과 소통할 수 있는 진정한 출발점이 될 수 있다.

문제는 한국 사회에서 교육받은 우리들 대부분이 자신의 구체적 경험에서 비롯

된 생각이나 감정을 언어로 표현하는 기회를 충분히 갖지 못한다는 사실이다. 일상의 구체적 경험은 생각의 씨앗들로 발전하지 못하고 사소한 것으로 치부되기 십상이다. 중·고등학교 시절, 하루에도 수 십 편의 시와 소설을 분석하면서도 그것에 대한 감상과 의견을 공유해본 적은 없다. 내 생각은 전혀 중요하지 않으며, 우격다짐으로 집어넣어야 할 지식만으로 머릿속은 더 이상의 여유가 없다. 요컨대, 지금껏 우리들은 성장하는 과정에서 내 생각이 무엇인지, 내 감정의 실체가 무엇인지 멈춰 서서 자신을 들여다보거나 이를 제대로 표현하는 기회를 거의 갖지 못했다고 할 수 있다.

그간 학교에서 이루어졌던 논술 교육은 정형화된 글쓰기 유형 몇 가지를 습득하는 것으로 글 쓰는 법을 배울 수 있다는 생각을 유포하는 듯하다. 하지만 논술이 사회 속에서 문제를 발견하고 그것에 대한 숙고를 통해 나의 관점과 견해를 정리하는 행위라면 이는 글쓰기 기법 몇 가지를 습득하는 것으로 대체될 수 없다. 정형화된 글 몇 편을 읽고 이를 그럴듯하게 흉내 내는 것으로 기를 수 있는 능력이 아닌 것이다. 모든 글쓰기는 각 개인의 구체적 경험과 생각을 바탕으로 할 때 비로소 의미 있는 목소리가 될 수 있다. 자기 삶의 구체적 경험 속에서 문제를 발견하고 이를 공동체 전체의 문제와 연결 지을 줄 알며, 보다 본질적이고 커다란 맥락에서 문제 해결의 방법을 모색하는 일련의 과정이야말로 소위 논술문 쓰기의 진정한 요체라 할 수 있다.

무엇보다 글쓰기는 내가 '나'임을 확인하고 그 존재를 표현하는 행위로서 중요한 의미를 갖는다. 오늘날 현대인은 그물망처럼 얽혀있는 도시생활을 경험하면서 생각과 감정 역시 복잡한 구조와 결을 지니게 되었다. 일상은 예측하지 못한 우발적 상황과 위험들에 노출되어 있고 우리의 생각과 감정은 곧잘 불안과 긴장과 동요를 경험하기 십상이다. 하지만 다른 한편에서 우리의 삶의 형식은 무한 반복운동을 하는 거대한 기계장치처럼 단조롭고 획일적으로 이루어진다. 복잡한 삶이 유발하는 갖가지 생각과 감정을 추스르는 일은 오로지 개인의 몫으로 남겨지기에 우리는 무리와 군중 속에서도 외로움과 고립감을 떨쳐내기 어렵다. 글쓰기는 이와 같은 거대한 기계장치 속으로 무기력하게 빨려 들어가거나 거대한 군중 속에 함몰되어 자신을 상실하지 않기 위한 '나'라는 존재의 표시이자 증거가 된다.

경쟁이 극심한 한국 사회에서 우리는 남을 경쟁상대로만 바라보고 남과 견주어 뒤

처지지 않는 '나'를 이미지화하는 것에 익숙해지기 쉽다. 내 생각과 감정, 욕망마저도 남을 매개로 한 것일 뿐, 오롯이 '나'에게서 비롯되는 생각과 감정을 기르고 북돋우며 이것과 마주하는 일에는 정작 서투르다. 이런 상태를 우리는 결코 자유롭다거나 자립적이라고 할 수 없을 것이다. 내가 누구인지 스스로 탐색하고 그것에 대해 이야기하는 행위는 각 개인이 독립적 존재로서 자신의 정체성과 존재 의미를 구축하기 위해 매우 중요하다. 이제 '나'로부터 시작되는 '나'에 대한 이야기를 해보자. 나는 누구이며 내가 느끼는 감정은 어디에서 비롯되는지, 타인들은 나에게 어떤 의미가 있는 존재들인지 등에 대해 끊임없이 사색하고 성찰하며 기록하는 행위가 우리 삶을 의미 있는 것으로 만든다.

2. 무엇을 어떻게 쓸까?

그렇다면 무엇을 어떻게 써야 할까? 지금 나의 생각과 감정은 원래부터 거기에 있었던 것도, 어느 날 갑자기 생겨난 것도 아니다. 지나간 시간들은 나를 그냥 스쳐가는 것이 아니며 내 안에 그 모든 흔적을 남겨놓는다. 지금의 나를 이루는 이 복잡한 무늬들은 모두 지난 시간들의 퇴적이다. 내가 보고, 듣고, 말하고, 행동했던 모든 일들은 오랜 시간이 지나면 흔적조차 남지 않을 것처럼 보이지만 그것들은 어떤 형태로든지 내 안에 남아 나를 이룬다. 시시콜콜하고 사소한 일들 속에서도 미처 발견하지 못한 의미가 존재하며, 기억하고 싶지 않은 일들 역시 상처와 고통의 형태로 이미 나의 일부를 이루고 있는 것이다. 가만 생각해보면 우리들 각자의 삶은 얼마나 많은 이야기로 가득 차 있는가?

하지만 우리들 대부분은 애써 자신의 이야기를 외면하고 살아가는 경우가 많다. 어린 시절의 혼란스러움과 부끄러움, 슬픔과 분노, 설렘과 희열의 감정을 소중히 간직하고 돌보라고 그 누구도 일러준 적이 없었기에 때로는 굴러다니는 돌멩이처럼 차버리거나 구깃구깃 찌그러뜨려 눈에 띄지 않는 구석에 처박아 두는 데 익숙하다. 가끔은 이런 기억들이 현재의 시간 속에 침입하여 의식의 수면 위로 불쑥 떠오르는 때가 있지만 이런 기억들과 마주치는 것은 어색하고 불편하다. 무엇보다 귀찮다. 지금 해야 할 일에 집중하는 것만도 벅찬데 부질없고 쓸모없는 것 같다. 무엇보다 이런 데다 시간을 쓰는 것은 비효율적이며 낭비인 것만 같다. 나를 퇴보시키는 것만 같다.

우리는 누구도 무시당하는 삶을 살고 싶어 하지 않는다. 우리는 왜 나의 이야기에 귀 기울여주는 사람을 좋아하는가? 그것은 나의 이야기를 들어주는 것만으로도 그에게 존중받고 있다고 느끼기 때문이다. 애써 대단한 말을 해주지 않더라도 그저 내 이야기를 들어주고 고개를 끄덕여주는 그의 행위만으로도 우리는 내 삶이 이해되고 있다는 느낌을 가질 수 있을 것이다. 그렇다면 우선 나는 나 자신의 이야기에 귀 기울이는 것부터 해야 하지 않을까? 내가 나의 마음을 돌보지 않고 스스로의 이야기를 무시하는 것이야말로 가장 나를 함부로 대하는 행위가 아닐까? 자신조차 존중하고 긍정하지 못하면서 남에게서 이를 바라는 것은 막연히 타인의 인정을 갈망하며 이것에 의존하는 행위가 아닐까? 스스로를 이해하고 존중하는 첫 걸음, 그것은 자신의 이야기를 자기에게 들려주는 것이며, 글쓰기야말로 이 이야기를 온전하게 할 수 있는 최고의 방법이라 할 수 있다.

자신의 이야기를 글로 쓰는 것은 단순히 지난 시간의 복구이며 잊힌 것들에 대한 회상 작업은 아니다. 지금의 나는 결코 지난 시간의 나로부터 분리될 수 없다. 또한 미래의 나도 지금의 나로부터 분리될 수 없다. 인간의 삶과 정신은 인공지능 로봇처럼 리셋 될 수 없다. 물론, 미래에 어떤 이야기로 나를 채워 갈 것인가가 중요하고 우리에겐 남아 있는 시간들이 더 많다. 그러나 앞으로의 이야기를 위해서라도 우리는 지나온 시간들에 우리가 남긴 무수한 흔적과 퇴적물을 살펴보고 되새김질하는 작업을 해야 한다. 나는 왜 어떤 일을 결코 잊을 수 없는가? 나는 왜 이것을 원하게 되었을까? 내가 도망치고 싶은, 결코 마주하고 싶지 않은 어떤 일들은 어째서 그렇게 된 것일까? 어떤 사람과 나는 왜 이런 관계를 맺게 된 것일까? 등등. 이런 질문들을 스스로에게 던져 보자. 지난 시간들을 돌아보고, 해명하고, 의미를 부여하는 일들은 사실 지금의 내가 누구인지를 이해하는 작업이기도 하다. 그리고 이것은 곧 내가 앞으로 살아갈 삶의 방향을 모색하는 과정이기도 하다.

덧붙여, 자신의 이야기를 쓰는 것은 오롯이 나에게 집중해보는 시간이지만, 이 과정에서 우리는 자신을 둘러싼 사람들이나 사물들을 새롭게 이해하는 경험을 하게 될 것이다. 나를 살펴보는 일은 곧 나와 타인과 이 세계가 연결되는 방식을 이해하는 것이자, 이것에 대한 앎을 확장해가는 것이기도 하다. 이러한 행위에서 나의 문제들 역시 새롭게 발견되거나 인식될 수 있고 해결의 실마리를 찾을 수 있다. 돌아보지 않는 삶은 지난 시간을 알지 못하기에 앞으로 나아가기 어렵다. 자신을 돌아보는 글쓰기는 부질없는 사념에 빠진 뒷걸음질이 아니며, 한 발을 내딛기 위해 발끝에 힘을 모으는 도약의 출발점이다.

3. 자기성찰에세이와 자기소개서

1) 자기성찰에세이

자신을 잘 이해하는 과정은 세계와 타인과 자신의 관계에 대한 이해를 확장하는 과정이기도 하며, 비판적 사고와 합리적 소통 능력을 기르기 위한 출발점이기도 하다. 자신에 대한 깊이 있는 이해를 도모하기 위해 우선 스스로를 살펴보며 성찰하는 글을 써보자. '성찰'이라는 말이 어렵고 부담스럽게 다가올 수 있다. 하지만 성찰이란 그리 거창하거나 대단한 행위는 아니다. 성찰이란 살피고 생각해보는 행위이다. 내 삶의 어떤 순간들을 다시 살피며 그것의 의미를 생각해보는 일이다. 지난 시간을 돌아보면 만족감을 느끼는 경우도 있겠지만 아쉬움이나 후회, 때로는 뜻하지 않은 분노가 밀려들어 매우 복잡한 감정을 느끼는 경우가 많을 것이다. 지난 일들은 지금의 나를 이루는 결정적인 요소가 되기도 했을 것이며, 현재 내가 직면한 문제를 보다 폭넓은 관점에서 바라 볼 수 있게 하는 실마리가 될 수도 있다. 하지만, 어떻게 시작하고 어떤 방향으로 써야 할까? 자기성찰을 위한 글을 쓸 때 도움이 될 만한 몇 가지 아이디어와 주의할 점을 알아보자.

첫째, 내 삶의 연대표를 작성해보자. 어떤 인물의 생애를 한눈에 파악하고자 할 때, 연대표는 유용한 길잡이가 된다. 연대표에 정리된 간략한 정보들이 그나 그녀의 모든 것을 말해주지는 않지만 한 인물의 삶에 어떤 결정적 지점들이 있었는지를 한눈에 알고자 할 때 꽤 도움이 된다. 우리도 우리 삶의 연대표를 만들어보자. 그런데 연대표를 만들때 일반적 사실을 나열하기보다 매우 사적이고 주관적인 내용으로 구성해보는 것이 어떨까? 사소하거나 크게 중요치 않은 사건들은 작은 글씨로, 매우 의미가 크다거나 잊히지 않을 기억을 남긴 경우는 커다란 글씨 또는 색을 입히는 방식으로, 나의 삶의 행적이 생생하게 드러나는 연대표를 그려보는 것이다. 그리고 각 항목 옆에는 그것이 내 삶에 미친 영향이나 의미에 대해 간략하게 써보는 것도 좋다. 스무 해 남짓한 시간일지라도 지나왔던 시간의 점들 위에 크고 작은 일들을 적어 넣다 보면 꽤 복잡한 연대표가 완성될 수도 있다. 크고 작은 이 모든 일들이 우리가 쓸 글의 마르지 않는 소재가 되어 줄 것이다.

둘째, 글감은 구체적인 것일수록 좋다. 오랜 시간이 흘렀지만 생생하게 기억나는 어떤 말이나 장면도 좋고, 잊고 싶지만 도저히 잊히지 않는 어떤 일들도 좋다. 혹은 '나'라는 사람을 가장 잘 드러내 보여줄 수 있는 어떤 사건들, 나의 삶과 특별한 관계를 맺고 있는 어떤 인물이나 대상에 대한 이야기도 좋을 것이다. 자신의 삶에 큰 영향을 미친 일들, 자신의 삶을 변화시키는 데 중요한 계기가 되었던 어떤 일들이 반드시 커다란 사건일 필요는 없다. 너무 사소해서 그냥 스치듯 지나갔거나 염두에 두지 않았던 일들이 지금 돌이켜보면 심상치 않은 의미를 지닌 것으로 느껴지는 경우도 있을 것이다. 글감을 찾다 보면 너무나 쓸거리가 많아서 어떤 것을 골라야 할지 고심하게 되는 상황이 올지도 모른다. 하지만 구체적인 사건이나 상황, 대상들 가운데 딱 한 가지만 고르는 것이 좋다. 대신 그것을 아주 오래 살펴보고 깊이 생각해보는 것이다. 이것이 글의 소재가 되는 것이고, 그러면 주제나 방향을 잡는 것도 그리 어려운 일은 아닐 것이다.

셋째, 에세이의 형식으로 써보자. 에세이는 비교적 자유로운 형식으로 특정한 주제나 유·무형의 대상에 초점을 맞추어 글쓴이의 생각이 드러나도록 쓰는 글이다. 즉, 어떤 것에 대해 자신의 생각을 밝힌다는 점에서 주제 의식이 비교적 분명히 드러나는 글이다. 자신의 이야기를 글로 써보는 것만으로 흥미로운 경험이 될 수 있지만, 우리가 쓰려는 자기성찰에세이는 돌이켜서 생각해보는 데 보다 큰 의미가 있음을 기억해야 한다. 어떤 사건이나 대상에 대한 이야기를 나열하는 것만으로는 부족하다. 감상에 젖은 나머지 정작 말하고 싶었던 것이 무엇인지 모호해져 버려도 곤란하다. 내가 고른 소재를 통해 내가 말하려고 하는 것이 무엇인지를 늘 염두에 두어야 한다. 특히, 그것이 현재의 나와 어떤 연관성이 있는지, 지금의 나를 설명하고 이해하는 데 어떤 의미가 있는지를 생각하면서 쓸 것을 권한다. 과거의 시간을 살피며 생각하는 것은 현재의 나를 향하는 일이기 때문이다.

넷째, 자신을 대상화할 줄 아는 객관적 태도가 필요하다. 에세이는 비교적 필자의 주관이 분명히 드러나는 글이지만, 우리가 쓰려는 글은 성찰을 위한 것이므로 무엇보다 스스로를 객관적으로 바라볼 수 있어야 한다. 그러기 위해서는 나로부터 일정한 거리를 두고 나를 인식의 대상으로 삼아야 한다. 나를 나로부터 분리시켜 서로 대화를 나눈다고 생각해도 좋을 것이다. '너에게 그런 일이 있었지', '그때 너는 어떻게 했었지?', '왜 그런 감정이 들었을까?', '네가 그렇게 한 이유는 무엇이었을까?', '그 일은 너에게 어떤 의미였을까?' 등의 질문들을 던지면서 말이다. 자기 자신과 비판적 거리를 유지하는 것은 단순히 자책이나 자기반성을 해야 하기 때문이 아니다. 자기중심적 감상에 빠지지 않으면서 어떤 일의 전후 맥락을 살피기 위함이다. 그럴 때만이 자신을 잘 살필 수 있고 자신의 생각을 합당한 방향으로 이끌어 갈 수 있기 때문이다.

자기성찰에세이를 쓰기 위해 아래와 같은 소재에서 아이디어를 얻을 수도 있을 것이다.

- 잊히지 않는 말, 기억, 사람, 장소
- 다시 돌아가고 싶(지 않)은 순간
- 나를 둘러싼 사람들(나의 인간관계)
- 세상과 타인들에 대해 무엇인가를 알게 해준 경험
- 내가 느꼈던 특별한 감정들
- 내가 소중하다고 생각하는 것들
- 기타 자기 삶의 구체적 경험들

쓰기 활동 1

본문의 설명을 참조하여 내 삶의 연대표를 작성해보자.

쓰기 활동 2

내 삶의 연대표에 기록된 내용들 가운데 글감으로 삼고 싶은 것을 고른 후, 그것의 어떤 측면에 대해 쓰고 싶은지 구체적인 주제를 정해 에세이 한 편을 써보자. 위에 제시된 소재들 가운데 한 가지를 골라 주제와 제목을 정해도 좋다.

생각 나누기 1

학생이 쓴 자기성찰에세이를 잘 읽고 서로의 생각을 나누어 보자.

예문 1

내 삶의 연속함수

수학에서 끊임없이 이어지는 함수를 연속함수라고 한다. 이 연속함수의 그래프 모양을 보면 떠오르는 철학이 있다. "인생은 선택의 연속이다." 유명한 철학자들의 말 중에 내가 가장 동감하는 명언이며 명확한 진리라고 생각한다. 친한 친구들, 부모님의 영향과 같이 자라온 배경과 수많은 사건들은 자신의 가치관 형성에 영향을 미치지만 어떠한 상황 속에서 선택은 나의 몫이고 거기에는 항상 결과가 뒤따른다. 나는 수학과 물리가 좋아 이과를 선택했으며 전국의 수많은 대학교 중 00대를 선택했고 수많은 전공분야 중에 00학과를 택해 지금의 환경이 주어졌다. 이제 나는 나를 설명할 때 00대학교 00대생이라는 수식어를 부정할 수 없다.

그렇다면 00대학교 00대생이라는 타이틀을 부끄럽게 생각하는지 물을 수 있을 것이다. 결론부터 말하면 전혀 부끄럽지 않다. 오히려 당당히 내 삶에서 가장 잘한 선택의 결과라고 말할 수 있다. 나는 학창시절에 공부를 썩 잘하는 편이 아니었다. 아니 오히려 교무실로 불려가는 문제아들 중에 한 명이었다. 엄격하신 아버지 때문에 집에서는 순종적으로 살 수밖에 없었던 이유였을까. 학교에서는 집에서와 아주 다른 이중적인 생활을 했다. 지금 생각하면 너무 후회스럽지만 철이 없던 중학생 때는 누구를 괴롭히고 선생님에게 반항하는 게 친구들에게 인정받는 것 같은 기분이 들어 나날이 더 자극적인 행동을 하며 지냈다.

그런 내게 큰 사건이 생겼다. 형사처분까지 갈 수도 있었던 사건에 연루되어 더 이상 내 모습을 가면 속에 숨길 수 없게 된 것이다. 어머니께서는 눈물을 보이며 피해자 부모님께 빌었다. 아버지에게 정말 죽기 직전까지 혼이 났다. 너무 아팠다. 아버지께 맞은 내 몸뚱어리보다 태어나서 처음으로 어머니의 눈물을 본 게 너무 가슴 아프고 나 자신이 수치스러웠다. 그 이후 나는 사람을 때리지 않았다. 철이 들기 시작했던 거 같다. 피해 학생들에게 용서가 되든 안 되든 속죄하며 사과하고 또 사과했다. 그렇게 시간은 흘러 고등학교에 입학할 시기가 되었다. 문득 정신을 차리고 보니 공부는 내게 너무나도 다른 세상 이야기처럼 느껴졌다. 어떻게 해야 할 지 막막하기만 했다. 당장 대학 진학을 위해 인문계를 갈 것인지를 선택해야 했다.

결론적으로, 같이 다니던 친구들 대부분은 실업고에 입학했지만 나는 인문계 고등학교에 진학하기로 결정했다. 실업고에 진학한다면 또다시 안 좋은 영향을 받아 내 실패를 되풀이할 것만 같았다. 나는 삶의 큰 변화를 원했고 마음 한편에서는 부모님께 공부로 인정받아보고 싶었다. 그러나 시작은 너무나도 험난했다. 그나마 좋아하는 수학은 1차 함수 그래프도 그릴 줄 몰랐으며 영어는 알파벳만 아는 상태였다. 기초과정이 부족한 내게 고등학교 수업은 어렵고 따분해 자괴감에 빠지기 십상이었다. 그러나 내 상황을 알아봐 주신 수학선생님이 계셨고, 선생님의 응원과 지원이 있어 나는 꿋꿋이 버텨낼 수 있었다. 그 결과 바닥에 있던 내 성적은 매번 시험마다 눈에 띄게 오를 수 있었고 공부에 대한 흥미가 더 가속 되어 생에 처음으로 장학금까지 받는 성취를 이루게 되었다.

죄책감에 빠져 살았던 중학교 시절, 그리고 중학교 교재까지 구매해 밑바닥부터 시작해야 했던 내 고교시절의 아픔을 통해 배운 것이 하나 있다. 엉망진창의 삶은 쌓이고 쌓여 나중에 크나큰 화를 부르고 매일매일의 현명한 선택은 미래의 큰 보상을 가져온다는 것을 말이다. 숙제를 미리 해버린 학생은 주말에 신나게 놀 수 있는 보상이 주어지는 것처럼 당장 가까운 미래에도 같은 시간 다른 선택에 의해 삶의 연속함수는 다양한 곡선을 그린다. 현명한 선택의 연속, 앞으로 내가 그려가야 할 그래프 곡선은 어떤 모양이 될까.

– 학생의 글

- 〈예문 1〉의 필자는 자신의 삶을 어떤 태도로 바라보고 있다고 생각하는가?
- 〈예문 1〉은 상당히 많은 이야기들을 짧은 글 안에 압축해놓고 있다. 이 글의 필자에게 더욱 구체적으로 들어보고 싶은 이야기가 있다면 어느 대목인가?
- 이 글의 필자에게 해주고 싶은 이야기가 있다면 한 단락 정도의 분량으로 댓글을 써주자.

생각 나누기 2

다음의 글은 일본 근대문학을 대표하는 작가 나쓰메 소세키가 1914년에 강연한 내용 일부를 글로 옮긴 것이다. 글 전체를 읽고 성찰 행위에 대한 서로의 생각을 나누어 보자

예문 2

나의 개인주의

(중략) 나는 대학에서 영문학을 전공했습니다. 영문학이라는 학문은 어떤 것인가 하고 질문할지도 모르겠는데 그것을 3년 동안 전공한 나도 뭐가 뭔지 몰랐습니다. 그 무렵에는 딕슨이라는 사람이 교수였습니다. 나는 그 선생님 앞에서 시를 읽어야 했고, 문장을 읽어야 했고, 작문을 하고서 "관사가 빠져있어"라는 꾸중을 듣기도 했고 "발음이 틀려" 하며 야단맞기도 했습니다. 시험에는 '워즈워스는 몇 년에 태어나 몇 년에 죽었는가?', '셰익스피어의 폴리오는 몇 가지가 있는가?' 또는 '스코트가 쓴 작품을 연대순으로 열거해보라!' 같은 문제만 나왔습니다. 젊은 여러분도 대강 상상할 수 있을 거예요. 과연 이것이 영문학인지 다른 무엇인지 말이죠. 영문학은 잠시 보류하고 우선 문학이란 어떤 것일까요? 이것으로는 도저히 알 수가 없습니다. (중략) 여하튼 3년을 공부했으나 결국 문학은 알지 못한 채 대학시절은 끝났습니다. 나의 고민은 무엇보다 여기에 뿌리내리고 있었다고 말씀드려도 지장 없겠습니다.

나는 그런 애매한 태도로 세상에 나와, 결국 교사가 되었다기보다는 교사로 부름을 받았던 것입니다. 다행히 어학 쪽은 의심스럽기는 하나 어물어물 넘길 수 있었기에 그날그날은 무사히 넘겼지만 마음속은 항상 공허했습니다. 공허하니까 오히려 단념하는 편이 좋았을지 모릅니다만 왠지 유쾌하지는 않고 미적지근한 막연한 것이 구석구석까지 잠복해있는 것 같아 견딜 수 없었습니다. 게다가 교사라는 직업에 일말의 흥미도 가질 수 없었습니다. 교육자의 자격이 내게 결핍되어 있다는 사실은 처음부터 알고 있었습니다만 단지 교실에서 영어를 지도하는 것이 귀찮았으므로 어쩔 도리가 없었습니다. 나는 시종 중간에 틈만 있으면 나 자신의 본분으로 옮겨 가려고만 생각하고 있었는데 그 본분이라는 것이 있기도 하고 없기도 한 것 같아서 어느 곳을 향해서도 과감하게 옮겨갈 수 없었습니다.

나는 이 세상에 태어난 이상 뭔가 해야 한다고 생각했지만 무엇을 하면 좋을지 조금도 어림잡을 수 없었습니다. 흡사 안개 속에 갇힌 고독한 인간처럼 꼼짝 못하게 되었습니다. (중략) 나는 '내 손에 단 한 자루의 송곳만 있으면 어딘가 한 군데 뚫어 보여주고

싶은데'하며 조바심쳤지만 공교롭게 그 송곳은 남이 전해주지도 않았고 또 자신이 발견할 수도 없어서 그저 마음속으로 '앞으로 나는 어떻게 될까?'라고 생각하면서 사람들 몰래 우울한 날을 보냈습니다.

나는 이런 불안을 안고 대학을 졸업하고, 똑같은 불안을 안고 미쓰야마에서 구마모토로 이사하고, 또 마찬가지로 그 불안을 마음속에 간직한 채 결국 외국까지 건너갔습니다. 그렇지만, 일단 외국에 유학한 이상 다소의 책임을 새롭게 자각하지 않을 수 없었습니다. 그래서 나는 가능하면 애를 써서 뭔가를 하려고 노력했습니다. 그러나 어떤 책을 읽어도 여전히 자루 속에서 빠져나올 수 없었습니다. 이 자루를 뚫는 송곳은 온 런던을 둘러보아도 발견할 수 있을 것 같지 않았습니다. 나는 하숙집 단칸방에서 생각했습니다. 의미가 없다고 생각했습니다. 아무리 책을 읽어도 욕망이 채워지지 않는다고 생각해 단념했습니다. 동시에 무엇 때문에 책을 읽는지 나 자신도 그 의미를 이해할 수 없게 되어버렸습니다.

이때 나는 비로소 '문학이란 어떤 것일까?'하는 개념을 근본적으로 자력으로 만들어내는 것 외에는 나를 구할 방법이 없다는 사실을 깨달았습니다. 지금까지는 완전히 타인본위로 뿌리 없는 개구리밥처럼 그 근처를 아무렇게나 방황하고 있었으니 모두 허사였다는 사실을 겨우 알았습니다. 내가 여기에서 말하는 타인본위라는 것은 자신의 술을 타인에게 마시게 하여 품평을 듣고는 이치에 맞건 안 맞건 있는 그대로 받아들이는 이른바 남 흉내 내기를 가리키는 것입니다. (중략) 이는 남을 험담하는 게 아닙니다. 이렇게 얘기하는 내가 실제로 그랬습니다. 예를 들면 어떤 서양인이 '갑'이라는 같은 서양인의 서평을 읽었다고 하면 그 평의 옳고 그름은 전혀 생각하지 않고 납득이 되든 안 되든 무턱대고 그 평을 알리고 다녔습니다. 요컨대 뜻도 모르면서 그대로 받아들였다고 해도 좋고, 혹은 기계적인 지식이라 표현해도 좋을 터인데 도저히 우리 소유, 우리 것이라고 말할 수 없는 서먹서먹한 것을 마치 제 것이라는 듯한 얼굴로 지껄이고 다니는 것입니다. 그런데도 시대가 시대이니만큼 모두가 그것을 칭찬합니다.

그렇지만 남에게 아무리 칭찬받는다고 해도 원래 남에게 빌린 옷을 입고 뽐낸 것에 불과했으므로 내심 불안했습니다. 조금도 힘들이지 않고 공작의 날개를 몸에 걸치고 폼을 재고 있는 듯한 모양이니 더더욱 겉만의 화려함에서 벗어나 실질에 충실하지 않으면 자신의 마음속에서는 언제까지나 안심할 수 없다는 사실을 알아차리게 되었습니다. 예를 들면, 서양인이 '이것은 훌륭한 시다' 혹은 '어조가 매우 좋다'고 해도 그것은 그 서양인의 시각인 것이고, 참고할 수는 있겠지만 내가 그렇게 생각하지 않는다면 받아들일 수 없는 것입니다. 내가 독립된 한 사람의 일본인이고 결코 영국인의 노비가 아닌 이상 이 정도의 식견은 국민의 일원으로서 갖추고 있어야 하며, 세계 공통으로 '정직'이라는 덕의를 중요시한다는 점에서 보더라도 나는 나의 의견을 굽혀서는 안 됩니다. (중략)

나는 그 후 문예에 대한 내 고유한 입장을 다지기 위해, 아니 새롭게 건설하기 위해 문예와는 전혀 관계없는 책을 읽기 시작했습니다. 한마디로 말하면 자기본위라는 네 문자를 가까스로 생각해 그 자기본위를 입증하기 위해 과학적인 연구와 철학적 사색에 몰두하기 시작한 것입니다. (중략) 나는 이 자기본위라는 언어를 손에 쥔 뒤부터 매우 강해졌습니다. '그들은 어떤 사람이야?'하는 기개가 생겼습니다. 지금까지 망연자실하고 있던 나에게 여기에 서서 이 길에서 이렇게 가야 한다고 인도해준 것은 실로 이 자기본위 네 자입니다. (중략) 그때 나의 불안은 완전히 사라졌습니다. 나는 경쾌한 마음으로 음울한 런던을 바라보았습니다. 비유하자면 여러 해 동안 번민한 결과 겨우 곡괭이를 광맥에 댄 듯한 느낌이었습니다. 덧붙여 다시 말하면 그때까지 안개 속에 갇혀 있던 것이 어떤 각도, 어떤 방향에서 자신의 길을 가야할지 명확하게 된 셈입니다. (이하 생략)

- 출처: 나쓰메 소세키, 김정훈 옮김, 『나의 개인주의 외』, 책세상, 2004, 37-75쪽.

- 소세키의 글은 100여 년 전 일본의 한 지식인의 자의식과 고뇌를 매우 구체적으로 드러낸다. 이 글을 읽고 '성찰'이란 궁극적으로 어떤 행위일지 이야기해 보자.
- 나쓰메 소세키가 자신의 삶에 대한 성찰을 통해 도출해낸 '자기본위'의 의미는 무엇일까? 저자가 얘기하는 '개인주의'란 무엇을 의미하는 것일까?
- 나쓰메 소세키의 글은 '나'라는 개인이 국가나 사회 같은 공동체나 특정한 시대상황과 무관하게 존재하기 어렵다는 사실을 상기시킨다. 여러분이 생각하는 '나'라는 '개인'은 어떤 존재인가? '나'는 어떻게 성립되고 어떤 방식으로 존재하는 것일까?

2) 자기소개서

자기소개서는 남에게 나를 알릴 목적으로 나에 대해 쓰는 글이다. 대학 진학을 위해 벌써 자기소개서를 적잖게 써본 사람도 있을 것이다. 하지만 도전적인 삶을 지향한다면 대학에서도 장학금 신청이나 해외연수, 동아리 가입 등을 위해 자기소개서를 써야 할 경우가 적지 않으며, 더 중요하게는 몇 년 후 현실적인 문제로 다가올 취업을 위해서도 자기소개서를 준비해야 한다.

대학이나 기업 및 사회집단들은 특정한 역할이나 위치에 걸맞은 역량을 지닌 사람을 항상 필요로 한다. 그들이 누가 어떤 개성과 능력을 지녔는지 정확한 정보를 얻기 위해 요구하는 것이 바로 자기소개서이다. 바꿔 말하면, 우리들 각자가 내가 어떤 사람인지를 정확하게 밝혀 집단 내에서 특정 역할을 잘 할 수 있다는 것을 알리는 글이 바로 자기소개서이다. 집단이나 조직의 입장에서는 자기소개서를 통해 나에 관한 특정한 정보를 얻을 필요가 있으므로 그들이 알고 싶어 하는 바를 염두에 두고 쓰는 것이 중요하다. 즉, 그들이 원하는 정보를 충분히 얻을 수 있도록 나를 드러내 줄 수 있어야 한다는 것이다. 그런 의미에서 자기소개서는 나에 '대해'쓰지만 나를 '위해'쓰는 글이 아니며, 전적으로 '남을 위해'쓰는 글이라는 점을 명심해야 한다.

자기소개서를 쓰는 일은 당면한 필요 때문에 써야 하는 경우가 대부분이기에 즐거움이 덜한 글쓰기임에 분명하다. 하지만 너무 겁먹거나 부담을 느낄 필요는 없다. 앞서 자기성찰에세이를 준비하는 과정에서 자신을 충분히 들여다보고 또 스스로를 객관적으로 바라보는 훈련을 어느 정도 거친 후라면 남에게 내가 어떤 사람인지 알려주는 것쯤 그리 어려운 일은 아닐 것이다. 다만 자기소개서는 다소 기능적인 글에 속하고 여러 가지 제한 조건들이 따르므로 좋은 자기소개서를 쓰기 위해서라면 몇 가지 것을 기억해야 한다.

첫째, 질문의 의도를 파악해야한다. 그들이 나에 대해 무엇을 알고 싶어 하는지를 파악해야 핵심을 겨냥할 수 있다. 장학생을 선발하는 경우에는 신청자가 학업을 성실하게 이수할 자질과 태도를 충분히 갖추고 있는지, 학업을 통해 성취하고자 하는 구체적인 목표가 있는지를 알고 싶어 할 것이다. 기업에서 인력을 구할 때는 지원자가 해당 업무에 적합한 능력과 자질을 가지고 있는지, 해당 업무에서 발생할 문제를 잘 해결하고 조직의 동료나 리더로서 팀워크를 잘 이루어 낼 수 있는지, 발전 가능성과 잠재력이 충분한 인재인지를 판단하고 싶어 할 것이다. 자신이 괜찮은 사람이라는 것을 증명할 이야기가 아무리 많더라도 이와 같은 구체적 요구와 필요에 부합되는 내용으로 자기소개서를 작성해야 한다는 것을 명심하자.

둘째, 구체적이되 장황하지 않은 서술, 군더더기 없이 잘 읽히는 문장이 좋다. 모든 자기소개서에는 분량이 제한되어 있다. 주어진 분량 내에서 전달하고자 하는 바를 효과적으로 담아내려면 매우 정제된 문장이 필요하다. 처음에는 분량에 개의치 말고 충분히 쓴 다음에 이를 압축하고 불필요한 내용은 과감하게 덜어내는 작업이 필요하다. 무엇보다 군더더기 없는 문장을 탄생시켜야 한다. 그러나 알맹이 없이 추상적인 내용만 남겨서는 곤란하다. 구체적 이야기와 정보를 담고 있는 글이 흥미를 끌 수 있다는 점을 기억하자.

셋째, 자소서는 '자소설'이 아니다. 사실에 기반을 두되, 그 사실을 의미화 하는 것이 중요하다. 이것은 평상시 자신의 행위에 대해 꾸준히 사유하고 이를 성찰적으로 바라보는 힘을 길러 온 사람에게 유리하다. 무에서 유를 창조하는 것이 의미화가 아니다. 자신의 구체적 경험을 진솔하게 전하고 그것이 함의하는 바를 깊이 있는 성찰을 바탕으로 서술하면 글은 저절로 설득력을 얻게 되고 읽는 사람의 마음을 움직일 것이다.

그렇다면 각종 기업이나 집단에서 요구하는 자기소개서에 자주 등장하는 주제 및 질문을 유형별로 살펴보자.

■ **성장과정과 가치관**

- 자신의 과거-현재-미래에 대해 자유롭게 서술해 주십시오.
- 자신의 생활신조와 평소 심신 건강을 위해 하고 있는 활동이 있다면 기술해 주십시오.
- 자신에게 가장 많은 영향을 끼친 사람이 누구이며 왜 그러한지 서술해 주십시오.

■ **성격과 개성**

- 다른 사람이 생각하는 본인의 장점과 단점을 하나씩 들어보고 그 이유와 그에 대한 본인의 생각을 서술해 주십시오.
- 본인의 별명과 그 이유는 무엇입니까? 미래에 더 마음에 드는 별명을 갖고 싶다면 무엇이며 그 이유는 무엇입니까?

■ **인간관계와 책임감**

- 그동안 성취감을 가장 크게 느꼈던 경험은 무엇이며 그 이유는 무엇입니까?
- 이제까지 가장 강한 소속감을 느꼈던 조직이나 집단이 있었다면 그 경험에 관해 서술하고 그 조직이나 집단에 대해 자신이 기울였던 노력은 무엇이었는지 서술해 주십시오.
- 타인과 협력하여 어떤 일을 한 경험이 있다면 이에 관해 서술하고 그 안에서 자신의 역할과 그것이 그 일의 결과에 미친 영향에 대해 서술해 주십시오.

■ **창의적 문제 해결 능력**

- 자신이 도전했던 일 가운데 성공했던 사례나 실패했던 사례가 있다면 무엇이며, 그 경험을 통해 배운 것이 있다면 무엇인지 서술해 주십시오.
- 자신이 무엇인가에 관심과 열정을 가지고 달려들었던 일이 있다면 그 경험에 대해 서술하고 그것이 자신의 삶에 영향을 미친 바가 있다면 서술해 주십시오.
- 자신에게 주어졌던 일 중 가장 어려움을 느꼈던 경험이 있다면 무엇이었습니까? 그때 자신이 느꼈던 감정, 대처 방식에 대해 서술해 주십시오.
- 자신이 속했던 조직이나 집단에서 다른 구성원과 의견충돌을 겪었던 경험이 있다면 무엇이었습니까? 그때 갈등을 해결하기 위해 본인은 어떤 노력을 기울였고 그 결과는 어떠했습니까?

■ **장래 비전**

- 지원자가 지원한 직무를 잘 수행할 수 있다고 생각하는 이유가 무엇인지 서술해 주십시오.
- 본인의 역량을 발휘하여 본사가 어떤 미래 비전을 가질 수 있는지 서술해 주십시오.

- 해당 직무에 지원한 동기를 밝혀주시고 직무능력을 기르기 위해 본인이 특별히 기울인 노력이 있는지 서술해 주십시오.
- 10년 후 자신의 능력을 어떤 방향으로 어떻게 향상시키고 싶은지 서술해 주십시오.

■ 학업계획서(법학전문대학원, 대학원)

- 미래의 법조인으로서 학업 계획 및 장래 계획에 대해 서술해 주십시오.
- 무엇을 구체적 전공분야로 삼고 싶은지 그 이유와 함께 서술하고 그에 따른 학업 계획을 기술해 주십시오.

쓰기 활동 3

다음의 〈예문 3〉에 제시된 주제와 주의사항을 참고하여 장학금 신청을 위한 자기소개서를 작성해보자.

예문 3 – 장학금 신청을 위한 자기소개서

〈도전 장학생〉에 도전합니다

■ 주제 제시 및 주의 사항

1. 꿈과 비전 제시(구체적 목표 설정, 실행 계획), 대학 재학 중 도전 및 극기 사례를 기술하고, 자기계발, 자기인식, 학내외 프로그램 참여 및 수상 실적, 특기 등에 관하여 논리적이고 설득력 있게 기술하기 바람.(한글 1500자 ~ 2000자 작성)
2. 기재 내용 중 평가대상자의 신원을 나타내는 표시(성명 등)는 감점 요인이 됨.

좋은 설계는 힘을 많이 받는 부분 없이 모든 부품이 잘 맞물려 돌아가는 제품을 만드는 것입니다. 저는 저의 꿈과 목표가 현실에서 고른 힘을 받아 힘차게 돌아갈 수 있도록 제 인생을 설계하고 싶습니다.

저의 꿈은 기계설계 엔지니어입니다. 기계공학부에 들어와 여러 가지 설계 관련 과목들을 공부하고 설계도를 보고 디자인 하는 것을 배웠습니다. 학부에서 깊은 내용을 공부하기 시작하면서 모든 설계 과정에 대해 이해하고 설계를 완성해가는 즐거움을 느꼈습니다. 때로는, 작동이 잘 안 되는 오래된 기계장치들을 지금 사용하는 것과 비교해보면서 왜 이렇게 설계했을까, 이렇게 하면 더 나을텐데라는 생각을 자주 하곤 했습니다. 그렇게 설계에 대한 관심이 높아졌을 무렵 저희 학부에서 주관하는 CATIA 심화교육을 받았습니다. 그동안 배웠던 파트 디자인 뿐 아니라 표면 디자인 등 새로운 설계 방식을 배웠습니다. 설계 프로그램에 대한 숙련도가 향상되기 시작하면서 이 분야에 점점 관심이 많아졌습니다.

그러던 중 선배들에게 창의력 향상 교육에 대한 정보를 얻게 되었습니다. 창업 관련 교육과 여러 관련 프로그램을 배울 수 있는 기회였습니다. 그중 새로운 설계 프로그램인 Solid Works를 배울 기회가 있었고, 저는 그 프로그램을 통해 새로운 설계 프로그램을 접할 수 있었습니다. 나아가 이 툴의 활용을 집중적으로 배우며 CSWP라는 Solid Works 고급 자격증을 취득하였습니다.

이러한 경험을 활용하여 창업경진대회, 발명 아이디어 사업화 공모전에 참가하여 모델링 파트를 담당하여 입상하였고, 그리고 창업동아리의 Solid Works 심화 교육반의 팀장을 맡으며 프로그램을 다루는 능력을 향상시켰습니다. 심화교육은 기본적으로 Solid Works 프로그램의 툴 가운데 기업에서 자주 활용하는 부분을 중점적으로 배웠습니다. 또한, 3D 프린팅 대회 참가를 위해 공부하면서 설계에 대한 재미를 더욱 느낄 수 있었습니다. 그리고 학부 내에서는 창의적 공학설계와 기구학 등의 과목을 수강하면서 단순히 모양을 만드는 설계가 아니라 공학적 계산을 하는 설계를 하였습니다. 지금은 전공 심화 과정을 들으면서 설계를 위해 필요한 지식을 얻고 있습니다.

하지만 삶에서 필요한 지식만을 습득하여 잘 먹고 잘 사는 것만이 저의 목표는 아닙니다. 베푸는 삶은 제가 궁극적으로 지향하는 삶입니다. 저는 평소에도 봉사에 대한 관심이 많습니다. 주기적으로 헌혈을 하고 있고 기회가 될 때마다 봉사를 하고 있습니다. 봉사를 하면, 베푸는 것뿐만 아니라 사회적 경험도 할 수 있습니다. 2012년 여름, 저는 전남대학교 지식봉사단체 미담장학회에 1기 구성원으로 참여하게 되었습니다. 미담장학회는 아직 우리 학교에서 기반이 잡혀있지 않았고 지원도 많지 않아 어려움이 많았습니다. 중, 고등학교에 전달할 공문과 교내 학습 장소 섭외 등의 해결해야 할 문제가 많았습니다. 구체적인 틀이 잡혀있지 않은 상태에서, 구성원 전부가 힘을 모아 문제를 해결하였습니다. 이 과정에서, 좋은 뜻으로 시작한 일이지만 그 계획이 모호하면 인정받기 어렵다는 점을 알게 되었고, 구체적인 계획의 중요성을 직접 느낄 수 있는 기회가 되었습니다.

어려운 과정 중에도 아이들을 가르치며 봉사의 즐거움을 얻을 수 있었습니다. 미담장학회를 시작으로 상무중학교 교육봉사, 서구 문화센터 청년봉사단 활동 등을 하며 꾸준히 봉사하는 삶을 살아가고 있습니다. 앞으로도 여유가 생길 때마다 봉사하는 삶을 살 것입니다.

최종적인 저의 목표는 장애인 보조기구에 대한 아이템을 판매하는 사회적 기업을 설립하고 싶습니다. 이 목표를 위해 저는 장애인 보조기구 공모전의 아이디어를 꾸준히 생각하며, 고가의 장애인 보조기구를 대체할 만한 실용적인 기구를 설계할 것입니다. 앞으로도 꿈을 향해 전진하며 저의 관심과 목표가 현실에서 확실하게 맞물려 돌아가도록 제 인생의 기어들을 꼼꼼하게 설계해 갈 것입니다.

- 학생의 글

생각 나누기 3

아래에 수록된 취업을 위한 자기소개서 예문들은 전남대학교 융합인재교육원에서 발행한 〈2017년 취업성공 스토리〉에서 발췌하였다. 각각의 글에 어떤 장점들이 있는지 얘기해 보고 실제 자기소개서를 쓰는 데 참고해 보자.

예문 4

☞ **본인의 성장과정을 간략히 기술하되 현재의 자신에게 가장 큰 영향을 미친 사건, 인물 등을 포함하여 기술하기 바랍니다. (작품 속 가상인물 가능) 1500자.**

"작은 배려, 큰 행복-상"

고등학교 시절 음식점을 운영하시는 부모님을 도와 주말 아르바이트를 했습니다. 음식의 맛만큼 손님을 향한 '진심 어린 친절'이 중요하다고 강조하시는 부모님의 뜻을 따라 항상 고객의 상황에 맞는 서비스를 제공하기 위해 노력했습니다. 일례로 어린이 손님에게 제공할 음료수에는 성인용 빨대를 반으로 잘라주어 편하게 사용하도록 배려했고, 채식주의자 외국인 손님에게는 재료 하나하나를 설명해주며 안심하고 먹을 수 있도록 했습니다. 첫 아르바이트라 서툴렀지만 부모님께서 강조하시는 '진심 어린 친절'을 마음에 새기고 항상 먼저 배려하려는 마음으로 손님을 대하는 태도를 익힐 수 있었습니다.

"작은 배려, 큰 행복-하"

2014년 워킹홀리데이를 떠난 캐나다에서 '한글 메뉴판'을 만들어 고객을 향한 맞춤형 서비스를 제공해 만족스러운 결과를 얻은 경험이 있습니다. 음료 제조 포지션에서 근무하는 동안 영어를 하지 못하는 한국인 고객이 땀을 흘리며 주문에 어려움을 겪고 있는 모습을 보았습니다. 저는 고객의 고충이 느껴졌습니다. 이후 한국인이 많이 방문하는 매장임을 고려하여 한글 메뉴판이 있으면 좋겠다는 생각을 했고 틈틈이 한글 메뉴판을 만들었습니다. 그리고 이를 사용한 결과 한국인 손님들이 영어 못해도 맛있는 커피를 마실 수 있었다고 만족스러워했고 중국인 동료 파트너 역시 저를 따라 중국어 메뉴판을 만들었습니다. 기존의 직원들이 생각하지 못했던 서비스를 제공해 동료 직원들은 저에게 최고의 "Service Provider"라는 별명을 붙여주었고 두 달 연속 최우수 파트너로 선정되기도 했습니다.

작은 배려를 담은 서비스로 고객 만족을 극대화했던 이와 같은 경험들을 토대로 입사 후에도 고객의 숨은 니즈를 파악해 고객의 입장에서 가려운 곳을 긁어주는 서비스를 고민하고 실천하겠습니다.

예문 5

☞ **최근 사회 이슈 중 중요하다고 생각되는 한 가지를 선택하고 이에 관한 자신의 견해를 기술해주기 바랍니다. 1000자.**

"세기의 이슈, 이세돌 VS 알파고"

지난 2016년 3월, 이세돌 프로 9단과 인공지능(AI) 알파고의 바둑 대결이 있었습니다. 이세돌 9단은 1승 4패로 패했고 이는 '2살'인공지능이 5,000년 역사의 인간 바둑을 넘어선 것으로 전 세계를 놀라게 했습니다.

저는 5,000년 역사의 인간 바둑을 이긴 인공지능 알파고를 보며 인공지능이 도래한 사회에서 인간의 역할은 무엇일지 의문이 들었습니다. 혹자는 인공지능이 발달하면 인간이 더 편리한 삶을 살고 세상이 더 좋아질 것이라는 낙관론을 펼칩니다. 그렇지만, 알파고의 승리를 본 많은 사람들은 기계시대의 도래와 인류의 종말을 떠올리기도 합니다. IT 혁명으로 수많은 직업이 역사 속으로 사라져간 것을 잘 알고 있기 때문입니다.

저는 우리 인간이 인공지능 시대에서 인간의 주도적 역할을 놓치지 않기 위해서는 현재와는 조금 다른 교육을 시행해야 한다고 생각합니다. 즉, 인간만이 가진 감성, 휴머니즘적 가치, 자율적 문제 해결 능력, 창조성 등을 기르기 위한 새로운 교육이 필요합니다. 인간의 감성능력과 두뇌능력은 로봇이 대체할 수 없기 때문입니다.

그럼에도 우리나라는 현재까지도 초등학교부터 고등학교까지 창의성이라곤 찾아 볼 수 없는 주입식 교육으로 아이들을 가르치고 있습니다. 저는 이에 대한 해결방안으로 창의성과 자율성을 강조하는 미국의 교육 사례를 우리나라의 문화와 정서에 맞게 수용할 필요가 있다고 생각합니다. 교과과정 외 콘텐츠 중심의 창의성 교육을 대학 입시와 연계해 창의적인 인재에게 더 많은 기회를 준다거나 2016년 전면 도입된 자유학기제를 안정적으로 정착시켜 개인의 잠재력을 극대화할 수 있는 교육과정을 모색해야 한다고 생각합니다.

예문 6

☞ **자신에게 부여된 일을 달성하기 위해 어려움을 참고 극복했던 경험에 대해 서술하십시오. 700자 10단락 이내**

- 자신에게 부여된 역할과 그것이 어려웠던 구체적인 이유가 드러나도록 할 것.
- 어려움을 참고 극복했던 방법을 구체적으로 기술할 것.
- 임무 완수를 통해 도출된 결과물을 밝히고, 구체적인 도출 과정을 제시할 것

"크메르어 자막을 만들다"

2014년 여름, 저는 대학 선후배들과 팀을 조직하여 UN ITU와 한국정보화진흥원에서 공동 주관하는 'World Friends Korea IT 국제 협력단'에 소속되어 캄보디아로 교육 봉사를 떠났습니다. 현지에서 봉사 수혜자를 대상으로 IT 교육과 한국 문화를 홍보하는 게 팀의 목표였습니다. 저의 역할은 'Charming Korea'라는 주제로 문화 홍보를 위해 PT를 하고, 한국적인 콘텐츠를 담은 영상을 준비하는 것이었습니다.

하지만 봉사 수혜자들은 영어에 능통하지 못한 어린이가 많아 수업 진행에 어려움을 겪게 되었습니다. 저희는 현지 직원과 대책회의를 열어 문화수업을 한 주 미루고, 현지 직원과 며칠간 합숙을 하며 PT, 한국 영화, 홍보영상의 영어나 한국어 자막을 현지 언어인 크메르어로 번역해서 새로운 자막을 만들었습니다.

그 결과, 어린 봉사 수혜자들뿐만 아니라, 기관의 직원들도 관심을 보이는 기대 이상의 성과를 얻고, 더 나아가 소문을 듣고 찾아온 마을 사람들을 위해 문화 수업을 한 번 더 진행해달라는 요청을 받게 되었습니다. 이 경험을 통해 저는 현장에서 어려움이 생기면 팀원 간 협력을 통해 문제를 해결할 수 있다는 자신감을 배웠습니다. 저는 고객지향을 최우선으로 하는 OO네트웍스 영업현장에서 발생할 수 있는 어려움을 극복하는 데 작지만 소중한 경험과 자산이 될 것이라고 자신합니다.

예문 7

☞ **이제까지 가장 강하게 소속감을 느꼈던 조직은 무엇이었으며, 그 조직의 발전을 위해 헌신적으로 노력했던 것 중 가장 기억에 남는 경험은 무엇입니까? 개인적으로 더 많은 노력을 기울였던 일과 그때 했던 행동과 생각, 결과에 대해 최대한 구체적으로 작성해 주십시오. 1000자 10단락 이내**

광주문화방송 현장실습을 하면서 토크 콘서트 프로그램 〈청춘진담〉의 스태프로 일하게 되었습니다. 저의 역할은 방청객을 촬영하는 것이었고, 평소 '촬영장에선 모두가 프로'라는 생각을 가지라는 PD님의 말씀에 따라 좋은 장면을 카메라에 담기 위해 많은 노력을 기울였습니다.

스태프로 참여하게 된 지 다섯 달쯤 되었을 때, 평소 꽉 차있던 객석은 반 정도밖에 차지 않았고 그마저 듬성듬성 앉아있어서 좋은 카메라 앵글을 확보할 수 없었습니다. PD님과 상의해 녹화 시작을 조금 늦추고 방청객을 기다리기로 했지만, 점점 불만을 드러내는 방청객들을 보면서 이대로는 안 되겠다 싶었습니다.

지금 당장 아무런 행동도 취하지 않으면 〈청춘진담〉을 위해 모인 방청객들에게 부정적인 인상을 주게 될 것이라는 생각이 들었고, 저는 제가 스태프로 참여하며 노력을 기울여 온 프로그램이 그런 부정적인 평가를 받게 하고 싶지 않았습니다. 이렇게 생각을 정리한 후 가장 먼저 객석으로 나가 백여 명의 방청객을 모두 찾아다니며 녹화가 지연되는 이유를 설명해드렸고, 동시에 자리 이동을 권하며 좋은 앵글을 얻기 위해 노력했습니다. 다른 스태프들에게 허락받고 행동한 것이 아니었기 때문에 혼날지도 모른다는 걱정도 들었지만 프로그램의 성공이 더 중요하다고 생각했기에 내린 결정이었고 결과적으로 무사히 녹화를 마칠 수 있었습니다.

"덕분에 몰래 방청 온 시청자 평가단에게 좋은 평가를 받을 수 있었다"라는 PD님의 칭찬과 함께 앞으로 믿고 맡길 수 있겠다는 격려를 받을 수 있었고, 이후 녹화에서 현장감독과 객석 촬영 및 철수를 담당하는 스태프로 성장할 수 있었습니다. 이 경험을 통해 자신이 하는 일에 주인의식과 애정을 가지고 책임감 있게 행동하는 것이 더 좋은 결과를 얻을 수 있다는 것을 느낄 수 있었고, 주어진 일에 주체적으로 임하는 자세를 배우게 되었습니다.

제4장

사회적 소통을 위한 글쓰기

1. 공동체에 대한 이해와 타인과의 소통
2. 비평의 정의와 비평적 글쓰기
3. 서평문과 문화비평문

제4장
중심 내용

사회적 소통 역량과 비평과의 관계

비평의 특징과 비평문을 쓰는 방법

비평의실제: 서평문과 문화 비평문 쓰기

1. 공동체에 대한 이해와 타인과의 소통

현대 사회는 과거에 비해 여러 관계가 다양하게 얽혀 있으며, 사회적 관계망의 이러한 속성 때문에 발생하는 문제들의 양상 또한 점점 더 복잡해지고 있다. 이에 따라 문제 해결을 요구하는 사회적 목소리도 다채롭게 나타나고 있으며, 그 과정에서 소용되는 지식과 정보의 양도 더욱 방대해지고 있다. 이는 우리 사회가 직면하고 있는 여러 갈등을 잘 풀어내고 보다 건강한 공동체를 만들어가기 위해서는, 구성원 간의 소통이 매우 긴요한 문제임을 보여주는 것이다. 그렇다면 각자 다른 삶의 결을 가진 다양한 주체들이 원만하게 소통하기 위해서는 어떤 태도가 필요할까?

우선, 공동체를 구성하고 있는 각 존재들의 차이와 다양성을 인정하는 것이다. 이러한 태도를 갖추기 위해서는 타인이 가진 신념을 존중하고, 각자가 처한 서로 다른 입장을 이해하며, 상대가 전하려는 목소리에 귀를 기울이는 노력이 필요하다. 그런데 타인의 삶을 이해하기 위해 수많은 사람을 직접 대면하기란 쉽지 않은 일이다. 이때 우회적인 방법으로 떠올릴 수 있는 것이 바로 여러 문화·예술 텍스트를 감상하는 것이다. 사람들은 보다 많은 사람들에게 자신의 뜻이나 의도를 전달하거나 드러내려 할 때, 그것을 잘 표현할 수 있는 적절한 소통 방법을 생각해 낸다. 그 방법은 책을 쓰는 것일 수도, 그림을 그리는 일일 수도, 음악을 만드는 일일 수도, 영화를 제작하는 것일 수도 있다. 따라서 어떤 책이나 그림, 음악이나 영화 등 다양한 문화·예술 텍스트에는 누군가 타인에게 전하고자 하는 곡진한 뜻과 진솔한 삶의 가치가 내재되어 있다고 할 수 있다.

또한 이들 텍스트가 안내하는 길을 따라 그 안에 펼쳐진 세계를 들여다보면, 개인적인 관심사와 사건의 경계를 넘어, 그 개인이 속한 사회나 활동하는 공동체의 다양한 삶의 양상과 문화가 투영되어 있음을 발견하게 된다. 우리가 책을 읽거나, 음악을 듣거나, 영화를 볼 때 그 숨겨진 의미를 해석하려고 노력하는 이유가 여기에 있다. 책과 그림, 음악과 영화 등을 통해 텍스트를 창작한 이와 대면할 수 있는 기회가 열리고, 그의 목소리를 생생하게 들을 수 있으며, 그가 살아가고 있는 사회와 그 이웃들의 삶과 조우할 수 있기 때문이다. 요컨대, 다양한 문화·예술 텍스트는 타인의 삶과 새로운 세계를 접속하고 경험하는 데 중요한 통로 역할을 하고 있다. 우리는 이 통로를 오가며 상대의 다름을 발견하고 인정하는 태도를 습득할 수 있는 것이다.

원만한 소통을 위한 또 다른 방법은 타인의 목소리를 수용하는 것이다. 이때 수용한다는 것은 다른 존재의 목소리를 무조건 받아들인다는 말이 아니다. 나와 견해가 갈리는 지점을 찾아보고, 그와 내가 무엇이 다른지 따져보며, 왜 차이가 생겼는지 등을 꼼꼼히 밝히되 상대의 뜻을 존중하라는 의미이다. 이 과정에서 일상적 대화보다는 좀 더 지적이고 수준 높은 대화가 이루어지게 된다. 이러한 대화를 통해 타인에 대한 이해와 사회에 대한 통찰이 깊어지는 것이다.

따라서 사회와 공동체의 소통 역량을 높이기 위해서는 다양한 존재들에 의해 다채로운 방식으로 생산된 텍스트들을 이해하려는 진지한 태도가 필요하다. 아울러 텍스트에 대한 정서적 감응과 가치 평가의 상호 교류가 활발히 이루어져야 한다. 정서적 감응과 가치 평가의 교류가 일어나는 자리, 그곳이 바로 비평이 탄생하는 자리이다. 개인과 개인, 개인과 공동체, 공동체와 공동체 간에 단순한 정보 전달이 아닌, 각 관계의 부딪침에서 촉발된 다양한 사회적·문화적 메시지에 대해 감응하고, 해석하고, 평가하는 글이 비평이다.

최근 들어 비평의 영역이 더욱 확장되고 대중화되고 있음을 발견할 수 있다. 예컨대 문학 비평, 영화 비평, 음악 비평, 미술 비평, 스포츠 비평 등 문화적 부분에서부터 사회 비평, 정치 비평, 경제 비평 등과 같이 사회적 부분에 이르기까지 비평의 대상과 영역이 확대되고 있다. 이는 현대 사회가 다양한 분야에서 비평적 안목을 보다 높이 요구하고 있음을 방증하는 것이다. 바로 이 점이 우리가 비평적 글쓰기 능력을 길러야 하는 또 다른 이유이기도 하다. 따라서 비평적 글쓰기는 우리 사회의 소통 역량을 향상시키는 한 방편이면서, 더불어 현재의 시대적 요청에 적극적으로 부응하는 중요한 글쓰기라고 할 수 있다.

2. 비평의 정의와 비평적 글쓰기

1) 비평과 감상

비평이란 어떤 대상이나 현상에 대하여 옳고 그름, 아름답고 추함, 좋음과 나쁨 등을 들추어내어 그 가치를 분석하고 평가하는 일을 말한다. 그런데 무엇인가의 가치를 평가하기 위해서는 필연적으로 대상에 대한 감상의 과정을 거치게 된다. 비평과 감상의 이러한 친밀성 때문에 많은 사람들이 두 개념을 유사한 의미로 사용하는 경우가 종종 있다. 나아가 최근에는 감상과 비평의 경계가 더욱 모호해지는 경향을 보이기도 한다. 그러나 비평과 감상은 서로 다른 지향점을 갖고 있다. 따라서 비평과 감상을 견주어 보면 비평의 개념과 성격이 보다 명료해진다.

감상적 성격의 글, 곧 감상문은 어떤 대상을 감상하고 음미한 후에 형성된 생각이나 느낌과 같은 정서적 감흥을 표현하는 데 초점을 맞춘 글이다. 감상문은 대상과의 교감을 통해 촉발된 필자만의 고유한 감성을 생생하게 표출하는 데 목적이 있기 때문에 주관적이고, 독백적이며, 자기 표현적 성향이 강하다. 따라서 감상문에는 필자만의 독특한 감성적 경험이 드러나기 마련인데, 이때의 감흥은 필자의 개인적 취향을 일방적으로 표현하는 것일 뿐이다. 그러므로 감상의 근거를 찾고 타당성을 따지며 시빗거리로 삼을 필요가 없다. 또한 감상문은 필자의 정서적 경험을 다른 사람과 공유하기보다는 개인적 감흥을 표현하는 글이다. 따라서 한 편의 감상문은 누군가의 글쓰기를 유도하기보다는 글 쓰는 행위가 한 번으로 마무리되는 일회적 양상을 보인다.

그런데 어떤 대상에 대한 비판과 평가로 이루어진 비평문은 감상문과는 다른 특성을 드러낸다. 비평문은 어떤 대상이 함유하고 있는 다양한 의미를 해석하고, 필자가 포착한 텍스트의 가치와 의의를 다른 사람에게 전달하고 설득하는 글이다. 따라서 비평문은 개인 차원의 관심사나 정서적 경험을 일방적으로 토로하는 개인적 영역의 글쓰기가 아니라, 애초부터 독자를 염두에 두고 근거를 들어 필자의 생각을 펼쳐가는 일종의 대화적 글쓰기라고 할 수 있다. 다른 한편으로 텍스트 속에 내재한 공동체와 사회를 향한 물음을 발견하고 그것의 가치와 의의를 이리저리 따져보는 사회적 차원의 글쓰기이기도 하다. 이와 같은 비평문의 강한 설득적 성향과 사회적 속성 때문에 하나의 비평문은 필자의 주장에 대한 지지 혹은 반박과 같은 또 다른 비평을 유발하는 순환적 성격을 띠곤 한다.

2) 비평적 글쓰기의 태도와 방법

대화적·사회적 글쓰기로서 비평문의 중요한 목적 중의 하나는 비평 대상에 대한 사회적 관심과 흥미를 불러일으키는 것이다. 이를 위해서는 대상 텍스트의 의미를 다각적으로 탐색하고, 이렇게 찾아낸 의미의 사회적 의의를 적극적으로 해석하고 설명할 수 있어야 한다. 비평문의 또 다른 목적은 비평 대상의 가치를 측정하고 평가하는 과정에서 세계와 타인에 대한 필자의 인식을 드러내는 데 있다. 비평문을 통해 드러나는 필자의 가치관과 세계관은 그 자체가 비평의 대상이 되기도 해서, 이를 계기로 다양한 사회적 소통이 이루어지기도 한다. 다른 한편으로 텍스트의 의미 형성 과정에 적극적으로 참여하는 것도 비평문의 중요한 목적 중의 하나이다. 어떤 텍스트에 드러난 사회적·문화적 현상은 그 의미가 고정되어 있는 것이 아니라, 다양한 해석을 통해 의미가 변화되기도 하고 새롭게 형성되기도 한다. 따라서 해석과 가치 판단을 구비한 비평적 글쓰기는 그 자체로서 이미 텍스트의 의미 확장과 창출에 기여하고 있다고 할 수 있다. 이러한 특성을 고려했을 때, 비평문은 어떻게 쓰면 좋을까?

첫째, 대상 텍스트를 꼼꼼하고 성실하게 읽어야 한다. 비평문은 온전히 창작적인 글쓰기가 아니라 어떤 대상을 해석하고 분석한 후에 그 가치와 의미에 대해 필자의 견해를 밝히는 글이다. 따라서 본격적인 비평문 쓰기는 텍스트를 제대로 읽는 것에서부터 시작된다고 할 수 있다. 이때 주의할 점은 '읽기'가 책 읽기와 같이 '글 읽기'만을 의미하는 것은 아니라는 점이다. '그림 읽기', '문화 읽기', '사회 읽기' 등에서 볼 수 있듯이, '읽기'라는 것은 비평 대상이 되는 다양한 텍스트를 비판적으로 깊이 이해하고 감상하는 행위를 총칭한다고 할 수 있다.

둘째, 비판 대상에 대한 필자의 관점을 분명히 드러내야 한다. 비평문의 요체는 대상에 대한 해석과 가치 평가에 있다. 이를 제대로 수행하기 위해서는 텍스트에 대한 필자의 기준과 관점을 분명히 해야 한다. 비평문은 근거를 갖추어 독자를 설득하는 글이다. 따라서 좋은 비평문이 되기 위해서는 주장이 명확하고 일관성이 있어야 하는데, 주장의 일관성은 바로 필자가 내세우는 기준과 관점이 선명할 때 갖춰질 수 있다.

셋째, 필자의 해석과 판단을 뒷받침할 수 있는 근거를 마련해야 한다. 좋은 비평문이 되려면 필자의 해석과 판단에 대해 독자의 공감을 얻을 수 있어야 한다. 독자들은 비평 대상의 가치와 의의를 합리적으로 추론할 수 있는 적절한 근거가 충분히 제시됐을 때 필자의 주장에 호응할 수 있는 것이다. 설득력 있는 근거를 마련하기 위해서는 텍스트를 이해하는 데 참고가 되는 다양한 자료도 함께 읽고 분석하는 것이 좋다.

넷째, 비평 대상에 대한 해석의 다양성을 이해하고 인정하는 태도가 필요하다. 비평 대상에 대한 해석과 가치 평가는 필자가 어떤 기준과 관점을 갖느냐에 따라 얼마든지 달라질 수 있다. 타당한 근거를 갖추고 합리적인 과정을 거친 비평이라면 그것이 어떤 내용이든 존중받을 수 있어야 한다. 어떤 해석과 평가라도 차별이나 배척 없이 자유롭게 수용될 때 비평 대상의 다양한 가치와 의미가 드러나고, 나아가 그 대상이 보여주고자 하는 진실에 한층 더 가까이 다가갈 수 있을 것이다.

그런데 비평이라고 해서 객관적이고 냉정한 분석만을 위주로 하는 글은 아니라는 점에 유의할 필요가 있다. 물론 비평은 예술 작품이나 사회·문화적 현상에 대한 비판적 사유를 수반한다. 그러나 대상에 대한 충분한 이해나 깊은 감상이 결여된 채 해석과 평가의 대상으로만 접근한다면 비평 행위는 소모적인 말싸움이나 불러일으키는 글쓰기로 전락하기 쉽다. 그런 점에서 비평적 글쓰기는 필자와 비평 대상 사이의 적극적인 소통과 능동적인 관계 맺기를 필요로 한다. 필자는 대상을 이해하고 평가하는 과정에서 자신의 사유와 안목을 확장할 수 있고, 이렇게 보다 깊어진 눈으로 대상을 새로운 관점으로 바라볼 수 있게 되는 것이다.

생각 나누기 1

다음 글을 읽고 감상·비평·비난의 특징과 차이에 대해 생각을 나누어 보자.

① 우리 학교 후문에 중국집이 새로 생겼다. 점심때마다 적당한 밥집을 찾아 헤매곤 했는데 중국 음식을 좋아하는 나에게 너무 신난 일이다. 중국 음식 중에 내가 주로 먹는 메뉴는 볶음밥과 우동이다. 볶음밥은 원래 좋아했던 메뉴였고, 우동을 좋아하게 된 이유는 돌아가신 할머니와 자주 먹었기 때문이다. 할머니는 틀니를 하셔서 우동 안에 들어 있는 해물을 잘 드시지 못하셨는데도 항상 우동을 시키셨다. 왜냐하면 내가 볶음밥에 딸려 나오는 짬뽕 국물을 싫어했기 때문이다. 할머니는 나와 중국 음식을 드실 때면 언제나 우동을 시키셔서 나에게 국물과 해물을 듬뿍 덜어주시곤 했다. 그럴 때마다 할머니 덕분에 순한 우동 국물에 볶음밥을 맛있게 먹을 수 있었다. 그래서 나에게 맑은 우동은 할머니 마음이다. 지금도 볶음밥을 먹을 때면 종종 우동을 시켜서 먹는다.

② 우리 학교 후문에 중국집이 새로 생겼다. 점심때마다 적당한 밥집을 찾아 헤매곤 했는데 중국 음식을 좋아하는 나에게 너무 신난 일이다. 중국 음식 중에 내가 주로 먹는 메뉴는 볶음밥과 우동이다. 우동을 먹을 때마다 짬뽕을 주로 먹는 친구들은 노인네 같다고 놀리지만 나는 우동이 좋다. 우동은 맵고 간이 짠 짬뽕에 비해 국물이 순해서 위에 부담이 덜 된다. 또 짬뽕은 국물 속에 무엇이 들어 있는지 잘 알 수 없지만, 우동은 국물 속이 훤히 보여서 안심이 된다. 그리고 짬뽕은 옷에 빨간 국물이 튈까봐 여간 신경 쓰이는 것이 아니다. 그러나 맑은 국물인 우동은 그럴 걱정이 없다. 우동은 짬뽕에 비해 좀 더 건강식 같은 느낌이 들고 먹기에도 편하다. 그래서 나는 짬뽕보다 우동이 더 좋다.

③ 우리 학교 후문에 중국집이 새로 생겼다. 점심때마다 적당한 밥집을 찾아 헤매곤 했는데 중국 음식을 좋아하는 나에게 너무 신난 일이다. 그런데 오늘 점심시간에 볶음밥을 먹으러 가려는데, 먼저 다녀온 친구가 가지 않는 게 좋을 거라며 나를 말렸다. 중국집 간판 메뉴라 할 수 있는 짜장면과 탕수육의 맛이 별로라는 것이다. 중국집 맛의 기준은 짜장면과 탕수육이 좌우한다. 그런데 그 식당은 개업한 지 얼마 되지도 않았는데 벌써부터 그런 소문이 나서 어떻게 장사하려는지 모르겠다. 짜장면과 탕수육의 맛도 제대로 못 내는 식당이 어디 중국집인가. 다른 메뉴인 볶음밥은 안 먹어봐도 얼마나 형편없을지 알 만하다. 음식 실력이 없는 사람들은 애초에 장사를 하지 않았으면 좋겠다. 기분 좋게 먹으러 가서 돈만 버리고 나오는 수가 있기 때문이다. 다른 중국집이나 찾아봐야겠다.

생각 나누기 2

최근 우리나라 문화·예술 분야에서 대중의 많은 관심을 끌었던 작품을 찾아보고, 그 작품이 영향을 미친 사회적 이슈에 대해 이야기를 나누어 보자.

분 야	화제가 된 작품	사회적 이슈
문 학		
미 술		
음 악		
영 화		

3. 서평문과 문화비평문

1) 서평문 쓰기

(1) 서평문은 어떤 글일까?

서평문은 일상에서 자주 접할 수 있는 비평적인 글의 갈래로서, 한 권의 책이 지니고 있는 가치나 의의를 찾아내서 평가하는 글을 말한다. 이러한 정의로부터 서평문의 몇 가지 특징을 유추할 수 있다. 우선, 가치나 의의를 탐색해야 하기 때문에 성실하고 비판적인 독서가 필요하다는 점이다. 다음으로, 평가가 따르기 때문에 객관적인 시각과 타당한 근거를 갖추어야 한다는 점이다. 더불어, 필자의 평가 내용을 전달받을 수신자, 즉 독자를 염두에 두고 쓰여진 사회적·공공적 글쓰기라는 것이다. 따라서 서평문을 쓰는 과정에서 필자와 책의 저자, 필자와 서평문의 독자 사이에 활발한 소통이 이루어지게 된다. 이와 같은 관계망 속에서 서평문은 필자와 독자, 사회에 여러 유익한 영향을 끼치기도 한다.

첫째, 서평문은 필자의 자아 성장에 기여한다. 필자는 책의 의미를 해석하고 가치를 평가하여 글로 표현하는 과정에서, 자신의 가치관을 세계에 내보인다. 그런데 이러한 과정은 자연스레 자신과 세계에 대한 비판적 성찰과 가치관 정립을 수반하게 된다. 비판적 성찰과 가치관의 정립은 자아를 성장시키는 중요한 토대이다. 따라서 서평문 쓰기는 필자에게 스스로 자신의 내적 발전을 도모할 수 있는 좋은 기회가 되고 있다고 할 수 있다.

둘째, 한 편의 서평문은 독자들이 책을 이해하는 데 길잡이 역할을 한다. 독자들은 서평문에 드러난 다양한 해석과 관점을 통해 대상이 된 책을 보다 심도 있게 이해할 수 있으며, 좋은 책을 고를 수 있는 안목도 기를 수 있다. 또한 서평문이 제공하는 책에 대한 각종 정보는 독자들의 배경 지식을 확장하는 데도 많은 도움이 된다.

셋째, 서평문은 사회적 여론을 형성하는 실마리가 되기도 한다. 좋은 서평문은 좋은 책의 활발한 유통을 견인하기도 하고, 책에서 제기한 문제의식을 사회적으로 환기시킬 수도 있다. 이를 통해 대중들을 사회적 공론의 장으로 이끌어 냄으로써 궁극적으로 공동체의 건강한 발전과 변화에도 기여할 수 있다.

서평문을 통해 이루어진 좋은 해석과 평가는 책의 의미를 확장하고 증폭시켜 더 좋은 책이 되게 한다. 우리 사회에는 여전히 수많은 책이 유통되고 있다. 이러한 책의 미로 속에서 좋은 책을 찾는 대중들의 노력도 끊이지 않을 것이다. 이는 좋은 책의 안내서 역할을 하는 서평문의 자리가 앞으로도 유용할 것임을 말해준다.

(2) 서평문을 어떻게 쓸까?

좋은 서평문을 쓰기 위해서는 책으로부터 촉발된 다양한 대화를 통해 다층적인 소통의 장을 형성하는 것이 중요하다. 요컨대, 서평문의 필자는 1차 독자로서 책의 저자와 활발히 소통하고, 다른 한편으로 서평문을 읽게 될 독자와도 긴밀한 대화의 끈을 유지해야 한다. 이러한 유기적인 소통의 과정 속에서 책에 드러난 작가의 주장을 어떻게 해석해야 할지, 필자가 발견한 책의 가치는 무엇인지, 독자들에게 어떤 의미를 전달해야 할지 등과 같은 서평문의 토대가 되는 질문들에 대한 답을 구할 수 있을 것이다. 여기서 나아가 서평문을 쓸 때 도움이 될 만한 방법들을 좀 더 구체적으로 알아보자.

첫째, 서평문 쓰기의 첫 출발은 정밀한 책 읽기로부터 시작된다. 서평문은 책에서 출발하여 그로부터 창조된 새로운 텍스트이다. 이 말은 좋은 서평문을 쓰기 위해서는 책에 대한 꼼꼼한 독해가 필수적이라는 뜻이다. 이를 위해 책에 드러난 저자의 핵심적인 주장이 무엇인지, 어떤 근거를 가지고 그러한 주장을 펼치는지 따져봐야 한다. 또한 이 책의 장점과 한계는 무엇인지, 저자의 서술에 오류는 없는지 등도 잘 살펴봐야 할 것이다. 더불어 책의 구성과 전개 방식이 저자의 주장을 구현하는 데 적절한지, 글의 문체나 어휘 등이 저자의 의도를 잘 드러내고 있는지 등 다양한 사항들을 염두에 두고 책을 읽어야 한다. 이때 중요하다고 생각되는 질문이나 항목을 미리 작성하여 관련 사항을 메모하며 읽는 방법도 꼼꼼한 읽기의 좋은 방안이 될 수 있을 것이다.

둘째, 대상 텍스트와 관련된 다양한 자료 수집이 필요하다. 이는 앞에서 언급한 정밀한 책 읽기와도 관계가 깊다. 책의 집필 배경, 저자가 이전에 집필한 작품들, 그러한 작품을 통해 드러난 저자의 가치관과 문제의식 등 저자와 관련해서 수집된 다양한 정보들은 작가를 이해하는 데 매우 요긴한 자료가 될 것이다. 또한 대상이 된 책의 주제와 유사하거나 상반된 입장을 보이는 다른 책을 조사해 보는 것도 좋다. 이러한 책들과의 비교를 통해 서평하려는 책의 주제나 의도가 보다 명료하게 해석될 수 있기 때문이다. 이 외에도 책을 둘러싼 다양한 배경들, 곧 사회적·정치적·문화적·학문적 배경 등에 대한 조사도 유용하게 활용될 수 있다.

셋째, 필자의 논지와 근거를 분명히 하고, 적절한 구성을 갖춰 체계적으로 써야 한다. 좋은 서평문은 필자가 책에 대해 말하고자 하는 바가 무엇인지 명쾌하게 드러나는 글이다. 그런데 서평문은 책에 대한 비평적인 글이기 때문에, 책의 가치나 의의에 대한 필자의 주장과 그것을 뒷받침하는 해석적 근거가 갖추어져야 한다. 그러나 주장과 근거를 갖추었다고 해서 그 자체만으로 좋은 서평문이 되는 것은 아니다. 도입-전개-마무리의 짜임새 있는 구성과 적절한 내용의 배치를 통해 필자의 주장이 일관되고 자연스럽게 전개될 수 있어야 한다.

넷째, 객관적이고 균형적인 시각으로 평가해야 한다. '서평(書評)'이라는 한자어를 보면 서평문이 객관적인 글이라는 점이 잘 드러난다. 평가를 뜻하는 한자 '評'은 '공평[平]하게 말하다[言]'는 의미가 들어있다. 즉, 평가를 할 때는 감정에 휘둘리거나 한쪽에 치우치지 않고 공정해야 한다는 의미이다. 따라서 책을 평가할 때도 지나친 찬사나 비난은 지양해야 한다. 서평문을 쓸 때는 책과 저자를 존중하는 태도를 잊지 않아야 하지만, 그 존중에는 타당한 근거가 있어야 한다. 반대로 책의 의의를 제대로 살피지 않고 감정에 치우쳐 부정적인 표현으로만 일관하는 것도 올바른 서평의 태도가 아니다. 한편, 서평은 해석과 평가가 공존하는 글쓰기이기 때문에, 저자의 견해와 필자의 의견이 섞이지 않도록 세심한 주의가 필요하다. 객관적 사실과 주관적 의견이 구분되지 않으면 책에 대한 가치 평가가 왜곡될 수 있다.

다섯째, 대상 텍스트의 사회적 가치와 의미가 고려되어야 한다. 서평문은 읽어 줄 누군가를 상정하고 쓰는 글이기 때문에 내심 독자들의 반응을 기대하는 글쓰기라고 할 수 있다. 그런데 다른 사람에게 영향을 미치고 그들의 삶에 변화를 주기 위해서는 책 속의 의미가 가치 있는 것이어야 한다. 따라서 좋은 서평문은 책이 가진 다양한 의미를 적극적으로 해석하는 노력이 이루어져야 하고, 나아가 그것의 사회적 가치와 의의를 드러낼 수 있어야 한다.

생각 나누기 1

다음의 〈예문 1〉은 김연수의 소설 『원더보이』에 대한 서평문이고, 〈예문 2〉는 과학 교양서인 에릭 캔델의 『통찰의 시대』에 대한 서평문이다.

예문 1

역사의 망각에 저항하는, 초능력 소년의 독심술

김연수 장편 『원더보이』

개인의 내밀한 기억이 집단의 공식적 기억으로 바뀌기 위해서는 수많은 기록들의 힘이 필요하다. 김연수(金衍株)의 소설은 공적인 역사로 등록되지 못한 개인의 은밀한 기억이 비로소 '이야기'라는 영혼의 확성기를 찾아가는 과정을 그려낸다. 『원더보이』(문학동네, 2012)는 단편 「다시 한 달을 가서 설산을 넘으면」, 장편 『네가 누구든, 얼마나 외롭든』 등에 이어 김연수식 '잃어버린 기억의 오디쎄이'의 변곡점을 그려낸다. 역사의 광풍에 사랑하는 사람을 잃어버린 이들의 이야기는 김연수 소설의 트레이드마크가 되었다. 역사는 기념비적 사건의 한복판에서는 개인을 영웅으로 만들어 주지만, 그 광풍이 지나가면 개인을 잔인하게 역사의 울타리 밖으로 추방시킨다. 김연수는 역사의 이름으로 추앙되던 개인이 평범한 일상에서 어떻게 버려지는지, 어떻게 자신의 억압된 기억을 일상의 리듬으로 승화시키는지를 보여준다. 『원더보이』는 김연수의 오랜 화두를 보다 쉽고 친밀한 문체로 풀어낸 성장소설이다.

김연수 소설의 기존 인물들과 『원더보이』의 주인공 김정훈의 차이는 바로 빛나는 낙천성이다. 이전 인물들을 사로잡은 정서가 '기억과 화해하지 못한 자의 우울'이라면, 역사의 해일 속에서 부모를 잃은 정훈을 사로잡는 정서는 잃어버린 기억보다도 '잃어버린 사람들을 되찾고 싶은 욕망'이다. 타인의 고통에 공감하다 못해 고통에 감염되어 버린 어른들과 달리, 정훈은 대책 없는 순수와 세파에 찌들지 않는 열정을 지닌 소년이다. 1984년에 교통사고로 아버지를 잃은 정훈은, '광주의 기억'을 안고 살아가는 어른들을 만나고, 부모를 잃어버린 자신의 아픔을 그들의 아픔에 은유한다. '80년대' 하면 떠오르는 굵직한 역사적 사건들은 마치 숨은 그림찾기처럼 은밀하게 서사 속에 스며 있다. 인물들은 큰소리로 역사의 상처를 말하지 않는다. 『원더보이』는 한국전쟁을 사라진 전설처럼 치부하고 분단문제를 귀찮아하는 현대인을 향해, 우리 모두는 "네가 누구든, 얼마나 외롭든", 여전히 역사의 주체임을 담담하게 상기 시킨다.

역사적 사건에 대한 기억의 빛깔과 무늬도 변하지만, 더 빠른 속도로 대중의 욕망과 언어도 바뀐다. 1980년대의 언어로 2000년대의 독자와 만날 수 없기에, 『원더보이』는 좀 더 지금-여기의 문화에 밀착된 언어로 과거의 기억을 형상화하며 엄숙한 역사적 기억을 사소한 개인의 경험으로 풀어내는 일의 소중함을 일깨워준다. 모두가 역사의 상처 따위는 잊고 싶다고 외칠 때도, 작가는 역사라는 시간의 암호를 해독하여 현대어로 번역하는 일을 멈추지 않는다. 역사라면 이맛살을 찌푸리는 신세대에게 필요한 내러티브가 바로 이렇게 쉽고, 가깝고, 정다운 이야기일지도 모른다. 『원더보이』는 '천재의 책읽기', 즉 "작가가 쓰지 않은 글", "썼다가 지웠다거나 쓰려고 했지만 역부족으로 쓰지 못했다거나, 처음부터 아예 쓰지 않으려고 제외시킨 것들"(234면)까지 읽어야 '잃어버린 역사'를 되찾을 수 있음을 보여준다.

아버지의 교통사고 이후 독심술이라는 초능력이 생긴 정훈. 그러나 이 초인적인 독심술보다 소중한 것은 아버지를 닮아 걸핏하면 눈물 흘리는 능력, 아무리 힘든 상황에서도 타인을 사랑하는 능력이 아닐까. 세상은 이 소년에게 가혹하다. 아직 어떤 잘못을 할 기회조차 없었던 소년에게, 세상은 끝없이 '너는 혼자'라고, 너를 도울 자는 아무도 없다고 협박한다. 하지만 소년은 그런 세상에 복수하지 않는다. 공격을 원한으로 변환하지 않는 힘, 증오를 복수로 번역하지 않는 힘, 상처를 분노로 요리 하지 않는 힘, 바로 그런 순수가 오히려 어른들에게 역사의 상처를 딛고 오늘을 살아갈 용기를 선물한다.

네가 있는 곳이 바로 땅끝이라고, 너야말로 천애고아라고 윽박지르는 세상을 향해, 소년은 속삭인다. 아직 우리에겐 타인의 상처에 공감할 수 있는 능력이 남아 있다고. 당사자가 죽어 버림으로써 영원히 휘발되어버릴 것 같은 기억도, 그의 삶을 누군가 기억해준다면, 그것을 '이야기'로 만들어 타인과 나눌 수 있다면, 사라지지 않는다고. 죽은 이의 기억을 공유하는 사람들은, 아무리 외로워도 혼자가 아님을. 소년은 이 세상 누구와도 연결되어 있지 않다는 고립감을 극복하고, 자신의 독심술을 '국가의 정보관리기술'이 아닌 '고통받는 자들의 치유력'으로 전환시킨다. 누군가 살아온 시간은 덧없이 휘발되지 않는다. 기억을 기록으로 바꾸는 사람들의 실천 속에서, 시간의 흔적은 반드시 살아남는다. 한 초능력 소년의 기억을 담은 이야기의 캡슐은, 현대인에게 역사는 '바로 우리 삶' 자체라고 속삭인다. 원더보이의 눈에 비친 광주는, 단지 고통으로 가득 찬 것이 아니라 새로운 역사적 진보를 향한 희망으로 물들기 시작한다.

- 출처: 정여울, 「역사의 망각에 저항하는, 초능력 소년의 독심술」, 『창작과비평』 제40권 2호, 창비, 2012, 379-381쪽.

예문 2

뇌과학으로 본 클림트의 키스

에릭 캔델, 이한음 옮김, 『통찰의 시대』

1987년 초가을 오스트리아 빈의 중심가에 위치한 벨베데레 궁전에서 구스타프 클림트의 '키스'를 접하고서 그림 하나가 사람의 감정과 영혼을 흔들어 놓을 수 있다는 것을 처음 경험하였다. 예술이 우리의 삶에서 차지하는 의미와 가치를 이해하기 위해서는 인간이 가진 지각, 감정, 감정이입, 학습, 기억 같은 복잡한 정신과정의 과학적인 분석이 뒷받침되어야 한다. 우리의 마음을 더 깊이 이해할수록 우리는 예술이 왜 우리에게 감동을 주고 어떻게 인간문화의 일부가 되었는지를 더 잘 이해할 수 있을 것이다.

이러한 관점에서 그동안 여러 전공에서 다양한 형식으로 예술을 논하고 뇌과학을 설명해 왔지만 지각적, 정서적, 감정이입적 측면에서 관람자의 뇌가 예술 작품에 어떻게 반응하고 그 정보를 어떻게 처리하는지를 이 책처럼 과학적으로 설명한 경우는 없었다. 이는 의대를 진학하기 전에 역사와 문학을 먼저 전공했던 저자의 독특한 이력이 토대가 되었을 것이다. 그렇더라도 오스트리아 빈에서 20세기 초에 활동한 모더니즘 화가인 클림트, 코코슈아, 실레의 그림을 들어 별로 연관성이 없어 보이는 뇌과학과 예술사, 심리학 등과 함께 한 편의 이야기로 엮을 수 있는 능력은 2000년, 기억의 기전을 밝힌 공로로 노벨 생리의학상을 받을 만큼 뛰어난 과학자이자 탁월한 인문학 소양을 갖춘 저자만이 가질 수 있는 재능이다.

다빈치의 모나리자는 보는 사람에 따라 모델의 표정이 행복해 보이기도 하지만 슬퍼 보이기도 한다. 이는 다빈치가 스푸마토라는 특수한 기법을 사용해 모나리자의 입가에 미묘한 그늘을 만들어 냄으로써 생긴 애매성의 결과로 보인다. 우리가 모나리자의 눈에 시선을 둘 때 함께 보이는 입모습과 입을 똑바로 쳐다 볼 때의 입모습에는 미세한 차이가 나타난다. 눈의 망막 한가운데 있는 중심 오목에는 얼굴, 대상, 풍경, 색깔 등을 세세하게 식별하게 해주는 추상체라는 광세포가 밀집해 있어 시선을 맞추는 사물을 정확하게 식별할 수 있게 해준다. 그러나 밤하늘의 별을 똑바로 쳐다보면 잘 보이지 않을 수 있다. 이는 별빛이 너무 약해서 망막의 중심 오목에 밀집해 있는 추상체가 반응하기 힘들기 때문인데, 이 때 눈의 구석에 별이 위치하도록 하여 보면 또렷이 볼 수 있다. 이는 망막 주변부에 주로 위치하는 광세포인 간상체를 활용하기 때문이다. 마찬가지로 모나리자의 눈에 초점을 맞추면 입주위부는 간상체로 볼 것이고, 관람자의 시선이 바로 입을 향하게 되면 추상체를 활용하여 입을 보기 때문에 모나리자의 표정이 달라질 수 있는 것이다.

이 책은 그림을 보는 관람자의 망막에서 전전두엽까지 시각 정보를 처리하는 전체 과정뿐만 아니라 감정의 무의식적인 측면과 의식적인 측면까지 설명하여 그림과 같은 예술 작품이 사람의 감정과 의식에 미치는 영향을 쉽게 이해시켜 준다. 예를 들어 단순한 선으로 그려진 신문의 만평이나 눈이나 코처럼 얼굴을 구성하는 특정 부위를 과장해서 그리는 캐리커쳐가 우리의 시선을 이처럼 강하게 끄는 이유는 무엇일까? 이는 사람의 시각 처리 능력이 선의 가장자리를 윤곽으로 해석하여 이차원적인 배경을 삼차원적인 형상으로 보여줄 수 있기 때문이다. 이처럼 사람의 시각 처리 과정은 단순히 세상을 바라다보는 카메라와 달리, 인간 내면의 세계와 접목하여 창작하는 기전이라는 사실을 모더니즘의 작품을 감상하는 우리의 눈을 통해 독자들이 쉽게 이해할 수 있게 해주는 점이 저자의 또 다른 탁월한 능력인 것이다.

『통찰의 시대』는 학문 분야가 세분화 되어 가는 시대의 흐름과는 역설적으로 학문 융합의 중요성을 우리에게 다시 한 번 일깨워 주는 한편, 지성사의 새로운 지평선을 열어줄 것임을 믿어 의심치 않는다. 또한 연관성이 거의 없어 보이는 뇌과학과 인문학의 접목을 통해, 과학과 예술의 각기 다른 창의성의 토대가 마련될 수 있다는 사실을 알려준 저자에게 찬사를 보낸다. 스티브 잡스가 제조업에 인문학을 영입하였다면, 이 책의 저자 에릭 캔델은 예술에 뇌과학을 초대하여 독자들에게 또 다른 무의식의 세계를 느끼고 볼 수 있게 해줄 것이다.

– 출처: 황병용, 「뇌과학으로 본 클림트의 키스」, 『금주의 서평』 213호, 국회도서관, 2015. 1. 28에서 윤문, http://www.nanet.go.kr/attachfiles/arrivalinfo/PDF_1422410332829.pdf(검색일: 2018. 10. 21.).

- 서평의 대상이 된 책의 분야를 고려하여 〈예문 1〉과 〈예문 2〉를 읽은 후, 서평문의 특징이 드러난 부분을 찾아보자.
- 필자가 대상이 된 책을 어떻게 해석하고 평가하는지에 대해 이야기해 보고, 서평자의 관점과 견해에 대한 생각을 나누어 보자.

쓰기 활동 1

자신이 읽은 책 중에서 다른 사람에게 추천하고 싶은 책 5권을 선정하고, 책을 선정한 기준과 추천한 이유에 대해 작성해 보자.

순서	책 제목	선정 기준 및 추천 이유
1		
2		
3		
4		
5		

쓰기 활동 2

〈쓰기 활동 1〉에서 추천한 책 중에서 한 권을 골라 서평문을 작성해 보자.

2) 문화비평문 쓰기

(1) 문화비평문은 어떤 글일까?

문화비평문은 문화 텍스트의 의미를 해석하고, 그 가치와 의의를 평가함으로써 독자들의 감응을 이끌어내고자 하는 글이다. 문화비평문을 쓰기 위해서는 비평 대상이 되는 문화 텍스트의 성격을 명확히 할 필요가 있다. 문화 텍스트의 의미를 어의에 따라 살펴보면, '문화와 관련된 텍스트'라고 할 수 있다. 그런데 문화는 오랜 시간 우리 일상과 가까이 있었음에도 불구하고, 대상과 범위를 쉽게 규정하기 어려울 만큼 복잡한 양상을 띠고 있다. 그러다보니 문화 텍스트의 개념 또한 정의하기가 수월하지 않다.

현대에 들어 과학 기술이 급속도로 발전하고, 특히 디지털 기술이 크게 성장하면서 문화의 자장은 더욱 확장되고 다채로워지고 있다. 현대 사회의 문화적 다양성은 신문이나 방송의 문화 부분을 살펴보면 쉽게 이해된다. 문화 부분의 하위 분야를 보면, 그림·연극·무용·음악·영화와 같은 전통적인 문화 장르는 물론, 텔레비전과 라디오 프로그램·광고·대중가요·만화·컴퓨터게임·웹소설·웹툰 등 보다 새로운 장르들이 이름을 올리고 있다. 이에 더해 '노멀크러시·소확행' 따위와 같이 우리 일상에 나타나는 온갖 문화현상까지도 문화의 영역 안에서 이야기되고 있다. 이는 오늘날 대중들에게 통용되는 문화에 대한 인식을 보여주는 것으로, 문화 텍스트의 세부 장르로 보아도 무방할 것이다.

이와 같은 문화 텍스트의 다채로운 성격을 고려했을 때, 다양한 문화적 장르는 물론, 일상의 문화적 사건이나 현상, 생활 방식, 특정한 이데올로기까지도 문화비평문의 대상이 될 수 있음을 알 수 있다. 따라서 문화비평문은 텍스트 자체에 대한 해석과 함께, 텍스트의 경계를 넘어선, 텍스트를 둘러싸고 있는 외부 맥락의 의미에 대해서도 통찰하고 해석하려는 글쓰기인 것이다.

한편, 이러한 외부 맥락에 대한 관심으로 인해, 문화비평은 텍스트의 생산자나 창작자보다 수용자의 입장을 중시하는 경향을 보이기도 한다. 문화의 성장과 쇠락은 대중들의 선택과 취향에 의해 크게 좌우되기 때문에 문화 수용자의 동향을 항상 주의 깊게 살피고 있는 것이다. 따라서, 문화 수용자로서 대중들이 어떤 문화 텍스트를 선택하는지, 어떠한 방식으로 문화 텍스트를 체험하는지, 어떻게 문화 텍스트에 감응하는지와 같은 수용자의 향유 방식을 탐문하고 이에 대한 해석을 시도한다. 따라서 문화비평문은 대중들의 문화적 욕망과 취향 등을 파악하려는 글쓰기이기도 하다.

또한 문화비평문에서는 문화 텍스트가 생산되고, 유통되며, 소비되는 일련의 과정도 주목하고 있다. 오늘날 문화 텍스트가 소통되는 방식을 보면, 과거에는 상상할 수 없는 새로운 방법들이 많다. 예를 들어, 예전에는 어떤 노래를 소장하려면 음반을 사야했지만, 이제는 대부분 음악 관련 온라인 사이트에서 내려받기를 한다. 이로 인해 음악 산업의 지형도에 변화가 생겼고, 10대 청소년들이 주요한 소비자층으로 부상하는 현상이 일어났다. 요컨대, 과거와 다른 유통과 소비 방식이 음악을 둘러싼 다양한 문화적 사건과 현상을 만들어 내고 있는 것이다. 이 예시가 보여주듯이, 문화비평문은 어떠한 문화적 요구가 특정 텍스트의 생산을 이끌었는지, 그 텍스트의 유통과 소비 방식의 변화가 우리 사회와 문화에 어떤 영향을 미치는지 등의 문제에 주의를 기울인다. 나아가 이러한 현상의 의미를 규명하고 그것의 가치와 의의를 평가하는 글쓰기이다.

(2) 문화비평문을 어떻게 쓸까?

문화비평문을 쓸 때는 텍스트 자체의 의미를 해석하는 일도 중요하지만, 이와 더불어 시대에 따라 변모해 가는 텍스트의 사회적 의미나 다양한 문화현상에도 깊이 주목해야 한다. 따라서 문화비평문을 쓰기 위해서는 텍스트를 감상하는 것 외에 문화의 시대적 흐름과 변화를 포착하는 안목을 갖추려는 노력이 필요하다. 그렇다면 문화비평문을 쓰기 위해서 어떤 태도와 방법이 유용한지 좀 더 알아보자.

첫째, 텍스트를 자신의 관점으로 감상하고 탐색해야 한다. 비평문의 핵심은 어떤 대상이 지니고 있는 가치와 의미를 자신의 관점으로 해석하고 평가하는 데 있다. 문화 텍스트는 그 다양성과 전문적 성격 때문에 많은 사람들이 텍스트에 대한 감상과 해석을 어려워하거나, 자신의 안목을 불신하는 경향을 보인다. 그래서 이른바 관련 분야 전문가들의 평가에 의지하거나, 그들의 견해를 정석처럼 수용하는 경우가 많다. 전문가들의 평가와 해석은 참고할 만하지만, 그것이 나의 평가가 될 수는 없다.

자신의 고유한 생각을 잘 표현한 글이 좋은 글임을 생각한다면, 좋은 비평문은 자신만의 관점이 잘 드러난 글이라고 할 수 있다. 따라서 참신하고 개성 있는 문화비평문을 쓰기 위해서는 다소 서툴더라도 자신의 관점으로 텍스트를 감상하고, 의미를 해석해 내며, 그 가치와 의의를 발견하려는 노력을 해야 한다.

둘째, 폭넓은 자료 수집을 통해 텍스트를 충분히 이해해야 한다. 모든 비평문이 그러하듯 문화비평문 쓰기도 대상 텍스트에 대한 성실한 감상과 바른 이해로부터 출발한다. 그런데 문화 텍스트는 그 영역이 계속 확장되고 있을 뿐만 아니라, 유형도 매우 다양해서 대중에게 낯선 분야가 많다. 텍스트를 이해하기 위해 아무런 노력도 기울이지 않고 무작정 감상을 하게 된다면, 감상도 제대로 이루어지지 않을 뿐만 아니라, 텍스트의 가치와 의의를 평가하는 데까지 나아가기가 매우 어렵다. 좋은 문화비평문을 쓰려면 텍스트에 대한 정확한 이해가 바탕이 되어야 한다. 관련된 정보와 자료 수집을 통해 다양한 배경지식을 확보한다면, 텍스트를 심층적으로 이해하는 데 많은 도움이 될 것이다.

셋째, 텍스트의 매체적 특성을 고려해야 한다. 문화 텍스트는 제각각인 장르만큼이나 그 매체적 특성 또한 다채롭다. 따라서 문화비평문을 쓸 때는 이러한 매체적 특성을 충분히 고려해서 텍스트에 대한 분석과 해석이 이루어져야 한다. 동일한 텍스트를 두고도 어떤 매체를 활용하느냐에 따라 텍스트의 내용과 형식, 나아가 대중의 향유 방법까지도 달라질 수 있기 때문에 텍스트의 매체적 특성은 소홀히 다룰 문제가 아니다. 예를 들어 셰익스피어의 희곡 〈로미오와 줄리엣〉은 영화, 뮤지컬, 교향곡 등 다양한 방식으로 제작되었다. 각기 다른 매체로 제작된 〈로미오와 줄리엣〉을 동일한 방식으로 비평해서는 각 텍스트의 진면목이 드러나지 않는다. 영화는 영상 매체로서, 뮤지컬은 공연 매체로서, 교향곡은 악곡으로서의 특성이 고려되어야 하는 것이다. 여기서 나아가 이러한 매체적 특성이 텍스트의 주제를 구현하거나 창작자의 문제의식을 표현하는 데 어떻게 작용하는가와 같은 해석적 질문에까지 닿을 수 있어야 할 것이다.

넷째, 사회·문화적 맥락에서 텍스트의 가치와 의의에 대한 해석이 필요하다. 문화 텍스트는 사회·문화적 요구에 따라 새롭게 만들어지기도 하고, 과거의 텍스트를 다시 불러내기도 하며, 때로는 더 이상 소통되지 못하고 사라지기도 한다. 이는 문화 텍스트가 당대 대중의 선택과 취향, 시대적 요청에 따라 생산되고 향유되는 것임을 보여준다. 따라서 문화비평문에서는 대상 텍스트를 사회·문화적 맥락에서 탐문하고 의미화함으로써 텍스트의 가치와 의의를 평가해야 한다.

다섯째, 글이 논리적인 체계를 갖추어야 한다. 문화비평문은 필자의 소견이나 평가에 대해 독자들의 공감을 유도하는 설득적인 글이다. 독자들을 합리적으로 설득시키기 위해서는 글이 논리적이어야 한다. 즉, 주장과 근거를 분명히 하고, 세부 내용이 체계적으로 연결되어야 한다. 이를 위해서는 우선, 대상 텍스트에 대한 필자의 중심 생각을 명료하게 확립해야 한다. 이어 주제를 뒷받침할 수 있는 필자의 견해를 정리하고, 이에 대한 타당한 근거를 갖춘 다음, 짜임새 있는 구성에 따라 글을 전개해 나가야 한다.

생각 나누기 2

다음의 〈예문 3〉은 2016년에 개봉한 영화 「곡성」에 대한 비평문이다.

예문 3

극한의 공포 「곡성」의 악(惡)이 범상치 않은 이유

감독은 자신의 말을 신뢰하지 않는 자에게 꽤 오랫동안 시달린 게 틀림없다. 그렇지 않다면 믿어주지 않은 사람들에게 이토록 큰 벌을 내리는 영화를 만들지는 않았으리라. 「곡성」은 믿음에 관한 영화다.

마을에 이유를 알 수 없는 살인사건들이 잇따라 벌어진다. 가해자들은 범죄를 저지르기 직전에 하나같이 피부병을 앓고 귀신에 들린 것 같은 행동을 했다. 주인공은 경찰이다. 얼마 전부터 마을에 일본에서 왔다는 정체불명의 사내가 출몰하고 있다. 일본인에 관한 좋지 않은 소문이 많다. 주인공은 이 일본인이 사건과 관련이 있을 것이라는 심증을 갖는다. 그러다 주인공의 딸이 피부병과 귀신들림 증상을 보이기 시작한다. 주인공은 다급해진다. 주인공은 일본인을 찾아가 마을을 떠나라고 협박한다. 딸을 구하기 위해 용하기로 소문난 박수무당이 마을에 도착한다.

「곡성」은 다 보고 나서도 꽤 많은 수수께끼를 남기는 영화다. 황정민이 돈벌이를 위해

악령을 불러들인 것인가, 아니면 같은 미놀타 카메라를 사용하고 훈도시를 입는 둘이 처음부터 협력한 것인가, 왜 곡성 지킴이 천우희는 일본인을 귀신으로 단정 지으면서도 주인공에게 죄 없는 사람을 의심해서 죽게 만들었다고 말했나.

주어진 상황만 가지고 판단할 때 딸을 해한 건 일본인이 아니라 황정민이며 굿판 대결은 편집이 그렇게 되어 있을 뿐 서로 다른 대상을 향한 굿이었다는 것, 딸을 해함으로써 주인공이 일본인에 대한 증오를 폭발시키게(미끼를 '삼키게') 황정민이 의도했다는 것, 일본인과 황정민은 같은 종류의 수련을 받은 것인지는 몰라도 어찌 됐든 동일한 방식으로 영을 수집하는 악행을 저지르고 있고 황정민은 주인공의 영을 확보하고 일본인은 끝내 악마로 각성하는 데 성공한다는 것 정도로 정리할 수 있겠다. 그러나 「곡성」에서 이와 같은 사실 관계를 정리하는 작업은 관객의 사후 유희를 제외하면 별 의미가 없다. 이것은 모두 애초 감독이 의도하고 의뭉스럽게 흩뿌려놓은 이야기다. 결국 어떻게 생각하든 상관없다는 태도의 결과물인 것이다. 이 영화를 만든 사람의 비전이 집중력 있게 주력해서 보여주고자 하는 건 오로지 곡성 지킴이 천우희의 말을 믿지 못하고 정황에 현혹되어 잘못된 판단을 내리는 주인공의 선택이다. 그리고 주인공은 되돌릴 수 없는 파국적 결말을 맞는다. 가혹하다.

믿음에 관련해 이 영화는 시작부터 끝까지 기독교 인용을 꽤 많이 하는 편이다. 예수가 죽음에서 부활한 후 제자들이 의심하자 이를 꾸짖는 대목을 직접적으로 인용하고 악마로 각성해 부활한 일본인이 성흔을 드러내면서 사제를 희롱하며 천우희는 '닭이 세 번 울 때까지'라는 조건을 달아 상대의 믿음을 시험대에 올린다. 그러나 보지 않고도 믿을 것을 종용하고, 또 그것을 받아들이는 건 인간에게 너무 버거운 일이다. 그런 의미에서 볼 때 「곡성」이 보여주는 비극은 선택의 문제라기보다 인간에게 애초부터 내재되어 있는 한계로부터의 어쩔 수 없는 결말에 가깝다.

「곡성」에서 배우들의 연기는 곽도원부터 김환희에 이르기까지 균질하고 흠잡을 데가 없다. 현장에서 잘 조율된 결과물이라는 티가 많이 난다. 구니무라 준의 존재감은 각별하다. 원안대로 기타노 다케시였다면 더 좋지 않았을까 생각해보았으나 끝까지 보고 생각을 고쳤다. 그중에서도 황정민이 대단하다. 이건 기록될 만한 연기다. 역할 때문에 그저 밖으로 내지르는 장면들이 먼저 눈에 들어오겠지만 영화가 진공 상태에 빠졌을 때마다 디테일을 채워주는 건 거의 다 황정민이다. 영리한 배우다. 분량과 상관없이 말이다. 「죠스」에도 정작 상어는 몇 분밖에 나오지 않는다.

영화를 보면서 오컬트 한·일전, 조선 「컨저링」 같은 우스개를 몇 가지 떠올렸지만 금방 지워버렸다. 「곡성」은 장르적 소재를 다루면서도 기존 관객에게 익숙할 만한 장르적 해법으로 이야기를 풀어나가는 대신 상황의 현실적인 면모와 일상성을 강조하기 때문이다. 「곡성」은 살인과 영적 능력, 귀신, 귀신들림, 엑소시즘, 살아 있으면서도 죽은 사람, 위악적일 정도로 많은 성경 인용, 샤머니즘 등의 장르적인 소재를 엄청나게 쏟아낸다. 그러나 이 영화를 본 사람들 가운데 누구도 같은 종류의 소재를 다룬 호러 영화를 본 것 같은 느낌을 「곡성」에서 받지는 못했을 것이다. 이를테면 「컨저링」과 「곡성」은 유사한 갈등 양상을 보여주지만 구조와 분위기는 완전히 정반대를 향하고 있다는 이야기다.

즉 이 영화에서 공포의 순간은 관객이 예상할 만한 순간에 예상할 만한 방식으로, 그러니까 장르적인 공식 안에서 운용되기보다 극중 현실 안에 그냥 '발생되어'져 있다. 나는 악이 어떤 사연과 이유를 가지고 탄생하는 게 아니라 그냥 발생하는 것이라는 생각을 가지고 있다. 내가 꽤 좋아하는 괴담의 마지막에서 "대체 왜 나냐."라는 희생자의 절규 앞에서 귀신은 이렇게 말한다. "그냥." 그런 종류의 우연과 무작위성이야말로 공포를 배가시킨다. 아귀가 딱 들어맞는 설명은 음모론이나 꾸며낸 이야기 속에서만 존재하지, 대개의 경우 현실은 그렇지 않기 때문이다. 기껏 쌓아올린 서스펜스와 공포를 마지막에 설명 가능한 사연을 통해 스스로 허물어버리는 영화들을 수없이 많이 보아왔다.

「곡성」이 장르적인 소재들을 일상의 맥락 위에 별 이상할 것 없다는 식으로 포섭하는 태도는 구로사와 기요시 영화의 공기와 닮아 있다. 구로사와 기요시 영화에서 악은 공포를 만들어내기 위한 장치가 아니라 그냥 영화 속 현실 안에 스며들어 있고, 그렇기 때문에 별다른 무대장치나 효과 없이 귀신이나 살인이 등장해 영화의 분위기를 묘하게 정적으로, 그러나 참을 수없이 무섭게 만든다. 「곡성」은 우리에게 익숙한 지방색과 배우들의 탈장르 연기를 통해 일상성을 구축하면서 그 위로 초현실적인 이미지들을 아무렇지 않게 배치하여 구로사와 기요시 영화에서 보았던 효과들을 폭발적으로 배가시킨다.

그래서 「곡성」은 시종일관 매우 이상한 공기를 뿜어낸다. 이건 매우 이상한 영화다. 지금이라서 더욱더 이상한 영화다. 한국 영화가 급속하게 산업화되고 어느 정도 예측 가능한 시장적 면모를 갖추면서 2000년대 중·후반 이후로 사라졌던, 바로 그 불온하고 기이한 에너지가 고스란히 발견된다. 이러한 에너지를 계속 가지고 작업할 수 있는 감독은 지금 한국에 몇 명 남아 있지 않다. 이 '불온하고 기이한' 영화가 평단과 관객으로부터 꽤 많은 지지를 이끌어내고 있는 현상이야말로 「곡성」과 관련해 벌어진 가장 이상한 일임에 틀림없다. 거기에는 여러 가지 이유가 있겠으나, 최근 수년째 서로 크게 별다를 것 없는 기획성 영화들이 한국 영화의 팔 할을 차지하고 있다는 피로도와 그에 대한 반작용이 낳은 결과라고 생각한다. 무언가 같은 영화를 보고 그것의 이상하고 불온하며 무시무시한 지점에 관해 갑론을박하고 왁자지껄하게 떠드는 즐거움을 우리는 너무 오래 잊고 살았다.

– 출처: 허지웅, 「허지웅의 경사기도권: 극한의 공포 「곡성」의 악(惡)이 범상치 않은 이유」, 『씨네 21』, 2016. 5. 16, http://www.cine21.com/news/view/?mag_id=84082(검색일: 2018. 8. 6.).

- 이 글의 주제를 생각해 보고, 필자의 비평적 시각이 돋보이는 부분에 대해 이야기해 보자.
- 이 글에서 영화비평문만이 가지고 있는 비평적 특징을 찾아보고, 텍스트의 매체적 특성을 고려해야 하는 다른 문화비평 분야에 대해서도 이야기해 보자.

쓰기 활동 3

최근에 관심을 갖고 있는 영화 한 편을 감상한 후, 다음에 제시한 질문을 참조하여 영화비평문을 작성해 보자.

감독의 창작 의도는 무엇일까?

- 감독은 영화를 통해 무엇을 말하고자 하는가?
- 감독의 가치관이 잘 드러나는 부분은 어디인가?
- 감독의 개성과 재능이 돋보인 부분은 어떤 장면인가?

영화의 구성 요소는 주제를 잘 부각하고 있는가?

- 영화의 내용은 개연성과 흥미를 고려해서 잘 구성되었는가?
- 영화의 각 캐릭터는 주제를 잘 반영하고 있는가?
- 연기자들의 연기는 주어진 역할을 충분히 구현하고 있는가?
- 영화의 다양한 기술적 요소-촬영 기법, 음향 효과, 배경 음악, 미술 효과 등-는 주제를 드러내는 데 어떤 영향을 끼치고 있는가?

영화의 가치와 의미는 무엇인가?

- 이 영화는 영화사에서 어떤 의미가 있는가?
- 영화 속에 드러나는 시대 의식은 무엇인가?
- 이 영화가 우리 사회에 던지는 메시지는 무엇인가?
- 이 영화는 우리 사회에 어떤 영향을 끼쳤는가?

생각 나누기 3

다음의 〈예문 4〉는 현대 사회의 중요한 소통 수단인 휴대폰과 관련된 사회적 현상을 분석하고 해석한 글이다.

예문 4

휴대폰에 대하여

손거울 대신 휴대폰을 보며 옷매무시나 화장을 다듬는 젊은이들을 발견하는 것은 그리 어려운 일이 아니다. 철학자 김영민의 말처럼, 휴대폰은 '거울 사회'를 보여주는 징후적 표상체 같은 것일지도 모르겠지만, 또한 이렇게 휴대폰은 일상생활에서 엄연히 '거울'노릇을 하고 있는 듯하다. 손거울이 사라진 자리를 차지한 휴대폰. 이것은 무엇을 뜻하는 걸까.

물론 휴대폰에 비친 영상이 손거울보다 선명할 수는 없을 것이다. 만약 그랬다면, 이 세상의 거울은 씨가 말라버리고, 거울 장사가 모조리 문을 닫아야 했을지도 모를 일이다. 이 농담 같은 역설적 진담은 휴대폰을 거울 대용으로 쓰는 행위가 반드시 휴대폰이 거울과 동일하기 때문에 발생하는 게 아닐지도 모른다는 상상을 하도록 만든다. 휴대폰과 거울은 분명 다른 물건이다. 이것은 쓰임새가 다르다. 물론 오늘날 휴대폰이 화장 보조 도구로 사용되듯이, 옛날에 거울이 통신 보조 수단으로 제 몫을 다했던 것도 사실이다. 그러나 거울과 휴대폰의 기능이 서로 우연하게 닮았다고 해서 이 둘을 본질적으로 같은 것이라고 심각하게 주장하는 것은 농담 이상의 의미가 없다.

휴대폰에 비친 영상은 거울보다 선명하지 않다. 여기에 하나의 암시가 숨어 있다. 휴대폰은 거울보다 사진에 더 가까운 것이라고 해야 옳다. 거울을 볼 때 우리는 거울이 우리를 본다고 생각하지 않는다. 거울은 어디까지나 우리가 우리를 보기 위한 보조수단이다. 거울은 '시선'을 보여주지 못한다. 다만 우리에게 그 시선을 상상하도록 만들 뿐이다. 그러나 휴대폰은 이런 거울과 완전히 다른 역할을 한다. 휴대폰에 비친 영상은 우리가 우리를 보는 게 아니다. 이때 우리를 보는 건 휴대폰이다.

고쳐 말하자면, 사진을 볼 때 우리는 사진을 보는 게 아니라 카메라와 매개된 시선을 보는 거다. 사진사는 그 시선을 작동시키는 행위자에 불과하다. 사진사는 자신의 눈으로 사진을 찍는 게 아니다. 사진사는 '잘 나온 사진'을 위해 사진을 찍기 때문이다. 사진이 영화의 출현을 예견했다는 건 이런 맥락에서 나온 말이다. 영화를 볼 때 우리는 앉아 있는 게 아니라 공중에서 날고 있는 것이라는 말도 같은 맥락이다.

그러므로 휴대폰의 카메라를 통해 액정에 비친 자신의 모습을 본다는 건 예삿일이 아니다. 이건 자기가 나온 영화를 자기가 보는 것과 같다. 비디오에 찍힌 자신의 모습에 한 번쯤 낯선 느낌을 받았던 사람이라면 이 말의 뜻을 짐작할 수 있을 거다. 그러나 요즘 젊은 세대에게 비디오에 찍힌 자신의 모습은 더 이상 낯선 느낌이 아니다. 이런 친숙함이 이들에게 거울 대신 휴대폰을 꺼낼 수 있게 만드는 것이다.

이들에게 중요한 건 이미지의 선명도가 아니다. 얼마나 대상의 사실성을 정확하게 재현하는가 하는 문제는 이들에게 별반 관심 사항이 아니다. 오히려 이들은 상징적 외피를 걷어낸 사실성에 버거워한다. 결국 이들에게 필요한 것은, 나를 선명하게 인식할 수 있는 거울의 반성이 아니라, 나를 상징적으로 정립시켜 줄 휴대폰의 시선이다. 마치 요즘 젊은이들이 실제 대화보다 휴대폰 메시징을 통해 더욱 속 깊은 얘기를 나누는 것과 같은 이치다. 사람들에 따라 이런 현상을 일러 인간의 본질로부터 너무 벗어난 일이라고 할 수도 있겠다. 그러나 보기에 따라서 이런 과정은 인간 존재의 조건을 더욱 명확하게 드러내는 일일 수도 있을 것 같다.

– 출처: 이택광, 「이것이 문화비평이다」, 자음과모음, 2011, 245-246쪽.

- 이 글에서 제기하는 문제의식을 찾아보고, 필자가 말하고자 하는 주제에 대해 이야기해 보자.
- 이 글에 드러난 필자의 관점과 견해에 대한 각자의 생각을 발표해 보자.

쓰기 활동 4

최근 대중의 높은 관심을 끌었던 하나의 사건이나 현상을 고른 후, 그에 반영된 사회적·문화적 의미를 탐색하고 평가하는 비평문을 작성해 보자.

제5장

비판적 사고를 위한 글쓰기

1. 비판적 사고와 판단 이해하기
2. 분석하기와 논증의 방법
3. 논술문과 칼럼

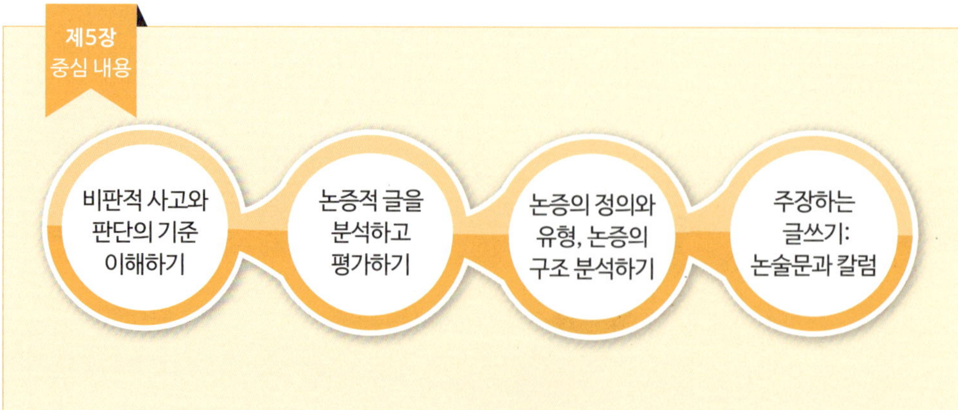

1. 비판적 사고와 판단 이해하기

비판적 사고는 다양한 문제들에 대한 자신의 판단기준을 명확하게 세우는 것으로부터 출발한다. '비판'이라는 단어는 원래 고대 그리스에서 '가르고 나누는 활동'을 의미하는 'krinein'에서 유래한 말이다. 비판한다는 것, 혹은 비판적으로 사고한다는 것은 우선 타인의 생각과 나의 생각을 명확하게 가르고 나눈다는 의미를 지니고 있다.

인간은 매 순간 참과 거짓, 옳음과 그름, 좋음과 나쁨, 혹은 아름다움과 추함을 가르는 판단을 수행한다. "지구는 둥글다."는 참과 거짓의 구분과 관련된 과학적 판단이며, "거짓말을 하는 것은 나쁘다."는 것은 옳음과 그름, 좋음과 나쁨 등에 관계하는 도덕적·윤리적 판단의 일종이다. "피카소의 작품은 훌륭하다."라든가, "장미는 아름답다."고 생각하고 이를 말로 표현하는 것은 미와 추에 관계된 미적 판단이다. 이처럼 우리의 일상생활 대부분은 진·선·미와 관련된 판단의 연속으로 이루어져 있다고 해도 과언이 아니다. 비판적 사고는 이러한 판단과 관련하여 각각의 판단들에 내재해 있는 판단의 기준을 명확하게 제시하거나 이를 찾아내는 사고 활동을 의미하며, 더 나아가 이러한 판단의 기준이 과연 정당한 것인가를 심문하는 활동을 뜻한다.

예를 들어 "정의란 강자의 이익이다."라는 판단에는 "정의로움은 곧 힘"이라는 판단 기준이 전제되어 있다. 누군가가 정의롭다는 것은 강자에게 이익이 되는 것을 의미한다고 주장한다면, 우리는 이 판단에 내재해 있는 '정의로움=힘'이라는 등식이 정당한가를 두고 논쟁을 벌일 수 있다. 또한 이러한 판단을 주장하는 사람은 자신의 판단에 내재해 있는 기준이 왜 정당한 것인지를 여러 사람들에게 설득하는 과정에서 타인의 이해와 동의를 구해야 한다. "여자는 여자로 태어나는 것이 아니라 여자로 만들어지는 것이다."라는 판단도 마찬가지다. 이 판단에는 "여자≠생물학적 성"이라는 판단 기준이 내재해 있다. 따라서 이 판단을 지지·논박하려는 사람은 여성과 생물학적 성으로서의 여성이 같다면 왜 같은지, 다르다면 왜 다른지를 우선 제시해야만 한다. 때문에 비판적으로 사고한다는 것은 사안에 대한 판단을 명확하게 제시하는 한편, 해당 판단에 내재한 기준을 섬세한 논리적 감각을 통해 정교화 하는 활동이다.

2. 분석하기와 논증의 방법

1) 분석, 이해, 평가

글쓰기는 비판적 사고능력을 가장 많이 필요로 하는 장이다. 대학에서 학생들에게 부과되는 대부분의 글쓰기에는 어떤 문제에 대한 자신의 입장이 명확하게 반영되어야 한다. 이 때문에 다양한 장르의 글 가운데에서도 시사적인 문제에 대한 자신의 견해를 펼치는 칼럼이나 어떤 사안에 대한 자신의 견해를 밝히는 논술문이야말로 비판적 사고를 가장 많이 필요로 하는 글쓰기 장르다.

칼럼, 시사평론, 신문사의 사설 등은 비판적 사고를 토대로 하여 정형화된 논증들을 포함하고 있다. 이러한 유형의 글들은 글쓰기의 소재가 되는 현안에 대한 명확한 분석과 이해를 전제로 하여, 이를 지지 또는 논박하는 논증으로 구성된다. 이러한 유형의 글을 잘 쓰기 위해서는 먼저 글을 통해 다루고자 하는 현안을 정확하게 이해·분석하고 이에 대한 자신의 견해를 논증으로 구성할 수 있어야 한다. 이제 이러한 내용을 바탕으로 하여 한 편의 글에서 비판적 사고가 어떻게 발휘될 수 있는지, 글쓰기와 비판적 사고가 어떤 관련을 갖는지 살펴보도록 하자.

예문 1

어느 사회에서나 물질적 진보가 이루어지면 빈곤과 그 부수적인 문제가 같이 나타난다. 이 엄청난 사실을 통해 우리는 진보가 일정한 단계에 이른 곳마다 존재하는 사회문제는 어느 지역의 특수한 사정에 기인하는 것이 아니라 어떤 식으로든 진보 그 자체에서 발생됨을 알 수 있다.

인정하고 싶지 않은 사실이지만, 금세기에 들어 생산력이 엄청나게 증가했고 또 지금도 빠르게 증가하고 있는데도, 극심한 빈곤을 퇴치하거나 고통 받는 노동자의 짐을 덜어주는 경향은 보이지 않는다. 오히려 빈부격차를 더 심하게 하고 생존경쟁을 더 치열하게 만들고 있다. 꼬리를 이은 발명의 덕으로 인류는 한 세기 전에는 꿈도 꾸지 못한 힘을 가졌지만, 고도의 노동 절약적 기계장치를 갖춘 공장에서 어린이들이 일에 시달리고 있다.

새로운 힘이 만개한 사회에서 대중은 자선에 의지해서 살아가거나 그 한계선상에 있다. 한편에서는 거대한 부를 축적하고 있는데 여전히 굶주리는 사람들이 있으며, 갓난아이들은 나오지도 않는 엄마 젖을 빨고 있다. 어느 곳에서나 재산을 탐내고 부를 숭상하는 것을 볼 때 궁핍을 몹시 두려워하는 것을 알 수 있다. 약속의 땅은 신기루처럼 우리 앞에서 날아가 버린다. 지식나무의 열매도 손대면 부스러지는 소돔의 사과(apple of Sodom)처럼 우리가 얻는 순간 변질된다.

부가 엄청나게 증대된 것도 사실이고 평균적으로 보아 더 안락해지고 여가도 많아지고 교양이 향상된 것도 사실이지만 이러한 개선이 일반화되지 못했다. 사회의 최하층은 개선의 혜택을 누리지 못하고 있다. 최하층의 상태가 어느 곳에서나 어느 면에서 전혀 개선된 점이 없다는 뜻이 아니라, 생산력 증가에 따른 개선은 어느 곳 어느 면에도 없다는 뜻이다. 이른바 물질적 진보라고 하는 추세는 건강하고 행복한 인생의 필수 요소를 기준으로 볼 때, 최하층의 상태를 개선해 주지 못한다. 아니 실제로는 최하층의 상태를 오히려 압박한다. 새로운 힘은 기본적으로 사회를 향상하게 하는 효과가 있지만, 오랫동안 품어온 희망과 믿음과는 달리 사회구조의 밑바닥에서부터 작용하지 않고 상층과 하층의 중간 어느 지점에 작용한다. 마치 커다란 쇄기가 사회의 밑바닥이 아니라 그 한가운데를 관통하는 것과 같다. 그리하여 분리점의 상층에 있는 사람들은 향상되지만 하층에 있는 사람들은 부서지고 만다.

– 출처: 헨리 조지, 김윤상·박창수 옮김, 『진보와 빈곤–땅은 누구의 것인가』, 살림, 2012, 132–134쪽.

〈예문 1〉은 19세기 미국의 사회개혁 사상가 헨리 조지(Henry George)의 대표작 『진보와 빈곤』의 일부를 발췌 인용한 것이다. 『진보와 빈곤』은 생산력의 비약적 발전으로 부의 막대한 증가를 이룬 19세기 자본주의 현실에도 불구하고 도처에서 빈곤이 심화되는 근본 원인을 소수의 토지 독점에서 찾아내고, 지대 조세제의 도입을 통해 사회적 빈곤의 심화와 부의 불균형을 해결해야 한다는 헨리 조지의 독창적인 사상을 담고 있는 고전이다. 인용문에서는 필자의 사상이 본격적으로 거론되고 있지는 않지만, 우리는 위 예문으로부터 적어도 진보와 빈곤이 반비례 관계를 형성하고 있지 않다는 사실을 끌어낼 수 있다.

위 예문은 "물질적 진보는 빈곤을 심화한다."라는 판단을 독자에게 드러내 보임으로써, 일반적인 상식과는 달리 물질적 진보가 빈곤을 초래한다는 파격적인 주장을 설파하고 있다. "물질적 진보가 빈곤을 초래 한다."는 판단의 근저에 놓인 기준은 여러 가지로 분석해 볼 수 있다. 우선 진보에 대한 저자의 관점이다. 이 글에서 저자는 "진보는 항상 좋거나 옳은 것이 아니다."라는 가치판단을 내리고 있으며, 더 나아가 '진보=빈곤의 심화'라는 등식을 통해 진보를 물질적 부의 증대라는 양적인 관점에서 바라보는 일반적 관점에 도전하고 있다. 요컨대 저자의 판단에 내재한 진보의 판정 기준은 '양'이 아니라 '질'에 놓여 있으며, 이러한 기준에 입각하여 "빈곤의 심화가 진보로부터 비롯된다."는 판단을 제시하고 있는 것이다. 또 다른 예문을 살펴보자.

예문 2

'출판의 자유'가 정부의 타락이나 전횡(專橫)을 막아주는 중요한 장치의 하나라는 사실을 굳이 강조하던 때는 이미 지났다. 사실 그렇게 믿어도 될 것이다. 따라서 인민의 이해관계와는 동떨어진 입법자나 행정 책임자가 인민에게 어떤 의견을 강요하고 특정 교리나 주장에 대한 접근을 제한하는 것이 용납될 수 없다는 사실을 굳이 언급할 필요가 없을 것이다. 더구나 이런 문제에 대해서는 이미 과거에 많은 논객들이 훌륭한 주장을 폈기 때문에 내가 이 책에서 더 거들 이유는 없다. 비록 오늘날 영국의 출판에 관한 법이 튜터 왕조 시절만큼이나 억압적이기는 하지만, 반란의 물결 때문에 고위 관리와 법관들이 제정신을 잃고 일시적으로 혼란 상태에 빠졌던 때를 제외하고는, 정치적 논란을 둘러싸고 실제적으로 이 자유가 침해되는 일은 거의 없었다. 그리고 일반적으로 말해서 인민에 대해 전적으로 책임을 지는 국가든 아니든 인민의 자유를 전면 억압하겠다고 노골적으로 나서지 않는 한, 민주주의 국가에서 정부가 가끔씩 사람들의 의사표현을 통제하려 한다고 해서 특별히 두려워할 이유는 없다. 그러므로 정부와 인민이 완전히 하나이고, 인민의 합의가 없는 한 정부가 그들의 자유를 강제로 구속하는 일은 아예 생각도 하지 않는다고 상정하자. 그러나 나는 인민이 스스로든 정부를 통해서든 그렇게 강제할 권리는 가지고 있지 않다고 생각한다. 그런 권력은 어떤 정당성도 갖지 못한다. 최상의 정부일지라도, 최악의 정부와 마찬가지로 그럴 자격은 없다. 여론을 빌려 자유를 구속한다면, 그것은 여론에 반해 자유를 구속하는 것만큼이나, 아니 그보다 더 나쁜 것이다. 전체 인류 가운데 단 한 사람이 다른 생각을 가지고 있다고 해서, 그 사람에게 침묵을 강요하는 것은 옳지 않다. 이것은 어떤 한 사람이 자기와 생각이 다르다고 나머지 사람 전부에게 침묵을 강요하는 일 만큼이나 용납될 수 없는 것이다. 어떤 의견이 본인에게는 모를까 다른 사람한테는 아무 의미가 없고 따라서 그 억압이 그저 사적으로 한정된 침해일 뿐이라고 할지라도, 그런 억압을 받는 사람이 많고 적음에 따라 이야기는 달라질 수 있다. 그러나 어떤 생각을 억압한다는 것이 심각한 문제가 되는 가장 큰 이유는, 그런 행위가 현 세대뿐만 아니라 미래의 인류까지-그 의견에 찬성하는 사람은 물론이고 반대하는 사람에게까지-강도질을 하는 것과 같은 악을 저지르는 셈이기 때문이다. 만일 그 의견이 옳다면 그러한 행위는 잘못을 드러내고 진리를 찾을 기회를 박탈하는 것이다. 설령 잘못된 것이라 하더라도 그 의견을 억압하는 것은 틀린 의견과 옳은 의견을 대비시킴으로써 진리를 더 생생하고 명확하게 드러낼 수 있는 대단히 소중한 기회를 놓치는 결과를 낳는다. 이 두 측면에는 각각 나름대로 논리가 있으므로 하나씩 따져볼 필요가 있다. 어떤 의견을 폐기시키고자 할 때, 우리는 결코 그것이 잘못되었다는 것을 확신할 수 없다. 그리고 비록 그것이 잘못되었다는 확신이 있더라도 그것을 억누르는 것은 여전히 옳지 못하다.

권력을 동원해서 억누르려는 의견이 사실은 옳은 것일 수 있다. 그 의견을 짓밟으려는 사람들은 물론 그것을 부인할 것이다. 그러나 그들이 결코 잘못을 범하지 않을 만큼 완벽한 사람들은 아니다. 그들이 다른 모든 사람들을 대신해서 그 문제에 대해 결정하고 다른 이들이 판단할 기회를 빼앗아버려도 좋을 만큼 절대적인 권한을 가지고 있는 것은 아니다. 만일 그들이 특정 의견이 잘못되었다는 확신 아래 다른 사람들이 들어볼 기회조차 봉쇄해버린다면, 그것은 자신들의 생각이 절대적으로 옳다고 가정하는 것이나 마찬가지이다. 스스로 완전하다고 전제하지 않는 한 일체의 토론을 차단해 버릴 수는 없다. 사람들이 흔히 이런 착각에 빠진 탓에 자기와 다른 생각을 용납하지 못하는 것이다.

– 출처: 존 스튜어트 밀, 서병훈 옮김, 『자유론』, 책세상, 2009, 41–42쪽.

〈예문 2〉는 공리주의자이자 자유주의 사상의 옹호자였던 존 스튜어트 밀(John Stuart Mill)의 『자유론』의 첫 장 일부를 발췌한 것이다. 우선 이 글의 저자는 참다운 자유란 무엇인가라는 문제의식을 가지고 있다. 저자에 의하면, 자유란 모든 사람들이 각자의 생각을 자유롭게 표출할 수 있는 상태로 정의된다. 이 글의 핵심문장이라면, 아마도 "전체 인류 가운데 단 한 사람이 다른 생각을 가지고 있다고 해서 그에게 침묵을 강요하는 것은 옳지 않다."가 될 것이다. 다시 말해 자유란 아무리 압도적인 다수 대중의 생각에 반하는 생각을 가진 자라고 하더라도 그러한 이유로 침묵을 강요당

해서는 안 된다는 것을 뜻한다.

이 문장을 이 글 전체를 대표하는 핵심문장이자, 이들 전체의 논조를 지배하는 핵심적 판단이라고 간주할 때, 우리는 첫째, 이 판단을 뒷받침하는 기준이 무엇인가 하는 것이며, 둘째, 이 판단의 기준이 정당성을 획득할 수 있는가를 따져 물을 수 있다.

생각 나누기 1

다음 글을 읽고 이 글에 나타난 저자의 판단을 한 문장으로 작성한 후, 그 판단에 내재한 기준을 찾아보자. 또한 판단 기준에 대한 자신의 견해를 밝혀보자.

> 심각하게 무엇인가를 주장해야 할 연구에서는 거의 인용할 수 없을 테지만, 생각이 없는 이들의 미학을 통속 희극풍으로 대단히 잘 보여주는 매우 저속하고 멍청한 노래 가사로 "자연이 아름다움을 미화한다!"가 있다. 그러나 제대로 말할 줄 아는 시인이었더라면, "아름다움을 미화하는 것은 단순성이다."라고 했을 법하다. 이는 사뭇 다른 분야의 진리인 "본질을 미화해 줄 수 있는 건 아무 것도 없다."와 대등한 가치를 갖는다.
>
> 미와 관련한 대부분의 오류들은 모럴에 관한 18세기의 잘못된 개념에서 생겨난다. 이 시기에 자연은 가능한 모든 선(善)과 미(美)의 기본이나 원천 또는 전형으로 여겨졌다. 원죄를 인정하지 않았던 사실이야말로 당대의 전반적인 맹목성에 책임이 적지 않다. 그러나 만약 우리가 눈에 보이는 일이나 모든 세대들의 경험 또는 '법정 신문'만을 참조하려고 동의하더라도, 자연은 아무것도 또는 거의 아무것도 가르쳐주지 않는다는 사실을 이내 알게 될 터이다. 즉 자연은 인간에게 잠자고, 먹고 마시며, 적대적인 환경에 대항하여 이럭저럭 자신을 지켜내라고 강요하는 것이다. 인간으로 하여금 자신의 동포를 죽여서 먹고, 감금하고 고문하도록 부추기는 것 역시 자연이다. 우리는 사치와 쾌락의 세계로 들어가기 위해서, 필요와 욕구의 세계에서 빠져나오자마자, 자연이 권할 수 있는 것은 죄악뿐이라는 것을 보게 된다. 소위 무오류의 자연이 부모 살해와 식인 풍습, 그리고 우리가 수치심과 품위 때문에 언급하는 것조차 꺼리는 다른 수많은 가증스러운 것들을 만들어냈다. 곤궁하고 몸이 불편한 부모들을 부양하라고 우리에게 지시하는 것은 종교이고, 좋은 의미의 철학이다. 우리의 이익을 대변하는 목소리일 뿐인 자연은 부모들을 타살하라고 우리에게 명한다. 자연적이고 꾸밈없는 인간의 모든 행동과 욕망을 전부 훑어보고 분석하고 나면 무서운 것만 발견하게 되리라. 아름답고 고귀한 것은 모두 계

산과 이성의 결과물이다.

인간이라는 동물이 어머니 뱃속에서부터 그 맛을 길어온 죄악은 원래 자연적인 것이다. 이와 반대로 미덕은 인공적이며 초자연적이다. 왜냐하면 어느 시대 어느 나라에서든 미덕을 동물화 된 인류에게 가르치기 위해서는 신들과 예언자들이 필요했고, 또한 미덕은 무능한 인간 혼자서는 발견할 수 없는 것이기 때문이다. 악은 노력 없이 자연스레 필연적으로 행해지는데 반해, 선은 언제나 어떤 기교의 산물이다. 자연을 나쁜 충고자로, 이성을 진정한 속죄자와 개혁자라고 모럴과 관련해서 내가 언급한 사실들은 그대로 미의 세계에 적용될 수 있다. 그리하여 나는 장신구를 인간 영혼의 원초적 고귀함을 나타내는 표시 중 하나로 간주하게 되었다. 혼란하고 타락한 우리의 문명이 가소롭게도 거만하고 자신감에 사로잡힌 채 주저 없이 미개하다고 취급하는 인종들이, 아이들처럼 몸치장에 갖는 드높은 정신성을 이해하고 있는 것이다. 미개인과 아이들은 빛나는 것, 알록달록한 깃털 장식과 아롱거리는 천들, 인공적인 형태들의 최상의 장엄함 등에 대한 그들의 순진한 열망을 통해 현실에 대한 자신의 혐오감을 드러냄으로써 자신도 모르게 그들 영혼의 비물질성을 증명하는 셈이다. 진정한 문명이 아니라 되돌아온 야만성의 산물인 루이 15세처럼, '단순한 자연'이외에는 아무것도 맛보려 하지 않을 정도로 타락한 자에게 불행 있으라! (주지하다시피 뒤바리 부인(Madame Du Barry)은 왕을 영접하고 싶지 않을 때면, 루주를 바르는 치장을 했었다. 이거면 충분한 신호가 되었고, 그녀는 이렇게 자신의 방문을 닫아 버렸다. 자신을 아름답게 꾸밈으로써 그녀는 자신의 제자인 왕을 달아나게 했던 것이다)

그러니까 유행이란 인간의 머릿속에 자연적인 생활이 모아놓은 상스럽고 세속적이며 추잡한 모든 것을 넘어서는 이상에 대한 취향의 증후, 자연의 숭고한 변명, 또는 차라리 자연을 개혁하려는 지속적이고 연속적인 시도로 여겨져야 한다. 나는 모든 유행은 매력적이라는 점(말하자면 상대적으로 더 매력이 있다는 것), 각각의 유행이란 많든 적든 행복에 겨운 미를 향한 새로운 노력이자, 어떤 이상에의 점진적 접근이라는 점(이를 통해 욕망은 만족할 줄 모르는 인간 정신에 쉼 없이 쾌감을 준다) 등을, 그 근거를 대지는 못했지만 분명히 지적했었다. 그러나 유행은, 사람들이 그것을 맛보기를 원하는 만큼, 죽은 사물로 여겨져서는 안 된다. 그러느니 넝마장수의 장롱 속에 헐렁하고 축 처진 채로 걸려 있는, 마치 산 채로 가죽이 벗겨져 순교한 바르텔레미 성자(Saint Barthélemy) 의 피부와도 같은, 헌 옷가지들에 감탄하는 편이 낫다. 옷들은 그것을 입었던 아름다운 여인들에 의해 생기를 받고 활기를 띤 모습으로 떠올려져야 한다. 이 길만이 그것들의 의미와 정신을 이해할 수 있는 방법이다. 만약 "모든 유행은 매력적이다."라는 경구가 너무

단정적이라서 당신 귀에 거슬린다면, "지난 모든 유행은 나름대로 매력적이었다."라고 하는 것은 결코 틀린 말이 아니다.

물론 여성은 신기하고 초자연적으로 보이기 위해 전념할 권리를 갖고 있으며, 그렇게 함으로써 일종의 의무를 완수하는 것이다. 여성은 남을 놀라게 하고 매혹해야 하며, 우상으로서 숭배되기 위해 찬란하게 치장해야 한다. 그러므로 사람들의 마음을 더 잘 사로잡고 그들의 정신에 더 강한 인상을 주기 위해서 그녀는 모든 예술로부터 자연을 능가하는 방법을 빌려와야 한다. 만약 그것의 성공이 확실하고 효과 만점이라면, 모든 이에게 술책과 기교가 알려진다 하더라도 전혀 상관없다. 바로 이런 관점을 가질 때 철학을 가진 예술가라면, 여성들이 자신의 사라지기 쉬운 미모를 강화하여 결국엔 신성화하기 위해 어느 시대에나 사용했던 모든 행위들이 정당하다고 여기게 될 것이다.

이런 예는 수도 없이 열거할 수 있으나, 우리들의 시대가 통속적으로 '화장'이라고 부르는 것에 한정해 보자. 쌀가루의 사용(이 또한 고지식한 철학자들에 의해 맹렬히 비난받았다)이 자연이 사람의 얼굴에 잔뜩 뿌려놓은 잡티들을 모두 사라지게 하여, 피부색과 살결에 추상적인 통일성을 만들어내는 것을 목적이자 결과로 삼고 있는 것을 그 누가 모르겠는가? 직조할 때 생기는 것과 같은 이런 균질성을 얻음으로써 인간은 즉시 대리석 조각상 같은 신적인, 더 우월한 존재에 가까워진다. 눈가를 둘러싸는 인공적인 검은 아이라인과 뺨의 상단을 강조하는 연지에 대해서는 이들 사용이 같은 원칙, 즉 자연을 능가하려는 욕구에서 비롯된 것이라 할지라도, 그 결과란 전혀 상반된 욕구를 충족시키기 위한 것이다. 붉은색과 검은색은 초자연적이고 극단적인 삶을 나타낸다. 아이라인의 검은 테두리는 시선을 더욱 깊고 독특하게 만들어주며, 무한을 향해 열려 있는 창문이라는 분명한 모양새를 눈에 제공한다. 볼터치는 광대뼈를 불태우며 눈동자의 빛을 더 한층 증가시키고, 여인의 아름다운 얼굴에 여사제의 신비스런 열정을 추가하는 것이다.

이상의 내 말이 제대로 이해된다면, 얼굴의 회화인 화장은 아름다운 자연을 모방한다거나 젊음과 경쟁한다는 저속하고 말하기도 창피한 목적으로 사용되어서는 안 된다. 게다가 관찰한 바로는, 기교란 추함을 아름답게 꾸며주는 것이 아니라 오로지 아름다움만을 추종하는 것이다. 그 누가 예술에게 자연을 모방하는 그 불모의 기능을 감히 줄 수 있겠는가? 내가 화장한 것을 감출 것도 아니요, 남들이 짐작하지 못하도록 애쓸 필요도 없다. 어설픈 겉치레가 아니라면 적어도 일종의 솔직함을 가지고 오히려 화장은 드러내 보여야 한다.

갑갑한 위신 때문에 가장 섬세한 발현들에까지 아름다움을 추구할 수 없는 사람들에게 나는 기꺼이 이런 내 생각의 실없는 엄숙함을 비웃고 비난하는 것을 허락한다. 그러나 그들의 준엄한 판단에는 나를 감동시킬 어떤 것도 없다. 하여 나는 진정한 예술가들과 여인들에게 호소하는 것으로 만족하리라. 온몸 전체를 빛내고자 하는 성스러운 불길의 작은 불씨를 받고 태어난 여인들에게 말이다.

- 출처: 샤를 P. 보들레르, 이건수 옮김, 「화장예찬」, 『보들레르의 수첩』, 문학과 지성사, 2011, 65-72쪽.

2) 논증의 분석과 재구성

(1) 논증의 정의와 유형

논증은 전제와 결론으로 이루어진 사고의 구조물이다. 좋은 논증은 몇 가지 전제들로부터 추론을 거쳐 결론으로 나아가는 과정에서 논리적 일관성을 갖추어야 한다. 물론 결론을 뒷받침하는 전제들이 일반적인 설득력을 지닐 수 있도록 사실성에 부합해야 한다.

주장을 담은 글을 잘 쓰기 위해서는 논리적으로 사고하고 말하는 것이 중요하다. 논리학은 바른 판단이나 인식을 얻기 위하여 사고의 형식이나 법칙 따위를 연구하는 학문이다. 주장을 담은 모든 글들은 논증을 포함하고 있다. 사회·정치·경제적 현안을 다루고 있는 각종 칼럼이나 시사평론, 신문이나 잡지 등의 의견란에 게재된 거의 대부분의 글들은 주장을 담고 있는 글들로서, 몇 개의 논증들을 포함하고 있는 논증적인 글이다. 논증적인 글을 잘 쓰기 위해서 논리학에 대한 전문적인 지식을 완벽하게 갖출 필요는 없다. 그러나 논리학에서 다루는 기본적인 지식들만큼은 알아둘 필요가 있다. 논증의 유형 혹은 논증의 형식은 논리학에서 다루어지는 주된 내용 중 하나다.

논리학에서 논증의 형식은 연역논증과 귀납논증으로 나뉜다. 이러한 구분의 근거는 전제와 결론의 관계에 따른 것이다. 연역논증의 전제가 결론을 필연적으로 보증하는 논증이라고 한다면, 귀납논증은 전제가 결론을 개연적으로 보증하는 관계다. 필연성과 개연성이 연역논증과 귀납논증을 구분하는 기준이다.

대학에서 작성하는 실험·관찰·조사 보고서는 귀납논증의 전형적인 예이다. 실험이나 관찰을 통해 어떤 결론을 도출해 내는 자연과학 계열의 모든 학습이나 현장조사와 통계 자료를 주로 활용하는 사회과학 계열의 학습은 귀납논증을 토대로 한다. 귀납논증을 토대로 하여 일반화된 결론은 개별적인 사실의 진실성을 보증하는 연역논증의 전제가 되기도 하기 때문에, 연역논증과 귀납논증은 전제와 결론의 관계에서 상호 제약성을 갖는다. 아래의 예문을 살펴보자.

예문 3

하먼 멜빌의 단편 「필경사 바틀비」는 빈번히 형이상학적 관점이나 신학적 관점에서 해석되어 왔지만, 병리학적 독해도 작품에 대한 또 다른 이해의 가능성을 제공해 준다. 이 '월 wall가의 이야기'가 묘사하는 것은 모든 주민이 노동하는 동물로 전락해버린 비인간적 노동 세계다. 고층 빌딩으로 빽빽하게 둘러싸인 사무국의 음울하고 반생명적 분위기가 상세하게 그려진다. 창에서 채 3미터도 되지 않는 거리에 "오래되고 늘 그늘져서 검게 변한 높은 벽돌벽"이 우뚝 서 있다. 마치 수갱처럼 느껴지는 업무 공간에서는 조금의 "삶"도 느껴지지 않는다(풍경 화가들이 '삶'이라고 부르는 것은 없다). 멜랑코리와 우울은 이 소설에서 매우 자주 거론될 뿐만 아니라 작품의 기본 정조를 이룬다. 변호사의 조수들은 모두 신경성 질환에 시달리고 있다. 이를테면 "칠면조"는 "기이하고 과열된, 혼란스럽고 목표 없는 분주한 활동"으로 한시도 가만히 있지를 못한다. 과도한 공명심을 가진 조수 "니퍼"는 심리적, 육체적 원인에서 오는 소화불량으로 고통받는다. 그는 일을 할 때 이를 부득부득 갈고 끊임없는 낮은 목소리로 욕설을 내뱉는다. 신경증적인 과다활동성과 과민함을 드러내는 이들 인물은 침묵하며 돌처럼 굳어 있는 바틀비의 대척점에 놓여 있다. 바틀비는 신경쇠약의 특징적인 증상을 보인다. 그렇다면 그가 습관적으로 반복하는 문구 "그러지 않는 편이 낫겠어요 I would prefer not to"는 무위의 부정적 힘도 아니고 "정신성"에 본질적인 중단의 본능을 표현하는 것도 아니다. 그것은 오히려 아무런 의욕도 없는 무감각 상태의 징후이다. 바틀비는 결국 그러한 의욕 상실과 무감각으로 몰락하고 만다.

- 출처: 현병철, 김태환 옮김, 『피로사회』, 문학과 지성사, 2014, 55-56쪽.

예문 4

다음에 우리는 덕이란 무엇인가 하는 것을 고찰하지 않으면 안 된다. 정신 속에 있는 것들이 이 세 가지, 즉 정념, 능력, 성품이므로 덕은 이 중의 어느 하나일 수밖에 없다. 정념이라는 말로 내가 생각하는 것은 욕정, 분노, 공포, 자만, 질투, 환희, 친애, 증오, 동경, 경쟁심, 연민, 그리고 일반적으로 쾌락이나 고통을 수반하는 감정들이다. 능력이란 그것에 의하여 우리가 이러한 여러 가지 감정을 느낄 수 있게 되는 것으로서, 가령 노여워하거나 괴로워하거나 불쌍히 여기거나 할 수 있는 것을 말한다. 성품이란 그것에 의하여 우리가 정념과의 관계에 있어서 잘 처신하거나 혹은 잘못 처신하는 것이다. 가령, 분노와의 관계에 있어서 만일 우리가 너무 격렬하거나 혹은 지나치게 둔감하다고 하면, 우리는 잘못 처신하고 있는 것으로서 성품이 좋지 못한 것이요, 만일 온전하게 느끼고 있다면, 우리는 처신을 잘 하고 있는 것으로서 좋은 성품을 가지고 있는 것이다. 다른 정념과의 관계에서도 이와 마찬가지다.

그런데 덕도 악덕도 정념이 아니다. 왜냐하면 우리는 우리의 정념 여하에 따라 선하다거나 악하다거나 하는 말을 듣는 것이 아니라, 우리의 덕과 우리의 악덕으로 해서 그런 말을 들으며, 또 우리의 정념 여하에 따라 칭찬을 받거나 비난을 받는 것이 아니라(공포나 분노를 느낀다고 해서 칭찬을 받는 것이 아니요, 또 그저 분노를 느낀다고 해서 비난을 받는 것이 아니라, 어떤 일정한 방식으로 분노를 느끼는 사람만이 비난을 받기에 말이다), 우리의 덕과 우리의 악덕 때문에 칭찬이나 비난을 받기 때문이다.

또 우리가 노여워하거나 무서워할 때에는 무슨 선택이 있는 것이 아니지만, 덕이란 것은 선택의 양식이라 할까 어떻든 선택을 내포하는 것이다. 더 나아가, 정념에 관해서 말할 때에는 우리의 마음이 움직인다고 하는 말을 하지만, 덕에 관해서 말할 때에는 우리의 마음이 움직인다고 말하지 않고, 우리의 마음이 어떤 자세에 있다고 말한다.

이러한 여러 이유 때문에도 덕은 마음의 능력이 아니다. 그저 어떤 정념을 느끼는 능력이 있다고 해서 우리가 선하다거나 혹은 악하다거나 하는 말을 듣는 것도 아니고, 또 칭찬이나 비난을 받는 것도 아니기에 말이다. 또 우리가 이러한 능력들을 가지고 있는 것은 우리의 본성에 의한 것이지만, 우리가 선한 사람이 되는 것이나 악한 사람이 되는 것은 본성에 의한 것이 아니다. 여기에 대해서는 앞서 말한 바가 있다.

이렇듯 덕이 정념도 아니요, 능력도 아니라면, 결국 그것은 성품 즉, 성격의 상태일 수밖에 없다. 이상으로 우리는 덕이 어떤 종류의 것에 속하는지를 살펴보았다.

- 출처: 아리스토텔레스, 최명관 옮김, 『니코마코스 윤리학』, 을유문화사, 2001, 1105b-1106a.

〈예문 3〉은 멜빌의 단편 소설 「필경사 바틀비」에 대한 저자의 평으로서 이 작품을 기존의 평가들과 달리 병리학적 관점에서 해석하려는 의도를 지닌 글이다. 이를 위해 저자가 취한 논증 방식은 귀납적 논증의 유형에 해당한다. 이 글의 저자는 「필경사 바틀비」를 왜 병리학적 관점에서 해석하는 것이 타당한가를 입증하기 위해 삭막한 도시적 풍경에 대한 개략적 소묘로부터 등장인물에 대한 캐리커처와 작품 전체에서 가장 빈번하게 등장하는 바틀비의 답변들을 그 근거로 제시하고 있다. 귀납적 논증은 학생들이 각종 보고서를 작성할 때 가장 많이 동원하는 논증의 유형들로서, 자신의 주장이나 글 전체의 주제문을 설정한 후 이를 입증할 수 있는 사례들을 통해 주장이나 주제문의 설득력을 높이는 논증 유형이다.

〈예문 4〉는 고대 그리스 철학자 아리스토텔레스의 주저 가운데 하나인 『니코마코스 윤리학』 가운데 한 장을 발췌한 것이다. 이 글에서 저자는 인간의 덕이 정념, 능력, 성품 가운데 하나라는 대전제를 정한 후에 어떤 점에서 덕이 정념이나 능력이 아닌가를 대전제에 근거하여 논증하고 있다. 이러한 논증을 통해, 저자가 끌어내는 결론은 덕이 정념이나 능력이 아니기 때문에 나머지 하나, 즉 성품일 수밖에 없다고 결론짓는 것이다. 이런 식의 논증은 전형적인 연역 논증에 해당한다. 연역 논증에서는 대전제가 중요하며, 이 대전제로부터 나올 수 있는 결론이 이미 한정되어 있다. 위 예문에서 살펴본 것처럼, 덕이 정념, 능력, 성품 가운데 하나이고, 소전제로서 덕이 정념이나 능력이 아니라고 논증한다면, 덕이 성품이라는 결론 이외에 도출될 수 있는 결론이 없는 셈이다. 글쓰기의 과정에서 연역 논증의 전형으로서 삼단논증을 실제로 활용하는 것은 글을 도식화할 우려가 있지만, 글의 논리적 명확성을 높이는데 유용한 논증유형이다.

쓰기 활동 1

다음에 제시된 문장을 글의 첫 문장으로 삼아, 연역 논증 혹은 귀납 논증을 활용하여 한 단락 이상의 글을 완성해 보자.

1. 유능한 정치인은 시민들과 잘 소통하는 사람이다.

→

2. 성형과 다이어트 열풍은 한국사회에 만연한 외모지상주의의 부정적 결과다.

→

3. 나는 혼전동거에 찬성한다.

→

(2) 설명과 논증

한 편의 글 안에는 설명과 논증이 모두 사용된다. 그러나 설명과 논증은 엄밀하게 구별되어야 한다. 논증은 최소 한 개 이상의 전제와 하나의 결론으로 이루어진 사고의 구조물인 반면, 설명은 한 개 이상의 설명항과 피설명항으로 이루어진 사고 구조물이다. 구조상으로는 논증과 설명을 구분하기가 쉽지 않다. 그러나 논증은 결론이 아직 확인된 사실이 아니라, 확인될 사실이라는 점에서, 설명은 피설명항이 이미 확인된 과거 사실이라는 점에서 차별화된다. 설명에서 피설명항을 설명해 주는 설명항들은 어떤 것이 그렇게 된 이유가 무엇인가를 보여주고자 한다. 반면에 논증에서 전제는 어떤 주장이 참이라고 지지한다. 다음의 예문을 살펴보자.

예문 5

프로이트에 의하면 인간의 행위는 성적인 에너지가 동인이 된다. 우리의 예술적 행위, 학문적 행위 등은 모두 성적인 에너지가 승화되어 표현된 것에 지나지 않다는 것이다. 또한 우리의 꿈이나 농담도 성적인 에너지가 변형되어 표출된 것이라고 한다.

예문 6

결혼을 기피하거나 미루는 젊은 세대들을 탓해서는 안 된다. N포 세대, 잉여 세대와 같은 개념들로 스스로를 비하하는 그들에게 한국사회는 너무나 암울하기 때문이다. 생존경쟁을 부추기는 각자도생의 삶이야말로 살아남기 위해 선택할 수밖에 없는 유일한 출구인 현실에서 어떻게 젊은 세대들이 결혼을 꿈꾸고 행복한 가정을 소망할 수 있을 것인가.

〈예문 5〉는 설명항과 피설명항으로 이루어진 설명글인 반면, 〈예문 6〉은 주장과 근거로 이루어진 논증글이다. 〈예문 5〉의 피설명항은 첫 번째 문장으로, 인간의 모든 행위가 성적인 에너지가 동인이 된다는 프로이트 이론에 대해 이하에서 뒤따르고 있는 두 개의 문장이 부연 설명하고 있다. 반면 〈예문 6〉은 결혼을 기피하는 젊은 세대들을 탓해서는 안 된다는 주장을 담고 있는 글로서, 이하의 문장들을 통해 두 가지 이유를 제시하고 있다.

이처럼 설명과 논증은 구조적으로 유사해 보이기는 하지만, 뚜렷하게 구별된다. 한 편의 글 안에서는 설명과 논증이 둘 다 사용될 수 있으나, 궁극적으로 어떤 성격을 갖는 글인가에 따라서 설명문과 논증문으로 나뉠 수 있을 것이다.

생각 나누기 2

아래의 글을 읽고 설명에 해당하는 부분과 논증에 해당하는 부분을 찾아내보자.

예문 7

51. 거울 뒤로

1. 삭제하는 일에 인색해서는 안 된다. 길이는 아무래도 좋다. 분량이 너무 적지 않을까 하는 두려움은 유치하다. 일단 존재하게 되고 씌었다는 이유로 존재할 가치가 있다고 여겨서는 안 된다. 몇몇 문장이 동일한 생각을 단지 변주(變奏)시키는 것에 불과하다면 그것은 종종 저자가 아직 충분히 소화하지 못한 그 무엇을 붙잡기 위해 이리저리 시도해 보는 것임을 보여줄 뿐이다. 이 경우 최상의 표현을 골라내어 이것을 가지고 계속 작업해 나가야 한다. 구성상 필요할 경우 버리기 아까운 사유조차 포기할 수 있는 것이 문필가의 능력이다. 그렇게 버려진 사유들이 힘 있고 꽉 찬 구성에 도움이 된다. 식탁에서처럼 마지막 한 입을 먹지 않아야 하며 술잔의 바닥을 비우지 않아야 하는 것이다. 그렇지 못할 경우 바닥이 보인다는 의심을 받는다.

2. 상투어(常套語)를 피하려는 사람이 속된 아양 떨기에 떨어지지 않으려 노력하는 것은 개개의 단어 선택에만 그치는 것이 아니다. 19세기 훌륭한 프랑스 산문들은 그런 것에 특히 민감했다. 하나의 단어도 진부한 경우는 극히 드물었으며, 음악에서 또한 개개의 음조는 진부함에 저항한다. 가장 혐오스러운 상투어는 카를 크라우스가 비판했던 유형의 단어 결합—예를 들어 '남김없이 그리고 완전하게', '번영으로 그리고 파멸로', '확장시키고 심화시켜'같은—이다. 왜냐하면 이런 단어결합에서는 말이 절실히 요청되는 곳에서 필요한 저항이 정교한 표현을 통해 가동되는 대신 김빠

진 언어의 한가한 물결만이 철썩대기 때문이다. 그러나 이런 정황은 단어 결합뿐만 아니라 전체 형식의 구성에도 해당된다. 예를 들어 어떤 변증법론자가 휴지부마다 '그러나'라는 표현으로 시작함으로써 사유 진행의 전환을 표시하려 든다면, 그러한 구성 틀은 그의 사유가 체계 없는 거짓말이라는 판결을 받게 만든다.

3. 길이와 상관없이 완성된 글에 대해 아주 사소한 이의라도 제기된다면 그러한 이의가 적절한가와 관계없이 이의 자체를 아주 진지하게 받아들여야 한다. 텍스트 안에 들어 있는 감정적 개입이나 허영심은 모든 의심을 가볍게 여기는 경향이 있다. 사소한 의심이라도 흘려버린 것은 텍스트 전체가 객관적으로 아무런 가치가 없다는 징표일 수 있다.

4. 어떤 텍스트나 담론이 '너무 아름답다'는, 종종 제기되는 이의는 의심해 볼 만하다. 표현된 사물, 심지어 고통에 대한 두려움은 너무 쉽게, 인간이 겪은 치욕의 흔적을 물화한 언어 형태로는 제대로 담을 수 없는 저자에 대한 양심만을 합리화시킨다. 치욕 없는 존재자에 대한 꿈—그런 꿈을 내용으로 그려내는 것이 금지되어 있지만 그런 꿈에 대한 언어적 열정은 식을 줄 모르는데—은 악의적으로 교살(絞殺)된다. 문필가는 아름다운 표현과 객관적 표현을 구별하려 드는 것을 인정해서는 안 된다. 문필가는, 성실한 비평가에게는 그런 구별이 가능하리라 믿어서는 안 되며 자기 스스로에게도 그런 구별을 용인하면 안 된다. 자기가 생각하는 것을 완전하게 말하는 데 성공한다면 그것이 아름다운 것이다. 그 자체가 목적이 된 표현의 아름다움이란 '너무 아름다운' 것이 아니라 인위적인 추잡한 허식에 불과하다. 그렇지만 스스로를 잊어버리고 사물에 봉사한다는 핑계로 표현의 순수성을 등한시하는 사람 또한 항상 '사물'을 배반하게 된다.

5. 고귀한 텍스트는 거미줄 같다. 촘촘하고 집중되어 있으며 투명하고 탄력 있고 견고하다. 이것들은 날고, 기는 것들을 모두 자신 안으로 잡아챈다. 거미줄 같은 텍스트를 재빨리 통과해 빠져나가 보려는 은유[metaphor]들은 거미줄의 제물이 되어 텍스트에 영양분을 공급한다. 거기에는 재료들이 날아든다. 어떤 관념이 견실한가는 인용이 적절한가의 여부에 따라 판단될 수 있다. 사유가 현실의 세포를 열어준 바로 그곳에서 사유는 주체의 폭력 행위 없이 다음 세포로 파고들어야 한다. 이런 사유는 대상에 대한 자신의 관계를 유지하며, 금방 다른 대상들이 그런 사유의 주변에 결정체를 이루면서 모여든다. 어떤 '특정한' 대상을 향한 그런 시선 속에서 다른 사물들이 반짝이기 시작한다.

6. 문필가는 자신의 텍스트 속에 집을 짓는다. 이 방에서 저 방으로 끌고 다니는 종이, 책, 연필, 서류들로 방을 어지럽히듯, 그는 사유 속에 비슷한 무질서를 만들어낸다. 사유는 그가 기분 좋게 느끼기도 하고 짜증을 내기도 하면서 자리를 잡고 앉는 가구이다. 그는 이것들을 다정스럽게 문지르기도 하고 혹사시키기도 하며, 뒤범벅을 만들기도 하고 자리를 바꾸어보기도 하고 망치기도 한다. 이제는 고향이 없는 사람에게 글쓰기는 거주(居住)가 된다. 글쓰기에서 그는 예전에 가족들이 그랬듯이 어쩔 수 없이 쓰레기와 잡동사니를 배출한다. 그렇지만 그에게는 창고가 없기 때문에 이 찌꺼기들과 멀리하는 것이 쉽지 않다. 그래서 그는 이것들을 자기 앞에 밀어놓기 때문에 결국 자기 주변을 쓰레기로 둘러싸이게 할 위험이 있다. 자기 자신에 대한 동정에는 가혹하라는 요구에는 기술적 필요도 들어 있는데, 이것은 지적 긴장을 늦추는 것을 극도로 경계하며, 다음의 모든 것, 즉 작업 중에 나온 부스러기, 괜히 얼쩡거리는 것들, 처음 단계에서는 따뜻한 분위기를 만들어준 가십이었지만 점점 가면서 이제는 초라하고 곰팡내나 피우게 된 것을 제거하는 것이다. 결국 쓰레기 속에서 거주하는 것조차 허락되지 않는다.

53. 과대망상

7. 언어를 통해 세계를 하나의 원리로부터 도출하려는 것은 권력에 저항하기보다는 그것을 찬탈하려는 사람의 행태이다. 실러도 그러한 찬탈에 일차적 관심이 있었다. 자연 위에 주권적으로 군림하는 고전주의적 변용 속에는 열정적인 부정을 통해 속되고 열등한 것이 투영된다. 이상(理想) 뒤에는 바로 밀착하여 삶이 도사리고 있었던 것이다. 이상향의 장미 향기는—거기서 한 송이의 장미라도 경험하기에는 너무나 말로만 된 행복이라—사무실의 담배 냄새를 풍기며, 소도구로 쓰이는 몽환적인 달은 시험공부에 몰두하는 학생에게 희미한 빛을 비춰주는 등잔불을 본뜨고 있다. 스스로는 힘이라고 생각하는 허약성이 소위 부상하는 시민 계급의 사상을, 폭정에 항거하여 분연히 일어섰다는 그 시기에 이미, 이데올로기에 팔아넘기고 있었다. 휴머니즘의 가장 깊숙한 안방에는 이미 그 안에 갇혀 날뛰는 폭군이 있는데 이제 그 폭군은 파시스트가 되어 세상을 감옥으로 만든다.

- 출처: 테오도르 W. 아도르노, 김유동 옮김, 『미니마 모랄리아-상처받은 삶에서 나온 성찰』, 도서출판 길, 2014, 117-122쪽.

(3) 논증적 글의 분석과 이해

한 편의 논증적 글은 하나의 주장과 여러 개의 논거들로 구성된다. 그러나 좀 더 세밀하게 분석해 보면, 주장을 뒷받침하는 논거들 또한 그 속에 한 개의 주장과 여러 개의 논거로 구성된 논증의 형태로 이루어져 있음을 파악할 수 있다. 따라서 한 편의 논증적 글은 여러 단계의 논증으로 구조화되어 있기 마련이다. 우리는 이를 논증의 논리적 구조라고 부른다.

간단한 논증으로 이루어진 글을 분석하는 것은 아주 수월하다. 그러나 여러 개의 근거들이 서로 복잡하게 얽혀 있는 논증의 경우, 전제들을 가려내고 또 그 전제들이 어떻게 서로 얽혀서 주장을 뒷받침하고 있는지를 파악하는 것은 상당한 사고를 필요로 한다. 한 편의 논증적 글을 분석한다는 것은 논증의 주요소로서 주장과 근거 또는 전제들을 가려낸 후, 각각의 전제 또는 근거들이 어떤 관계를 갖고 있는지를 파악한다는 것을 뜻한다. 예컨대 주장을 뒷받침하는 여러 개의 전제들은 각각 독립적이고 대등한 지위를 가지고 하나의 주장을 지지하는 논리적 구조를 취할 수도 있고, 다른 한편으로는 두 개의 전제가 필수적으로 결합하여 하나의 주장을 지지하는 논리적 구조를 취할 수도 있는 것이다. 다음의 예문을 살펴보자.

예문 8

① 세상에 옷이나 음식, 재물 등은 부질없고 가치 없는 것이다. ② 옷이란 입으면 닳게 마련이고 음식은 먹으면 썩고 만다. ③ 재물 또한 자손에게 전해준다 해도 끝내는 탕진되고 만다. ④ 다만 몰락한 친척이나 가난한 벗에게 나누어준다면 영원히 없어지지 않을 것이다.

- 출처: 정약용, 박석무 편역, 『유배지에서 보낸 편지』, 창비, 2009, 166-167쪽.

위 예문은 주지하다시피 네 개의 문장으로 이루어진 하나의 논증이다. 이 글에서 다산 정약용은 '몰락한 친척이나 가난한 벗에게 나누어 주는 것이야말로 부질없고 가치 없는 재물을 영원히 보존하는 방법'임을 주장하고 있다. 즉 시혜의 중요성을 설파하고 있는 글이다. 따라서 이 짧은 예문은 ①~③번 문장을 전제로 하여 ④번 문장을 주장으로 갖는 논증의 형식을 띠는 글이다. 따라서 이 논증을 제대로 이해하기 위해서는 앞선 세 개의 문장들이 어떤 논리적 관계를 이루고 있는지 분석해 보아야 한다. 얼핏 보기엔 세 개의 문장이 상호 연속적으로 병렬적인 관계를 이루는 듯하지만, 면밀히 따져 보면, ②번 문장과 ③번 문장이 상호 병렬적 관계를 이루고 있는 전제들이고, 이 두 개의 문장이 ①번 문장을 뒷받침하는 구조를 이루고 있다. 따라서 이 논증은 다음과 같이 구조화될 수 있다.

전제	② + ③ ↓ ①
결론	④

생각 나누기 3

다음의 글을 읽고 글 전체를 대표하는 주장을 하나의 문장으로 적은 후, 이 주장에 이르는 전제들을 추려내 보자.

예문 9

과학이란 무엇인가?

지난주 〈트리뷴〉지에 J. 스튜어트 쿡 씨가 보낸 흥미로운 편지가 실렸다. 편지에서 그는 '과학적 위계'의 위협을 피하는 최선의 길은 모든 일반 대중이 최대한의 과학교육을 받도록 하는 것이라는 주장을 펼쳤다. 동시에 과학자들이 고립에서 벗어나, 정치 및 행정 분야에서 더 많은 역할을 맡도록 장려해야 한다고도 주장했다.

나는 총론으로 본다면야 우리들 대부분이 그런 의견에 동의하리라 생각한다. 그런데 대개 그렇듯이 쿡 씨는 과학을 정의하고 있지 않으며, 실험실에서 실험을 할 수 있는 특정 정밀과학을 의미한다는 암시를 하고 있을 뿐이다. 이렇게 성인교육은 '과학 과목들을 등한시하고 문학, 경제, 사회 과목들을 우대하는' 경향을 보이며, 경제학이나 사회학은 과학의 분과로 여겨지지 않는 듯하다. 이 점이 대단히 중요하다. 요즈음 과학이란 단어가 최소한 두 가지 의미로 쓰이고 있으며, 그 의미가 하나에서 다른 것으로 갑자기 옮겨가는 작금의 경향 때문에 과학교육의 문제 전체가 애매해지고 있기 때문이다.

과학이란 대체로 (a) 화학이나 물리학 같은 정밀과학exact science, 혹은 (b) 관찰한 사실을 논리적으로 따짐으로써 참된 결론에 이르는 사고방식을 의미한다.

모든 과학자들이, 혹은 대부분의 교육받은 사람들이 "과학이란 무엇인가?"라는 질문에 대해 (b)에 근접하는 대답을 할 것이다. 그러나 일상생활에서 사람들이 말로든 글로든 '과학'이라고 할 때는 (a)를 뜻한다. 과학은 실험실에서 벌어지는 무엇을 뜻한다. 달리 말해 과학이란 단어는 그 자체로 그래프나 시험관, 천칭, 분젠버너, 현미경 같은 그림을 떠올리게 하는 것이다. 생물학자, 천문학자, 어쩌면 심리학자나 수학자까지도 '과학 하는 사람'으로 불리는데, 누구도 그 말을 정치인이나 시인, 언론인, 심지어 철학자에게도 적용할 생각을 하지 않는다. 그리고 자라나는 세대에게 과학교육을 더 시켜야 한다고 말하는 사람은 거의 예외 없이, 더 정확히 생각하는 법보다 방사능이나 천체나 자기 몸의 생리에 대해 더 가르쳐야 한다고 주장하는 것이다.

이렇게 단어의 의미가 애매모호해진 것은 어느 정도 의도적이기도 하거니와 그 자체로 상당한 위험을 안고 있다. 과학교육을 더 해야 한다는 요구에는, 과학적인 교육을 받은 사람은 그렇지 않은 사람에 비해 '모든'분야에 대하여 더 현명한 접근을 하게 된다는 주장이 함축되어 있다. 이를테면 과학자의 정치적 견해는, 사회학적인 문제나 도덕, 철학, 심지어 예술에 대한 견해도 일반인에 비해 나을 것이라는 가정을 하는 것이다. 달리 말해 세상은 과학자들에 의해 통제될 때 더 나은 곳이 되리라는 것이다. 그러나 앞서 살펴보았듯이 실생활에서 '과학자'는 정밀과학 분과의 전문인을 뜻한다. 그것은 화학자나 물리학자는 그 자체로 시인이나 법률가보다 정치적으로 더 현명하다는 뜻이 되어 버린다. 그리고 그렇게 믿고 있는 사람들이 이미 너무나 많아졌다.

그렇다면 그런 협소한 의미의 '과학자'가 비과학적인 문제에 대하여 남들보다 객관적으로 접근할 가능성이 높다는 게 과연 맞는 말인가? 그렇게 생각할 근거는 별로 없다. 간단한 예를 하나 들어보자. 이를테면 민족주의를 견디는 능력이 그렇다. 막연하게 '과학은 국제적'이란 말을 흔히들 하지만, 실제로 만국의 과학 종사자들은 작가나 예술가에 비해 양심의 가책을 덜 느끼며 자국 정부쪽에 줄을 선다. 독일의 과학계 전반은 히틀러에게 아무 저항도 하지 않았다. 히틀러가 독일 과학계의 장기적인 전망을 망쳐버렸는지는 모르나, 합성석유나 제트기, 로켓, 원자탄 같은 것들에 대하여 필요한 연구를 할 재능 있는 사람들은 여전히 많았다. 그들이 없었다면 독일의 군수품들은 절대 만들어질 수 없었을 것이다.

다른 한편으로 나치가 권력을 장악했을 때 독일의 문학계는 어떠했던가? 아직 철저한 명단이 발표된 적은 없는 것으로 알지만, 자발적으로 망명을 떠나거나 체제로부터 박해당한 독일 과학자들의 수는(유대인은 별도로 하고) 작가나 언론인의 수에 비해 훨씬 적었을 것이다. 그보다 더 나쁜 것은 수많은 독일 과학자들이 '인종 과학'이라는 만행을 그냥 그대로 받아들였다는 점이다. 브레이디 교수의 『독일 파시즘의 정신과 구조』를 보면 그들 중 일부가 한 발언들이 소개되어 있다.

그런데 모양새만 조금 다를 뿐, 같은 광경이 어디에서나 펼쳐지고 있다. 영국에선 앞서가는 과학자들 중 다수가 자본주의 사회의 구조를 받아들이고 있다. 이를테면 그들은 비교적 자유롭게 이런저런 작위를 받는다. 그에 비해 테니슨 이후로 읽을 만한 작품을 쓴 영국 작가가 작위를 받은 경우는 없다(예외가 있다면 맥스 비어봄 정도일 것이다.) 그리고 '현재 상태'를 받아들이지 않는 영국 과학자들은 공산주의자인 경우가 많은데, 그 말은 그들이 자기 직업 세계에서는 아무리 지적으로 철저하다 해도 특정 주제들에 대해서는 언제든 무비판적이고 심지어 부정직할 수도 있다는 뜻이 된다. 사실은 재능이 뛰어난 사람이라 해도 정밀과학 한두 분야를 배우기만 한다고 해서 인도적이거나 회의적인 관점이 보장되는 건 아니라는 것이다. 몇몇 큰 나라에서 몰래 열심히 원자탄 연구를 하고 있는 물리학자들이 그 예다.

그렇다면 이 모든 사실로 미루어 볼 때 일반 대중이 과학교육을 더 받아선 안 된다는 것인가? 오히려 그 반대다! 대중에 대한 과학교육이 결국 문학이나 역사를 희생해가며 물리학, 화학, 생물학 등등을 더 가르치는 것이 될 경우, 별 도움이 되지 않으며 아주 해로울 수도 있다는 것이다. 일반인이 그런 교육을 받다 보면 사고의 폭이 좁아질 수 있으며 자신이 갖지 못한 지식을 더 업신여기게 될 수 있다. 그리고 글은 몰라도 어느 정도의 역사적 기억과 꽤 건전한 미적 감각을 가진 농민들보다 현명하지 못한 정치적 식견을 갖게 될지도 모른다.

확실히 과학교육은 합리적이고 회의적이며 실험적인 사고의 습성을 심어주는 것이어야 한다. 그것은 어떤 '방식', 즉 부닥치는 어떤 문제에도 적용할 수 있는 방식을 습득하는 것이어야지, 사실을 잔뜩 축적하는 것이기만 해서는 안 된다. 이런 말을 과학교육 옹호론자에게 하면 대개 동의할 것이다. 그런데 더 구체적으로 말해보라고 하면, 언제나 과학교육이란 정밀과학에, 달리 말해 더 많은 '사실'에 주목하는 일이라는 식의 대답이 돌아올 것이다. 과학은 한 덩어리의 지식에 불과한 게 아니라 세상을 바라보는 하나의 방식이라는 생각은 현실에서 강한 반발에 부닥친다. 그렇게 된 데에는 순전히 직업적인 시

기심이 어느 정도 작용했다고 나는 생각한다. 과학이 단순히 하나의 방식이나 태도라면, 그래서 사고방식이 충분히 합리적인 사람이면 누구나 어떤 의미에서 과학자라 할 수 있다면, 지금 화학자나 물리학자 등등이 누리고 있는 엄청난 위세는 어찌 되며 아무튼 다른 모든 사람들보다 현명하다는 주장은 또 어찌 되겠는가?

100년 전에 찰스 킹즐리는 과학을 "실험실에서 고약한 냄새를 풍기는 일"이라고 했다. 1~2년 전에 젊은 공업화학자 한 사람은 내게 잘난 체하며 자기는 "시가 무슨 소용이 있는지 모르겠다."고 했다. 추가 왔다 갔다 하는 셈인데, 내가 보기엔 어느 쪽도 더 나은 태도라고 할 수 없다. 지금 현재 과학은 오름세에 있고, 그래서 우리는 대중이 과학교육을 더 받아야 한다는 주장을 마땅히 듣게 된다. 그러나 반대로 과학교육을 적게 하는 게 과학자들 자신에게 오히려 이롭다는 주장은 들리지 않는다. 나는 이 글을 쓰기 직전에 미국의 한 잡지에서 영국과 미국의 많은 물리학자들이 원자탄 연구를 애초부터 거부했다는 기사를 보았다. 그들은 그것이 어디에 쓰일지 잘 알고 있었던 것이다. 미치광이들의 세상 속에서 이렇게 정신 멀쩡한 사람들도 있다. 구체적으로 거명된 건 아니지만, 나는 그들 모두가 일종의 종합적인 문화적 배경을 가지고 있다고 추측해도 무방하다고 생각한다. 그들은 역사나 문학이나 예술에 대한 식견을 웬만큼 갖춘, 간단히 말해 지금 쓰이고 있는 뜻에서 순전히 과학적이지만은 않은 데에도 흥미를 느낄 줄 아는 이들일 것이다.

–출처: 조지 오웰, 이한중 옮김, 『나는 왜 쓰는가』, 한겨레출판, 2015, 215–219쪽.

3. 논술문과 칼럼

주장하는 글은 필자가 글에서 다루고자 하는 사안에 대한 관점과 견해를 주장의 형태로 포함해야만 한다. 또한 이 주장의 설득력을 높일 수 있는 충분한 근거들을 보여줄 수 있어야 한다. 주장하는 글은 주장을 뒷받침하는 일련의 전제(근거, 이유)들과 이 전제들로부터 도출된 하나의 주장으로 구성된 글이다. 이 때문에 주장하는 글은 전제와 결론으로 이루어진 논증으로 이루어진 모든 종류의 글을 일컫는다.

주장하는 글의 종류는 다양하다. 다루고 있는 문제, 사안, 논제가 분명하고, 그에 대한 필자의 주장과 전제를 갖추고 있는 글이라면 모두 주장하는 글의 유형에 해당한다. 혼전 동거, 동성애 합법화, 낙태죄 폐지, 사형제도 폐지와 같이 찬성과 반대가 분명하게 갈리는 사회적 문제에 대해 자신의 의견을 밝히는 글뿐만 아니라, 정치적 사안이나 쟁점에 대한 견해를 피력하는 시사평론, 신문사의 시각에서 현안이 되는 다양한 문제들에 대한 입장을 개진하는 사설, 고정 필진 또는 독자들의 자유로운 참여를 통해 이루어진 신문이나 잡지의 각종 칼럼은 모두 주장하는 글에 해당한다.

이 장에서 우리는 논술문과 칼럼 쓰기를 연습해 본다. 논술문이든, 칼럼이든 주장과 전제로 이루어진 논증을 포함한다는 점에서 주장하는 글에 해당하기는 하지만, 칼럼은 특히 저널리즘적 글쓰기의 성격이 강한 글이다. 칼럼은 신문이나 잡지가 미리 정해둔 난에 일반 독자 또는 고정 필진들이 정기적 혹은 부정기적인 기고를 통해 만들어진 글을 의미한다. 그 형식이나 문체 또한 필자의 개성에 따라 다양할 수 있으며, 사회의 현안이나 사건들에 대해 이런저런 견해들을 자유로운 형식으로 작성한 글이라는 점에서 일반적인 논증문과 차별화될 수 있다. 칼럼과 구별되는 논술문은 딱히 기고를 목적으로 하지 않으면서도 논증의 일반적 유형을 충실히 반영할 수 있는 엄밀한 형식을 갖춘 모든 종류의 글을 지칭한다.

1) 논술문 쓰기

논술문을 쓰는 목적은 어떤 문제에 대해 필자의 주장을 밝힘으로써 독자를 설득하는 데 있다. 이 때문에 논술의 과정에서 논증은 핵심적인 역할을 한다. 모든 논술에는 필자의 주장이 선명하게 드러나야 하고, 주장을 적절하게 뒷받침하는 설득력 있는 논거들이 제시되어야 하기 때문이다. 그러나 논술의 과정에 논증만이 동원되는 것은 아니다. 때로는 글의 신뢰도를 높이고 독자의 이해를 돕기 위해 기술이나 설명도 포함되어야 한다. 필자가 다루고자 하는 사안과 관련된 것들을 설명하기 위해 적절한 자료들을 동원해 이를 설명하기도 하고, 사태를 어떠어떠하다고 묘사하거나 보고하기도 한다. 때문에 한 편의 논술문 안에는 논증뿐만 아니라 설명과 기술과 같은 다양한 기법들이 활용되기 마련이다. 그러나 논술문은 궁극적으로 필자가 다루고 있는 사안과 관련해 건전한 전제들과 이로부터 합당하게 도출된 결론을 제시함으로써 독자에게 그 사안에 대해 필자 주장의 타당성을 보여주고 이에 대하여 독자의 동의를 구하려는 글이다. 이 때문에 좋은 논증을 구성하는 것이야말로 설득력 있는 논술문을 작성하기 위한 관건이 된다.

한 편의 논술문을 완성하기 위해서는 다음과 같은 과정을 거쳐야 한다.

(1) 논제 선정하기

논술문을 작성하려면 우선 다루고자 하는 논제를 정확하게 선정해야 한다. 논제를 정확하게 선정한다는 것은 자신이 제기하고자 하는 주장이 어떤 질문을 전제로 하는가를 명확하게 의식하는 것이다. 예컨대 “소년법을 개정해야 한다.”라는 주장은 “청소년 강력범죄를 위한 예방책으로서 소년법을 강화하는 것은 바람직한가?”라는 질문을 전제하고 있으며, “낙태죄는 폐지되어야 한다.”라는 주장은 “낙태죄의 현행 유지가 바람직한가, 그렇지 않은가?”라는 논제를 전제한다. 또한 “혐오에 혐오로 대응하는 것은 바람직한 방법이 아니다.”라는 주장은 “사회적 약자에 대한 혐오를 미러링 하는 것은 바람직한 것인가?”라는 논제에 대한 답변이다. 따라서 논술문을 작성하기 위해서 가장 먼저 할 일은 다루고자 하는 문제가 어떤 질문으로 제기될 수 있는지를 되짚어 보는 일이며, 이 질문에 대한 자신의 생각을 결정하는 것이다.

그렇다면 먼저 관심을 두고 있는 사회·문화적인 현상에 대해 자신의 논점을 제시하는 주제문을 만들어 보자. 예를 들어, '낙태죄 폐지' 논란과 관련해 한 편의 논술문을 작성한다고 해보자. 각자의 입장에 따라 두 가지 주장이 제시될 수 있다.

논제: 현행 낙태죄를 폐지하는 것이 바람직한가?

주장 1 : 모든 생명은 존엄하기 때문에 낙태죄를 폐지해서는 안 된다.
주장 2 : 여성의 자기결정권을 존중하는 차원에서 낙태죄를 폐지해야 한다.

(2) 생각과 내용 모으기: 논거 수집

논제가 선정되고 논제에 대한 자신의 주장이 정해졌다면, 이를 입증할 수 있는 논거들을 찾아야 한다. 논증적 글에서는 일반적으로 '사실 논거'와 '소견 논거'를 사용한다.

- **사실 논거란 다음을 의미한다.**

① 구체적이고 객관적인 사실에 기반을 둔 논거
② 일반적인 지식이나 사실, 통계적 수치, 체험이나 목격담, 실험이나 조사의 결과, 역사적 사실

사실 논거는 진실성이 가장 중요하다. 따라서 사실 논거를 사용할 때는 출처를 명확히 밝혀 주어야 하며, 자료를 변형하거나 왜곡해서는 안 된다. 아래의 예문은 "낙태가 태아의 생명권을 침해한다."라는 주장을 뒷받침하기 위해 여러 의학적 결과를 사실논거로 활용하고 있다.

예문 10

모자보건법에 의하면, 우리나라는 임신 28주 이내 본인 또는 배우자가 대통령령이 정하는 우생학적 또는 유전학적 정신장애나 신체 질환, 전염성 질환이 있는 경우, 강간 또는 준강간에 의해 임신이 된 경우, 법률상 혼인할 수 없는 혈족 또는 인척 간에 임신이 된 경우, 임신의 지속이 보건의학적인 이유로 모체의 건강을 심히 해하거나 해할 우려가 있는 경우를 제외하고는 낙태를 불법으로 정하고 있다.

낙태죄가 여성의 자기결정권을 침해한다는 이유로 이에 대한 폐지 청원이 늘고 있지만, 낙태는 여성의 건강에도 치명적인 위험을 미칠 뿐만 아니라, 태아의 생명권을 존중하지 않는 무분별한 처사다. 낙태를 경험한 여성 중 10%는 골반염증성 질환을 앓을 확률이 있을 뿐만 아니라, 낙태의 경험 횟수가 늘어남에 따라 유산이나 불임의 확률도 높아진다. 또한 정서적인 후유증도 만만치 않은데, 자진하여 낙태를 한 여성들 중 40 % 정도는 심한 죄책감과 우울증 및 정서불안에 시달리기도 한다.

낙태의 부작용이 여성의 건강에 악영향을 미치는 데서 끝나지 않는다. 낙태는 태아의 생명권을 침해하는 행위이기도 하다. 실제 임신 초기에 태아의 뇌, 심장 등 주요 기관의 발달이 이뤄지며, 임신 4주 정도에 이르면 발이나 다리가 형성되어 있는 것을 확인할 수 있고, 임신 7~8주를 경과하면 외관상 뚜렷한 사람의 형체를 갖추게 된다. 엄마의 몸에 생명을 의존하고 있기는 하지만, 태아도 한 사람의 인간으로 성장할 가능성을 갖춘 한 사람의 인간으로 존중받아야 한다.

– 학생의 글

- **소견 논거란 다음을 의미한다.**

① 해당 분야 전문가나 권위자의 의견
② 해당 문제에 대한 자신의 생각이나 경험

소견 논거에서 해당 분야 전문가나 권위자의 의견을 활용할 때 중요한 점은 해당 분야에서 전문가와 권위자의 관련성이다. 글의 주제와 관련이 없거나 관련성이 희박한 전문가나 권위자의 의견에 의존하여 논의를 전개할 경우, '부당한 권위에 호소하는 오류'를 범하게 된다. 또한 전문가나 권위자의 의견을 논거로 활용할 때에는 인용한 사실과 출처를 명확하게 밝혀주어야 한다.

전문가나 권위자의 의견을 활용하지 않고, 해당 문제에 대한 자신의 생각이나 경험에 의존하여 주장을 뒷받침할 수도 있다. 이때에는 자신의 소견 논거가 지나치게 개인적인 차원에 한정되어 객관적 설득력을 잃어버리지 않도록 주의해야 한다. 확실하지 않거나 공정하지 못한 의견을 소견 논거로 활용해서는 안 된다.

아래의 예문은 "낙태죄를 처벌하는 것은 부당하다."라는 주장을 뒷받침하기 위해 언론 보도를 논거로 활용하고 있다.

예문 11

우리나라의 기혼 여성 중 낙태 경험이 있는 여성은 36.6%이며, 미혼 여성의 낙태율은 12.6%이다. 여러 커뮤니티에는 원치 않는 임신을 하여 낙태를 고민하는 여성들이 쓴 글도 심심찮게 볼 수 있다. 낙태가 불법임에도 낙태를 하려는 사람들은 잘못된 사고방식과 윤리의식을 가진 것일까? 낙태를 할 것인가 말 것인가는 전적으로 여성의 몸에 대한 자기결정권의 문제다. 태아의 생명권을 침해한다는 이유로 낙태를 불법으로 단죄하는 것은 여성의 삶에 대한 국가의 지나친 간섭이자 통제일 뿐이다.

언론 보도에 의하면 대한민국에서 아이 한 명을 키우는 데에는 평균 3억이 들어간다고 한다. 합계 출산율 1.3명 미만이라는 수치가 이를 반증한다. 거기에다 자녀가 대학에까지 진학할 경우에 그 양육비용은 평균 4억에 육박할 것이라는 통계도 있다. 저출산을 막기 위해서 수많은 복지 정책이 나오고 있긴 하지만, 아직 우리가 출산을 장려하는 분위기라기엔 어불성설인 감이 있다. 드라마 '미생'을 보면 워킹맘의 고충과 임신을 한 여사원에 대해 불만을 쏟아내는 동료의 모습을 볼 수 있다. 여성이 아이를 낳아 키우기엔 적합한 환경이 아니라는 것이다. 이러한 상황에서도 낙태죄를 유지하자는 것은, 사회적으로 아이를 키울 여력이 안 되는 상황에서도 여성에게만 임신과 출산의 문제를 모두 전가하는 불합리한 처사라고 밖에 볼 수 없다.

- 학생의 글

사실 논거와 소견 논거의 차이를 알았다면, 자신의 주장을 뒷받침할 수 있는 생각들을 모아본다. 위에 제시된 낙태 폐지 논란과 관련하여 각자의 주장을 뒷받침하는 논거들을 다음과 같이 몇 가지 적어볼 수도 있을 것이다.

① 낙태의 합법화로 여성들의 신체적, 정신적 부담을 덜 수 있다.
② 낙태가 합법화되면 부득이하게 아이를 혼자 낳아서 키울 수밖에 없는 미혼모가 줄어들 수도 있다.
③ 출산을 할 것인지, 말 것인지는 전적으로 여성의 자기 몸에 대한 결정권의 문제다.
④ 낙태의 합법화는 무리한 양육에 대한 경제적 비용을 줄이는 효과를 낳을 수도 있을 것이다.
⑤ 낙태 합법화는 태아가 인간으로 성장할 가능성을 임의적으로 박탈하는 행위다.
⑥ 낙태의 합법화로 무분별한 성관계가 늘어날 수 있다.
⑦ 낙태는 여성의 신체와 정신에 심각한 피해를 미친다.
⑧ 낙태는 성관계로부터 쾌락만을 얻으려는 이기적인 행위다.

위에 제시된 논거들 이외에서 각종 보고, 통계, 전문가의 의견, 일반화 가능한 개인의 경험담 등을 낙태죄 폐지 논란에 대한 자신의 주장을 뒷받침하는 논거들로 활용할 수 있다.

(3) 구성과 개요 작성하기

논거 수집 과정이 끝나면, 수집한 논거들을 단락별로 분류하여 간략한 개요를 작성한다. 다음에 제시된 틀을 따라 위에 수집된 논거들을 분류하여 적절한 개요를 구성해 본다.

쓰기 활동 1

■ 개요서 작성

논 제	현행 낙태죄를 폐지하는 것이 바람직한가?
주 장	**주장 1** : 모든 생명은 존엄하기 때문에 낙태죄를 폐지해서는 안 된다. **주장 2** : 여성의 자기결정권을 존중하는 차원에서 낙태죄를 폐지해야 한다.
생 각 모으기	
구 성 하 기	1. 서론 2. 본론 1 3. 본론 2 4. 결론
개 요	1. 서론 2. 본론 1) 2) 3. 결론

(4) 초고 쓰기

주장과 이를 뒷받침할 논거의 수집이 끝나면, 개요를 작성하고 다음의 사항들에 유의하여 글을 작성한다.

① 서론: 문제 제기와 주장 제시

글의 서론은 글 전체의 인상을 좌우한다. 그만큼 서론이 중요하다. 서론은 너무 장황해서는 안 된다. 서론에서는 글에서 다루고자 하는 논제와 이에 대한 자신의 주장을 간결하고 분명하게 제시해야 한다. 좋은 논증적인 글은 서론을 읽고도 전체 글의 흐름과 필자의 생각을 알 수 있는 글이다.

② 본론: 단락별 논점 정리와 논거 제시

본론을 작성할 때에는 위에서 수집한 논거들을 각 단락별로 주제화하여 배치한다. 본론의 각 단락을 구성할 때에는 단락별로 중심 생각을 명확하게 드러내고, 이 중심 생각을 뒷받침할 수 있는 전제들을 논리적으로 배치하여야 한다. 그리고 단락들의 연결이 논리적으로 자연스러운지에 대해서도 유의해야 한다.

③ 결론: 주장의 재정리 및 전망 제시

결론에서는 본론에서 제시한 주장이나 논거들의 범위를 벗어나서는 안 된다. 서론과 본론을 통해 제시된 내용을 간결하게 재정리하는 것이 좋다. 예를 들어, 환경 보호의 중요성을 논증하는 글의 결론에서 환경 문제를 해결하면 “한국 사회의 미래가 밝아질 것이다.”와 같은 불필요한 말을 덧붙여서는 안 된다.

(5) 고쳐쓰기 또는 퇴고하기

초고가 완성된 후에는 반드시 퇴고의 과정을 거쳐야 한다. 퇴고의 방법은 여러 가지다. 초고를 혼자 소리 내어 읽어보는 방법도 있고, 여러 사람에게 읽히는 방법도 퇴고의 좋은 방법 가운데 하나다.

또한 퇴고를 할 때에는 다음의 항목에 따라 자신의 글을 평가해 본다.

① 서론-본론-결론의 구조를 갖추고 있는가?
② 글의 주장이 명확하게 드러나고 있는가?
③ 주장을 뒷받침하기 위한 논거들이 객관성과 타당성을 갖추었는가?
④ 주장과 논거가 논리적으로 자연스럽게 연결되는가?

쓰기 활동 2

위에서 작성한 개요서를 바탕으로 '낙태죄 폐지'에 관한 자신의 주장을 담은 한 편의 논술문을 완성해 보자.

2) 칼럼 쓰기

(1) 칼럼이란 무엇인가?

칼럼(column)은 신문이나 잡지 등에 실린 시사나 사회적 풍속을 논하는 글 또는 그 기고란을 의미한다. 미리 정해진 신문의 난에 기고자가 짧지만 특별한 형식에 구애받지 않고 자신의 견해 등을 피력한 수필적 성격을 지닌 평론문이라고 이해하면 좋을 것이다.

칼럼 쓰기에는 엄격하게 따라야 하는 규칙이나 형식이 적용되지 않는다. 따라서 칼럼을 쓸 때는 기고자의 글쓰기 취향이나 스타일에 따라 자유롭게 써도 좋다. 단 칼럼도 어떤 주제에 대한 필자의 견해나 관점을 담은 글이기 때문에 주장이 분명해야 하고, 이 주장을 뒷받침하는 논거들도 갖춰야 한다.

칼럼의 주제로 어떤 것이 적절한가에 대해 정해진 답은 없다. 그러나 주로 사회 구성원들 사이에서 시의성을 갖춘 주제들이 칼럼의 소재가 되는 것이 일반적이다. 때문에 칼럼을 쓰기 위해서는 누구보다도 칼럼의 소재가 되는 현안들에 대해 관심을 가지고 이를 정확하게 분석하고 이해할 필요가 있다.

'어떤 칼럼이 좋은 칼럼인가?'라는 물음은 '어떻게 해야 좋은 칼럼을 쓸 수 있을 것인가?'라는 물음과 별반 다르지 않다. 논증을 포함한 대부분의 글과 마찬가지로 칼럼도 논증을 포함한 글이다. 다시 말해 칼럼은 주장하는 글의 성격이 강하다. 따라서 **좋은 칼럼은 필자의 주장이 명확하게 드러나야만 한다.** 칼럼에서 다루는 소재들은 대개 시사적이고 당시 사회 구성원들에게 폭넓게 인지된 논쟁적인 사안일 경우가 많다. 이러한 사안에 대해 이것도 좋고, 저것도 좋다는 식의 애매모호한 태도로는 자신의 견해를 효과적으로 전달하거나 인지시킬 수 없다.

둘째, 좋은 칼럼을 쓰기 위해서는 누구나 다 알고 있는 기존의 논의들을 다시 거론하는 수준에 머물러서는 안 된다. 좋은 칼럼은 독자가 미처 생각하지 못했던 점을 깨우쳐 주거나 현안을 바라보는 새로운 관점을 제시하는 글이다.

셋째, 진부하고 식상한 개념이나 어휘들을 과감히 탈피하여 도전적이면서 신선한 문체와 어휘들을 구사할 수 있어야 한다. 훌륭한 칼럼니스트나 평론가는 독창적인 어휘나 개념들을 잘 구사하는 사람들이다. 물론 대학생인 우리가 전문적인 칼럼니스트나 평론가의 수준에 단번에 오르기를 기대할 수는 없다. 그러나 적어도 이미 다 알려져서 흔해빠진 식상한 비유나 어휘에서 벗어나 보다 참신한 자신만의 어휘들을 계발하기를 주저해서는 안 된다.

넷째, 좋은 칼럼은 저자가 자신이 쓴 글에 대해 책임감을 갖는 글이다. 칼럼의 저자는 현안에 대해 쓴 자신의 글에 사회적 책임감을 지니고 성실하게 임해야 한다. 이 때문에 아무런 근거 없이 비방에 가까운 글들은 좋은 칼럼이라고 간주될 수 없다. 칼럼의 저자는 자신이 쓴 글에서 활용되거나 인용된 내용에 대해 지적인 책임감과 정직성을 가지고 임해야 한다.

(2) 칼럼 읽기와 평가하기

아래 제시된 예문은 잡지에 게재된 칼럼이다. 칼럼이 갖추어야 할 요건에 적합하게 아래의 예문은 특별한 글쓰기 형식에 구속되지 않고 필자의 자유로운 글쓰기 방식에 따라 사회적 현안에 대한 생각을 담아내고 있다. 칼럼은 신문이나 잡지에 기고된 글들이기 때문에 비교적 분량이 짧은 글들이 많기는 하지만, 경우에 따라서는 긴 분량의 글들도 가능하다. 다음의 칼럼을 읽어보자.

예문 12

나쁜 명사(名詞)

영화 '늑대와 춤을'에 나오는 인디언들의 이름은 독특하다. 추장은 '머릿속의 바람' 제사장은 '새 걷어차기', 백인 남자와 결혼하는 여성은 '주먹 쥐고 일어서'이다. 이름에는 새로 태어난 생명의 미래에 대한 염원이 담겨 있게 마련이다. '머릿속의 바람'은 평원의 고단한 삶을 이끌어가는 부족장에게 요구되는 지혜, '새 걷어차기'는 날아가는 새도 이단 옆차기로 떨어뜨리는 제사장의 신통력, '주먹 쥐고 일어서'는 남편이 죽으면 다른 남자에게 소속돼야 부족에 잔류할 수 있는 인디언 여자에게 요구되는 질긴 생명력을 염원하는 것 같다. 지금 생각하면 참 자연친화적이고 시적인 작명법인데, 영화를 볼 때는 왜 반사적으로 웃음이 터져 나왔는지 모르겠다. 아마 이런 게 아니었을까?

인디언의 이름은 사람의 동작이나 자연의 한순간적 상태를 묘사한다. 이건 인간을 자연의 한 부분으로 가정한다. 삶도 순간성의 사건이다. 이들의 이름은 기꺼이 자연의 한순간으로 스스로의 정체성을 자리매김한다. 이런 작명법은 무엇이 되고자 기원하는 자동사형이다. 우리의 작명 관습은 무엇을 갖고자 하는 타동사형에 기초해 있다. 염원의 대상은 명사의 형태로 제시된다. '정숙(貞淑)이'는 단정하고 맑은 여자가 되게 해 달라는 것인데, '정숙'(貞淑)이란 추상명사를 목적어로 두고 이 상태를 염원한다. 그런데 정숙(貞淑)은 자연에 실재하는 사물이 아니라 인간의 머릿속에 있는 관념적 가치이다. 그래서 우리는 정숙을 욕망할 수는 있지만 정숙이라는 존재 자체가 될 수는 없다. 이런 작명 관습은 가치라는 관념을 추상 명사 형태로 축적한 문명화된 사회의 일반적 행태다. 아예 추상명사가 부족한 원시부족에게 자동사형의 작명의 일반적일 수 밖에 없는 것처럼. 그러니 인디언 이름에 대해 터져 나오는 반사적인 웃음은 사실은 명사형을 욕망하는 현대인이 동사형으로 행동하는 고대인에게 보내는 야유일 터이다.

발달된 사회일수록 명사가 풍부하다. 삶의 모든 경험과 정신적 생산물들이 결국은 명사라는 창고에 축적되기 때문이다. 하지만 창고에 이런저런 물건을 쌓아 놓다보면 그중에 불량품도 있게 마련이다. 정신의 창고를 좀 먹는 나쁜 명사 중에 사람의 정체성과 관련된 말만 꼽아봐도 '전과자', '이혼녀', '지방대 출신', '코시안'(한국인과 아시아인의 혼혈), '편모'등 숱하다. 이런 유형의 명사는 과거에 일어난 어떤 사건을 현재의 속성으로 고정시켜 하나의 범주를 만든다. 범주화의 동기도 처음부터 위계화에 있는 경우가 대부분이다. 즉 '이혼녀'라는 명사가 별도로 범주화되는 것은 노처녀나 유부녀와 구별하고자 하는 위계화의 욕망 때문이다. '지방대', '코시안', '편모'등도 비주류로 총칭해 배제하고자 한 욕망에서 발생한 범주들이다. 소통의 효율을 위해 이런 말들이 불가피한 경우가 드물게 있지만, 사실은 그런 경우도 위계화의 욕망이 없다면 얼마든지 다른 표현으로 대체 가능하다.

누군가를 배제하기 위한 나쁜 명사는 그 안에 포함되기를 다들 꺼린다. 하지만 누군가를 지배하고자 하는 사람들이 앞다투어 소유권을 주장하는 명사도 있다. 돈 좀 있고 자리 높고 발언권 있는 '사회지배층'을 언론은 종종 '사회지도층'이란 작위로 부른다. 노사분규 현장에 경찰이 투입되면 언론은 '공권력 투입'이란 제목을 애용한다. 공권력은 행사되는 추상적 힘이지 투입되는 물리적 힘이 아니다. '경찰력 투입'을 '공권력 투입', '사회지배층'을 '사회지도층'으로 표현하는 것은 단순한 정치경제적 사실을 미학적 가치로 날치기 통과시키는 경우이다. 좋은 명사의 나쁜 사용, 사실을 당위로 돌려놓는 자연주의의 오류이다. 위계화의 욕망이란 좋은 명사에 무임승차하고 나쁜 명사를 남에게 돌려놓고자 하는 지배의 기술일 뿐이다.

종종 파괴적인 것은 창의적이다. 불온한 욕망으로 가득 찬 나쁜 명사들을 파괴하는 것, 범주화와 위계화의 사슬을 끊어버리는 것, 그건 명사로 규정하지 않고 인디언처럼 복합동사로 오래 움직임을 지켜보거나 움직임과 하나가 되는 것을 의미한다. 이 창의성의 명명을 인디언식으로 하면, '나쁜 명사 깨고 복합동사와 춤을'정도가 될 것이다. 이 시대가 요구하는 진정한 창의성은 수시로 포장지를 갈아치우는 기술이 아니라 포장지를 찢어발기는 파괴적인 계보학적 상상력이다.

- 출처: 남재일, 「[유스토피아 디스토피아] 나쁜명사(名詞)」, 『씨네 21』, 2006. 12.15, http://www.cine21.com/news/view/?mag_id=43251(검색일: 2018.12.31.)

생각 나누기 3

위에 제시된 칼럼을 읽고 필자의 견해와 관점에 대해 토론해 보자.

(3) 칼럼을 어떻게 써야 할까?

한 편의 칼럼이 어느 정도의 분량을 갖추어야 하는가는 딱히 정해져 있지 않다. 그러나 칼럼의 분량이 지나치게 긴 것은 바람직하지 않다. 자신의 주장과 이를 뒷받침하는 몇 개의 근거들로 이루어진 원고지 9매~10매 가량(A4 1장)이 적합하다.

어떤 주제의 칼럼이 좋은 칼럼인가에 대해서도 정해진 규칙은 없다. 그러나 대개 칼럼의 소재는 사회 구성원들이 관심을 갖고 있는 현안들로 이루어져 있는 경우가 많기 때문에, 시의성 있는 소재를 택하는 것이 좋다.

칼럼을 쓰기 위해서는 먼저 자신이 관심을 갖고 있는 어떤 현안에 대해 자신의 입장을 명확히 세우는 것이 일차적이다. 칼럼은 주장하는 성격이 강한 글이기 때문에, 칼럼의 필자가 해당 문제에 대해 어떤 입장이나 견해를 가지고 있는가를 보여주는 것이 칼럼의 성패를 결정하는 기준이 된다.

주장이나 관점을 명확히 정했다면, 자신의 주장이나 관점을 뒷받침할 수 있는 논거들을 수집해야 한다. 이 과정에서 해당 주제나 사안에 대해 누군가 미리 써 놓은 칼럼들을 꼼꼼하게 찾아 읽어보는 것도 글을 쓰는데 도움이 된다. 자신의 생각과 타인의 생각이 어떤 점에서 중첩되고 차별화되는지를 나누기 위해 반드시 거쳐야 하는 과정이기 때문이다.

선행 자료들에 대한 읽기와 분석이 끝나면, 칼럼 전체를 대표할 수 있는 주제문을 정하고, 이 주제문을 가제목으로 형태화한 후 개요를 작성해야 한다. 개요 없이 글을 쓸 경우 논리적 일관성이 떨어질 우려가 크다. 때문에 어떤 논거를 어디에 배치할 것인지 면밀하게 고려한 후 글 전체의 틀을 확실하게 짜 두어야 한다.

초고는 처음부터 끝까지 한 번에 작성하고, 여러 번의 퇴고를 거치는 것이 좋다. 퇴고를 많이 거칠수록 글이 매끄러워 지며 오탈자와 비문과 같은 기초적인 부분에서의 실수가 최소화된다.

쓰기 활동 3

현재 사회에서 논쟁이 되고 있는 문제를 하나 택하여 신문이나 기타 매체에 기고할 칼럼을 작성해 보자.

제6장

창의적 문제 해결을 위한 글쓰기

1. 상상력과 창의력의 융합적 글쓰기
2. 문제의 재구성과 창의적 해결 전략
3. 제안서와 연구계획서

제6장 중심 내용

- 창의적 문제 해결 능력을 갖춘 융합형 인재
- 창의적인 문제 발견과 해결을 위한 전략
- 문제해결 과정으로서의 제안서와 연구계획서 작성

1. 상상력과 창의력의 융합적 글쓰기

우리가 살아가는 세상은 매우 복잡하고 다양한 특성을 지니고 있기 때문에, 세상을 인식하는 정해진 관점이나 답이란 없다. 특히 4차 산업혁명 시대에 접어들면서 다양한 학문 분야 간의 융합이 가속화되다 보니, 우리 사회는 창의적 문제 해결 능력을 갖춘 융합형 인재를 요구하고 있다. 창의적 문제 해결 능력을 갖춘 융합형 인재란, 사회의 변화에 맞춰 새로운 문제들을 발견해 내고, 발견한 문제들을 학문 간 융합과 소통을 통해 합리적으로 해결할 수 있는 전략을 제시할 수 있는 역량을 지닌 인재를 뜻한다.

우리 사회에 이러한 학문 분야 간의 융합이 필요한 이유는 윌슨(E. O. Wilson)의 저서인 『통섭: 지식의 대통합』에서 잘 설명되어 있다. 윌슨은 자연과학과 사회과학·인문학의 만남이 중요하다고 인식하고 있으며, 그의 책 『통섭: 지식의 대통합』을 한국어로 번역한 최재천 교수 역시 서문을 통해 인문학적 소양이 결여된 자연과학은 통섭의 경지에 이를 수 없다고 강조하기도 했다.

이에 최근에는 인문학을 바탕으로 자연과학과 생명과학, 첨단 기술 등을 아우를 수 있는 창의적 소프트웨어나 제품 등을 개발하고자 하는 움직임이 일고 있다. 이러한 학문 간 융합을 바탕으로 창의적 문제 해결 능력을 갖춘 대표적인 인물로는 스티브 잡스(Steve

Jobs)를 꼽을 수 있다. 실제로, 혁신가로 잘 알려진 스티브 잡스는 2011년 3월, 아이패드 2 발표회장에서 애플의 DNA는 교양과 인문학과 결합된 기술에 있다고 말하기도 했다.

그런데 창의적 문제 해결 능력을 기르기 위해 갖추어야 할 융합적 지식은 단순히 여러 분야의 지식을 습득한다고 해서 얻어질 수 있는 것은 아니다. 진정한 융합적 지식은 평소 사물이나 현상을 '통찰'하는 데에서 비롯된다. 다시 말해, 예리한 관찰을 통해 사물이나 현상의 본질을 꿰뚫어 보는 힘을 바탕으로, 자신이 지닌 다양한 지식을 한데 아울러 새로운 융합적 지식을 창출해 낼 수 있어야 한다. 자신이 진정으로 좋아하는 학문이나 활동이 무엇인지를 탐색하고 이를 지속적으로 즐기다 보면, 남들이 보지 못한 새로운 그 무엇인가를 발견할 수 있을 것이다. 이러한 통찰을 통한 발견의 즐거움을 누리는 것이 창의적 문제 해결 능력을 기르는 지름길일 것이다.

글쓰기에서도 이러한 창의적 문제 해결 능력이 필요한 경우가 많다. 우리는 상상력과 창의력을 필요로 하는 글이라면 흔히 문학적인 글을 떠올린다. 물론 시나 소설과 같은 문학적인 글에서 상상력과 창의력은 매우 중요하다. 그러나 학문 수행에 필요한 학술적 글쓰기를 비롯하여, 직장 내 업무 수행 과정에서 필요한 여러 글쓰기에서도 다양한 상상력과 창의력은 필요하다. 우리가 앞으로 살아가야 할 세상은 주어진 답을 찾기보다는 새로운 환경에서 발견되는 문제와 답을 찾아가야 하는 세상이기 때문이다. 이와 같은 맥락에서 대학 생활을 하는 동안 우리는 다양한 텍스트를 탐구하며 자신이 알고 있는 기존 정보의 문제점이나 의의를 생각하며 보다 나은 정보 체계를 구성해 볼 수도 있다.

따라서 다른 사람들에게 읽힐 수 있는 좋은 글을 쓰기 위해서는 다른 글과의 차별성을 갖추는 것이 필요하며, 사물과 현상에 대한 깊은 통찰을 바탕으로 사회적 문제를 해결하는 데 이바지할 수 있는 내용을 담도록 해야 한다. 또한 다른 사람을 설득하거나 감동을 주기 위한 글에서부터 지식을 전달하는 글에 이르기까지 가능하면 새로운 시각과 접근을 통해 깊은 성찰을 줄 수 있도록 사회나 현상에 창의적으로 접근하려는 자세를 지녀야 한다.

생각 나누기 1

다음의 예문과 같이, 우리 주변에서 기발한 상상력이나 창의력이 돋보이는 글이나, 창의적인 문구로 깨달음이나 재미를 주는 글을 찾아보자.

예문 1

자 신

이 환 천

자신과의
싸움에서

매번지는
나를보고

내자신이
강하단걸

다시한번
느낍니다.

생각 나누기 2

다음의 〈예문 2〉는 창의적 융합형 인재로 우리 사회에 영향력을 미친 인물의 생애를 소개하는 글이며, 〈예문 3〉은 융합형 인재를 키우기 위한 교육의 필요성을 제기하는 글이다. 우리 사회에 알려지거나 숨겨진 융합형 인재로는 어떠한 인물이 있는지 찾아보고, 이들이 왜 융합형 인재로 부를만한지 그 이유에 대해 생각해 보자.

예문 2

최고의 이야기꾼이자 최고의 기술자, 제임스 캐머런

"나는 과학을 좋아했고 해양 생물학자나 물리학자가 되고 싶었다. 그러나 나는 글쓰기도 매우 좋아해 여러 다른 방향으로 흥미를 가졌다. 보지도 못했고 접해보지도 못했지만 대양(큰 바다)에 대해 생각하는 것을 좋아했다. 나는 다른 세상에 존재하는 상상을 즐겼으며 다른 세상으로 나를 데려다주는 어떤 것에도 흥미를 가졌다."

– 캐머런 감독, 대학 시절을 회상하면서

1954년 8월 캐나다 온타리오의 시골 마을에서 나고 자란 제임스 캐머런(James Cameron) 감독은, 미술가인 어머니와 전기 엔지니어인 아버지 사이에서 예술과 기술에 대한 소질을 함께 타고났다. 9살 때는 당시 인기리에 상영된 「고질라」보다 더 좋은 영화를 만들 수 있다고 자랑하고 다녔으며, 12살 때는 영화 「어비스」의 시초 격인 단편을 쓰기도 했다. 14살 때는 풀장에서 다이빙을 배우기 시작하면서(15세에 스쿠버다이빙 자격증도 취득했다.) 바다를 매우 좋아하게 되었다. 고등학교 시절에는 물리학을 좋아해 물리학 과목에서 만점을 받으면서도 영화에 탐닉했고, 아버지의 16밀리미터 카메라인 슈퍼 8을 빌려 영화를 제작하기도 했다.

풀러턴 칼리지에서 물리학과 영문학을 전공하면서도, 근처에 있는 다른 대학인 USC(University of Southern California)의 영화 자료를 샅샅이 살피며 영화 제작에 대한 기술적 지식을 스스로 길렀다. 대학 시절 연애에 빠져 용돈이 궁해지자 학교를 그만두고 트럭 운전을 했으나, 그 시절에도 짬을 내어 글을 쓰는 것을 멈추지 않았다. 그러다가 1977년에 자신이 꿈꾸던 과학·기술·예술이 결합된 영화 「스타 워즈」가 나온 것에 충격을 받고 바로 할리우드에 입문했으며 영화 제작법을 독학하면서 12분짜리 단편영화 「제노제네시스」를 제작해 호평을 받기도 했다. 이후 로저 코먼 감독이 운영하는 뉴월드 영화사에 취직하여 초보 작업인 모델 만들기부터 시작한 그는 두 달 만에 프로듀서 디자이너로 승진하는 등 두각을 나타냈다.

나름대로 이름이 알려지자 이탈리아의 한 영화가가 1981년에 캐머런에게 SF 공포 영화의 연출을 맡겼는데, 언어 장벽과 제작비 지원 부족 등으로 고생하다가 촬영을 시작한 지 고작 12일 만에 해고되었다. 영화사를 설득하여 영화를 계속 촬영할 목적으로 로마를 방문한 그는 제작 회사에 몰래 들어가 자신이 촬영한 필름을 편집하다가 고소당할 위기에까지 몰렸다. 당시 돈이 없어 거의 굶다시피 한 상태에서 심한 감기에 걸렸는데, 꿈에 칼을 든 크롬 금속 해골이 마룻바닥을 걸어 다니는 악몽까지 꾸었다. 그러나 캐머런은 이때의 이미지를 바탕으로 「터미네이터」의 각본을 완성한 후, 1982년, 헴데일 영화사와 400만 달러에 「터미네이터」 제작을 계약하고 2년 뒤인 1984년 10월에 개봉했다.

한편 평소 바닷속 상상을 즐겼던 캐머런 감독은 타이타닉 호 침몰 스토리에 매료되었다. 그래서 그는 타이타닉 호 잔해 탐험 비용을 조달할 목적으로 폭스 사에 '가장 아름다운 로미오와 줄리엣식 사랑 영화'를 만들겠다고 제안해 승낙을 받았다. 그는 타이타닉 호 잔해를 12번이나 직접 탐사하면서 가슴 저미는 슬픔과 함께 서로 살려고 발버둥쳤을 인간의 정의롭지 못한 면을 강하게 느꼈고, 이러한 감성적 메시지를 꼭 전해야 한다는 책임감이 들었다고 한다.

이렇게 하여 제작된 「타이타닉」은 약 22억 달러(제작비 2억 달러)라는, 당시 기준으로 역대 최대 박스 오피스 흥행 수입을 올렸으며, 작품성으로도 최고의 인정을 받아 1998년 70회 아카데미 시상식에서 11개 부분의 상을 휩쓸었다. 캐머런 감독은 100년 전에 차디찬 바닷속에서 실제로 일어난 비극적인 사건과, 로미오와 줄리엣이라는 비극적 러브 스토리를 인문학적 상상력으로 결합해 첨단 기술과 종합 예술을 통해 감동적으로 살려낸 것이다.

한편, 2009년 개봉해 전 세계적으로 「아바타」 신드롬과 3D 영화의 시대를 본격적으로 연 「아바타」는 2154년 지구로부터 4.4광년 떨어진 판도라라고 불리는 외계의 행성에서 전개되는 이야기다. 「타이타닉」이 85년 전(개봉 당시 기준) 실제 역사 속의 비극적 사건을 다룬 영화라면 「아바타」는 약 150년 후에 일어나는 상상의 비극적 사건을 다루고 있다.

독성 가스 때문에 인간이 살기 어려운 판도라는 지구에 비해 중력이 80퍼센트가량이어서 판도라의 원주민인 나비족 신장이 3미터에 이르는 등 모든 생물체가 지구보다 크다. 빛을 내는 생물로 가득한 정글과 신비롭게 떠다니는 산이 있고, 키가 크고 푸른빛을 띤 인간 형상의 나비족과 다리가 여섯인 말, 환한 빛을 발하는 나무의 정령, 날개 달리 거대한 동물(영화에서는 '밴시'라고 칭함) 같은 상상 속 생물들의 보금자리다. 판도라는 그야말로 종교적이고도 심미적이며 원시적인 세계이다. 또한 판도라에는 '언옵타늄'이라는 초전도 물질이 풍부한데, 이 희귀 물질의 높은 상업 가치 때문에 인간들은 판도라를 식민지로 삼고 이를 확보하려 한다. 이러한 초전도 물질로 자기장이 형성되어 산(할렐루야 마운틴)도 공중에 떠다니게 된다. 이와 같은 「아바타」는 물리학을 전공했던 캐머런 감독만이 쓸 수 있는 과학과 기술의 공상 감동 스토리인 것이다.

캐머런 감독이 처음 이 이야기를 만든 것은 1994년이었다. 그러나 당시에는 이러한 이야기를 영화로 실감 나게 만들 수 있는 기술이 아직 없었다. 그래서 엔지니어이기도 한 캐머런은 3차원 입체 기술, 캐릭터들의 표정을 생생하게 표현하는 이모션 캡처 기술, 촬영과 편집이 동시에 가능한 스테레오 스코픽 기술을 직접 개발했다. 또한 1998년 영국 프레임 스토어, 영국 판도라 인터내셔널, 독일 바벨스베르크 연구소가 개발한 컴퓨터 그래픽을 필름으로 변환하는 기술도 채택했다. 이렇게 해서 캐머런은 처음 이야기를 쓴 지 15년이 지나서야 영화로 만들 수 있었다. 과학적이면서도 인문학적인 이야기가 최첨단 기술을 통해 감동적이고 환상적이며 입체감 있는 영화로 탄생한 「아바타」는 2009년 말 개봉되자마자 전 세계의 극장가를 강타하며 박스 오피스 매출 약 28억 달러라는 역사적 흥행 기록을 세웠다. 참고로 제작비는 약 250만 달러다. 매출뿐 아니라, 기술적으로도 영화의 새로운 경계를 개척한 것은 물론이다.

– 출처: 김용근, 『기술은 예술이다』, 금요일, 2013, 60-68쪽에서 발췌하여 재구성함.

예문 3

우물을 깊게 파려면 우선 넓게 파라

이른바 '인문학의 위기'를 말하는 우리나라의 인문학자들 중에는 아직도 "과학기술이 황폐화시킨 인성을 회복해야 한다."라고 부르짖는 이들이 적지 않다. 거의 반세기 전 스노(C. P. Snow)가 통탄해 마지않았던 두 문화, 즉 인문학과 자연과학 간의 장벽은 여전히 진리의 궤적을 추적하는 우리의 행보를 가로막고 있다. 이에 생물학자 윌슨(E. O. Wilson)은 『통섭』(Consilience)에서 인간 지성의 흐름은 결국 과학과 인문학을 융합하는 방향으로 흘러갈 것으로 진단했다. 그래서 지금, 여기서 우리가 해야 할 일은 여전히 "snow melting" 즉 "눈 녹이기"다. 내가 말하는 'snow'에는 두 가지 뜻이 담겨 있다. 우선 고

유명사 'Snow'를 의미한다. 그러나 과학과 인문·사회과학 사이에 눈(snow)이 쌓이기 시작한 것은 1959년 스노의 강연보다 훨씬 오래전의 일이다. 바로 이 눈 장벽을 녹이는 것이 21세기의 가장 시급한 과업이다. 나는 과학기술이 인성을 황폐화시킨 주범이라는 혐의를 인정할 수는 없지만 이제 인문학과 자연과학이 떡처럼 한데 붙어 성찰과 창조를 통해 황폐화된 인성을 함께 구원해야 한다는 점에는 동의한다.

통섭은 사실 새로운 개념이 아니다. 그 옛날 지식이 지금처럼 잘게 쪼개지기 전에는, 아니 더 정확하게 말하면, 지식을 탐구하는 방식이 여러 분과로 나뉘기 전에는 학문의 경계를 인식조차 하지 못하는 것처럼 보이던 전천후 학자들이 있었다. 아리스토텔레스가 대표적인 그런 학자였고, 다빈치와 정약용 역시 이른바 통섭형 학자들이었다. 하지만 섭섭하게도 더 이상 그런 학자는 인류사에 등장하지 않을 것이다. 아리스토텔레스, 다빈치, 그리고 다산 선생이 활동하던 시절에는 지식의 양이 그리 엄청나지 않아 학문의 넘나듦이 가능했던 것 같다. 한양대학교 정민 교수의『다산선생 지식경영법』에 따르면 정약용은 이미 그 시절에 나름대로 통섭적인 연구 방법을 터득하여 활용한 탁월한 학자였던 것 같다. 그러나 이제는 지식의 총량이 너무나 방대해져서 한 개인이 여러 분야를 섭렵하는 것은 사실상 불가능하다. 그래서 우리는 어느 순간부터 전문화를 꾀하기 시작했다. 좁고 깊게 파고드는 전략이다. 그런데 전문화, 즉 좁고 깊게 파는 일은 왜 이리도 힘이 드는 것일까?

최근 어느 신문 인터뷰에서 가야금의 명인 황병기 선생님이 들려준 우리 옛말이 있다. 바로 "우물을 깊게 파려면 우선 넓게 파라."라는 말이다. 지금은 김치냉장고가 있어 그럴 필요가 없어졌지만 예전에는 김장을 하고 나면 김칫독을 땅에 묻어야 했다. 김칫독을 묻기 위해 땅을 팔 때 정확하게 김칫독의 지름만큼만 파기 시작했는가? 아무도 그렇게 어리석지 않다. 김칫독의 지름보다는 사뭇 넉넉하게 파기 시작한다. 학문도 깊이 파려면 우선 넓게 파기 시작해야 할 것이다. 그러나 이미 우리가 축적해놓은 지식은 한 개인이 감당할 수 있는 수준을 넘어선 지 오래다. 넓게 파기 시작해야 하는데 혼자서는 할 수 없다? 그렇다면 답은 너무나 명확하다. 여럿이 함께 넓게 파기 시작하면 훨씬 더 깊게 팔 수 있다. 이것이 바로 통섭을 해야 하는 무식하리만치 단순히 이유다.

나는 최근 우리 학계에 통섭의 개념을 소개하고 동료 학자들에게 진리의 궤적을 따라 과감히 그리고 자유롭게 학문의 국경을 넘나들 것을 요청했다. 진리의 행보는 학문의 경계 따위는 존중해주지도 않건만 우리는 스스로 쳐놓은 학문의 울타리 안에 갇혀 잠시 들렀다 사라지는 진리의 옆모습 또는 뒷모습만 보고 학문을 한답시고 살고 있다. 나는 이제 우리 학자들이 학문의 국경을 넘을 때 여권을 검사하는 거추장스러운 입국 절차를 생략할 때가 되었다고 생각한다. 진정한 의미의 범학문적 접근(trans-disciplinary approach)을 통해 지식의 큰 줄기(統)를 잡아야(攝) 한다.

나는 2007년 새해 첫날 「국제신문」의 새해 특집 '석학에게 듣는다'에 「공부하는 한국이어야 희망 있다」라는 제목의 글을 기고한 바 있다. 통섭의 필요성 내지 당위성을 강조하기 위해 그 글의 일부를 이곳에 다시 싣는다.

> 21세기를 맞이하며 가슴 뜨겁던 때가 엊그제 같은데 벌써 6년이 흘렀다. 21세기의 6%가 이미 흘러간 것이다. 그 질척거리던 20세기를 뒤로하고 새 세기에는 명실 공히 선진국 대열에 진입하여 우리도 한번 사람답게 살아보자던 희망은 어디론가 사라지고 요즘 우리네 삶은 그저 뒤숭숭하기만 하다.
>
> 총체적인 붕괴 상태에 접어든 우리 교육, 북핵 사태로 드러난 전혀 자주적이지 못한 우리의 안보 수준, 거의 모든 이슈마다 극단으로 찢어지는 우리 사회의 참을 수 없는 얄팍함, 완벽하게 전 세계 최저 출산율과 부동산 대책… 말 그대로 '밀운불우(密雲不雨)', 비는 내리지 않고 먹구름만 자욱한 형국이다. (중략)
>
> 요즘 대학가에서 가장 인기 있는 강의는 단연 CEO 특강이다. 이름있는 대기업의 CEO가 오면 1천 명 이상의 학생들이 모여든다. 취업을 앞둔 학생들에게 CEO들의 메시지는 구구절절 피가 되고 살이 된다. 그런데 언제부터인가 상당수의 CEO들이 대학교육의 실효성에 의문을 제기하기 시작했다. 요즘 대학 졸업자들은 회사에서 별도의 재교육을 실시하지 않으면 거의 쓸모가 없단다. 나는 CEO들의 이 같은 발언이 대학생들로 하여금 학업에 더욱 전념하도록 격려하는 취지에서 나온 것이라고 믿는다. 하지만 만일 그 발언이 대학에게 기업을 위한 맞춤형 족집게 교육을 요구하는 것이라면 절대로 받아들일 수 없다.
>
> 최근 우리 사회에서는 '사오정', '오륙도'란 말 그대로 대부분의 사람들이 50세를 전후하여 평생 몸담을 줄 알았던 직장에서 쫓겨난다. 그렇다면 우리는 기껏해야 20년 남짓 벌어먹기 위해 그 혹독한 입시지옥을 거쳤다는 얘기다. 우리나라는 이미 인생 80시대를 거쳐 100세 시대를 향해 달리고 있다. 은퇴 후 인생이 30년 내지 50년이 된다는 뜻이다. 그래서 나는 얼마 전부터 '인생 이모작'을 부르짖고 있다. 이제 곧 대부분의 사람들은 평생 적어도 서너 차례 직업을 바꿔가며 살게 될 것이다. 이 같은 고령사회에서 20년 남짓의 제1인생 직업만을 위해 준비하는 것은 결코 현명한 일이 아니다. 그렇다고 해서 장차 어떤 직업들을 진전하게 될지도 모르면서 미리 그 모든 분야의 공부들을 다 해둘 수도 없는 일이다.

방법은 하나뿐이다. 언제 어떤 직업으로 갈아타더라도 변신이 가능하도록 융통성과 응용력을 길러두는 것이다. 선진국의 명문 대학들이 한결같이 기초학문을 강조하는 까닭이 바로 여기에 있다. 경영학의 대가 피터 드러커(Peter Drucker)는 일찍이 "21세기는 지식의 시대가 될 것이며, 지식의 시대에서는 배움의 끝이 없다."라고 말했다. 지금처럼 대학만 졸업하면 공부와 담을 쌓는 게 아니라 평생 새로운 걸 배우며 살게 된다는 것이다. 21세기는 어떤 새로운 지식이라도 손쉽게 습득할 수 있는 이른바 '수학 능력'을 소유하고 있는, 즉 인문학과 자연과학의 소양을 고루 갖춘 통섭형 인재를 원한다.

통섭 노력이 궁극적으로 결실을 맺어야 할 곳은 다름 아닌 교육이다. 기왕에 분과학문적인 교육을 받은 우리들에게는 통섭이 요원해 보일 수밖에 없다. 그러나 다음 세대가 어떤 형태로든 통섭적인 교육을 받게 된다면 통섭의 시대는 훨씬 앞당겨질 것이다. 이런 점에서 최근 하버드대학이 새롭게 개정한 핵심교육과정(Core Curriculum)은 충분히 주목받을 만하다. 1978년에 처음으로 만들어진 하버드의 핵심교육과정 제도는 지식의 내용 자체보다 지식을 탐구하는 사고의 방법을 교육하는 것이 그 목적이다. 이번에 새롭게 개정되어 2009년부터 실시될 새 핵심교육과정은 각종 기초학문을 실제 삶의 문제들과 연계하여 통섭적인 사고를 요구하는 방향으로 만들어졌다. 하지만 정작 허울 좋은 '수학 능력 시험'까지 치르고 대학에 진학하는 우리 학생들에게는 언제쯤에나 하버드의 핵심교육과정과 같은 교육 프로그램을 마련해줄 수 있을까?

- 출처: 최재천, 「우물을 깊게 파려면 우선 넓게 파라」, 『지식의 통섭』, 최재천·주일우 엮음, 2008, 299-305쪽.

2. 문제의 재구성과 창의적 해결 전략

1) 문제의 발견과 분석

창의적인 문제 해결 능력을 갖춘 인재가 되기 위해서 필요한 것은 비판적 사고를 통한 문제 발견 능력이다. 문제란 '해결하기 어렵거나 난처한 대상이나 일'이거나 '논쟁이나 연구의 대상이 되는 것'으로서, '해결해야 할 만한 가치'를 지니는 것이야 한다. 이때의 문제는 그 문제가 처한 사회적 배경이나 이론적 기반 등에 따라 다르게 이해될 수 있다. 다시 말해, 과거에는 문제가 되었던 어떤 것이 오늘날에는 문제가 되지 않거나, 과거에는 문제가 되지 않았던 것이 오늘날에는 문제가 되는 경우가 발생한다.

그런데 자신이 생각하는 문제가 '문제'로서 타당한 것인가를 판단하기 위해서는 자신이 제기한 문제가 문제로서의 타당한 근거를 갖추고 있어야 하며, 다른 사람으로부터 공감을 얻어낼 수 있어야 한다. 이러한 타당한 문제를 발견하기 위해서는 관련 분야에 대해 평소 관심을 지니고 있거나, 관련 지식이 어느 정도 있어야 가능하다. 또한 다양한 체험을 통해 자연스럽게 문제를 발견하는 경우도 종종 발생한다. 따라서 평상시 다양한 체험이나 독서 토의, 신문·방송·영화 등과 같은 매체 비평 등을 통해 관련 배경 지식과 생각하는 힘을 쌓는 것이 중요하다. 특히 주어진 현상이나 텍스트 등에 대해 끊임없이 '왜'라는 질문을 던지며, 그에 대한 대답을 스스로 찾아보려는 시도를 하는 것이 좋다.

타당성을 갖춘 문제를 발견했다면, 이에 대한 분석이 필요하다. 왜 이것이 문제가 되었으며, 이로 인해 어떠한 어려운 상황이 발생하고 있는지 등에 관한 다양한 정보를 수집해 보면서, 이러한 문제적 상황을 객관적으로 이해해야 한다. 이를 통해 자신이 발견한 문제 중 해결해야 할 핵심 문제가 무엇인지를 다시 한번 규정짓는 것이 필요하다.

예를 들어, 교내 정기 주차권 발급이 학생에게는 제한되어 있다는 상황이 자가용 없이 통학하는 대부분의 학생들에게는 문제로 인식되지 않을 수 있으나, 자가용으로 통학해야 하는 학생에게 이는 문제적 상황이 될 수 있다. 그렇다면 자가용으로 통학해야 하는 학생은 학생 주차권 발급 제한이 문제라고 생각하지 않은 다른 사람들에게 이것이 어떤 점에서 문제가 되는지와 관련한 공감을 이끌어내야 한다. 장애 학생이나, 악기와 같은 무게가 나가는 실습 도구를 지참해야 하는 학생, 대중교통 이용이 어려운 지역에 거주하는 학생들의 사례를 이야기할 수도 있고, 학생 권리 차원에서 교내 정기 주차권 발급의 필요성을 이야기할 수도 있다.

이러한 내용 등으로 다른 사람들에게도 공감대를 형성할 수 있을 것이라는 판단이 든다면, 왜 이와 같은 문제적 상황이 발생한 것인지에 대한 자료 조사가 필요하다. 교내 주차 공간이나 교내 출입 차량의 현황 등이 어떠한지를 조사해 볼 수 있으며, 다른 대학의 사례를 조사하여 이러한 문제가 우리 대학의 특수한 상황인지, 아니면 다른 대학과 비슷한 상황인지 등에 대한 조사를 해 볼 수 있다. 그런 다음, 이러한 문제가 발생한 가장 큰 원인이 무엇인지를 찾아보면서, 이 문제적 상황의 '핵심 문제'가 무엇인지를 설정해야 한다.

가령, 교내 주차 공간의 부족으로 학생에게 교내 정기 주차권 발급이 제한되어 있다면, 이때의 문제는 '학생의 교내 정기 주차권 발급 제한'뿐만 아니라 '교내 주차 공간 부족'도 될 수도 있다. 그리고 '학생의 교내 정기 주차권 발급 제한'을 핵심 문제로 삼을 때와, '교내 주차 공간 부족'을 핵심 문제로 삼을 때에 관련 해결 방안이 각기 다르게 나올 것이다. 따라서 문제를 발견하고 이를 분석하는 과정을 통해, 자신이 핵심 문제로 삼는 것이 무엇인지를 명확히 규정해야 한다.

2) 창의적인 문제 해결

문제를 발견했다면, 문제를 해결할 수 있어야 한다. 앞에서 간략하게 살펴본 바와 같이, 문제 해결은 문제의 성격에 따라 그 방법이 다르게 나타난다. 예를 들어, '해결하기 어렵거나 난처한 대상이나 일' 로서의 문제라면, 이를 해결하지 않았을 때 발생하는 어려움이나 곤란함을 없앨 수 있는 방법을 제시해야 한다. 그리고 '논쟁이나 연구의 대상이 되는 것'으로서의 문제라면, 일정한 연구 절차에 따라 도출한 연구 결과를 제시하면 된다. 이때 문제의 해결책을 찾는다는 것은 기본적으로 창의적인 사고가 있어야 한다. 다만 창의적인 사고의 정도가 개인에 따라 다르게 나타날 뿐이다.

우리 주변에서는 창의적으로 문제를 발견하고 이를 해결한 사례들이 많다. 우리가 자주 이용하는 승강기의 거울 역시, 이러한 창의적 문제 해결의 결과물이다. 세계 최초로 안전장치가 달린 승강기를 만든 오티스 사(社)는 승강기의 위험성이라는 기존의 문제점은 해결했지만, 속도가 느리다는 문제점을 해결할만한 기술을 지니지 못했다. 이때 오티스 사가 생각한 것은 "승강기의 속도를 개선하자."가 아닌 "사람들이 승강기의 속도를 생각하지 않도록 하자."라는 것이다. 그 결과, 승강기에 거울을 설치하면서 사람들이 승강기 안에서 거울을 볼 수 있도록 했는데, 이로 인해 승강기 속도가 느리다는 불만 제기가 현저하게 줄었다고 한다. 이렇게 하여 부착된 승강기 거울은 협소한 공간이 넓게 보이는 심리적 효과를 주었다. 또한 앞뒤로 몸을 쉽게 움직일 수 없는 휠체어를 탄 장애인들이 거울을 통해 승강기 문의 개폐 여부를 확인할 수 있는 효과까지 주고 있기 때문에, 승강기 내 거울 설치는 이제는 필수적인 요소가 되고 있다. 이와 같이 창의적으로 문제를 해결하기 위해서는 발상의 전환이 필요하다.

글쓰기에서는 자신이 발견한 문제가 글의 주제로 이어지는 경우가 많다. 이때에는 문제에 대한 구체적인 탐구를 통해 정립한 자신의 입장이 분명해야 한다. 앞에서 제시한 사례처럼, 만약 "학생들의 교내 주차 제한으로 인해 불편함이 발생한다."와 같은 문제를 인지하고 문제로서의 타당성 검토가 끝났다면, 이를 글의 주제로 발전시킬 수 있다. 가령, "학생의 교내 주차 제한으로 인해 자가용 통학이 필요한 학생들에게 불편함을 초래하고 있으며, 이를 위한 대안으로 통학 버스 운영 확대 방안이 마련되어야 한다."와 같은 주제로 이어질 수 있는 것이다.

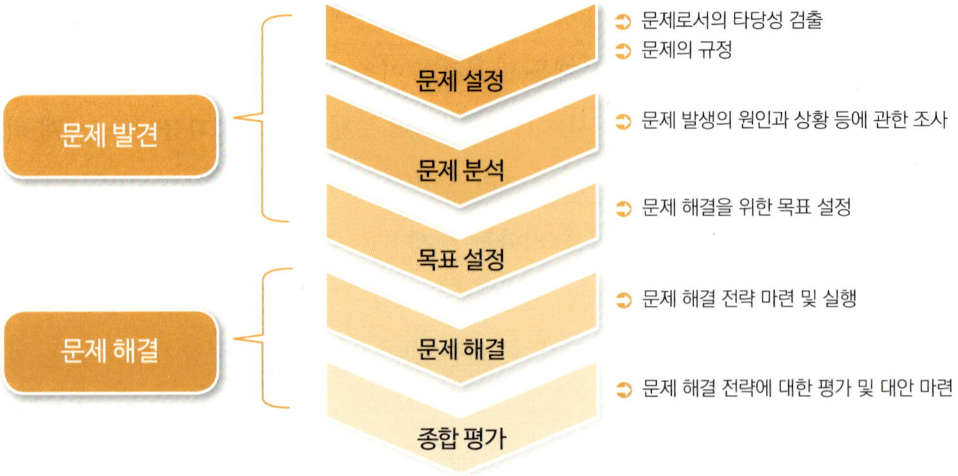

생각 나누기 1

다음은 일상생활에서 창의적인 사고를 통해 문제를 해결할 수 있는 방법을 제시한 글이다. 다음의 글을 읽고, 창의적 문제 해결 능력을 기르기 위해 자신이 할 수 있는 노력은 무엇일지 생각해 보자.

예문 1

일상생활에서의 창의성은 미래 세대가 세상을 바라보는 방식을 변화시킬 수 없을지 모르지만 적어도 우리 자신이 세상을 경험하는 방식은 바꿀 수 있다. 문제를 발견하는 일이 일상생활에서 중요한 이유는 우리가 그냥 지나칠 수 있는 경험에 초점을 맞추게끔 도와주기 때문이다. 이러한 기술을 연습하기 위해서 다음과 같은 방법들을 시도해 볼 수 있다.

다각도로 문제를 바라본다.

자신이 발견한 문제를 여러 관점에서 생각해 보자. 문제를 정의하는 방식은 보통 원인을 규명하는 것이다. 우리는 충동적으로 고정관념에 의해 문제를 규정하는 경향이 있다. 예를 들면, 우리는 배우자와 말다툼을 하게 되면 즉시 자신의 잘못이라기보다는 상대방의 잘못이라고 생각한다. 어느 때는 그 생각이 맞을지도 모르지만 분명 항상 그렇지는 않다. 양쪽 모두에게 잘못이 있다고 생각하는 것이 합당하다. 중요한 것은 말다툼까지 하면서 서로 자기주장을 하게 된 동기를 이해하는 것이다.

또한 말다툼이 표면적으로는 한 가지-예를 들어 돈-일지 모르지만 보이는 것이 다는 아니다. 실제로 그것은 금전적 문제의 결정권에 대한 것일 수 있다. 아니면 상대방을 존중하는 마음이 부족하거나 부부 관계에 투자하는 관심의 양이 서로 다르기 때문일 수도 있다. 결국 문제의 성격을 어떤 식으로 정의하는지가 효과적인 해결을 위해 중요하다.

창의적인 사람들은 성급하게 문제를 규정하지 않는다. 그들은 처음에 다각도로 상황을 바라보면서 한동안 결론을 보류하고 여러 가지 원인과 이유를 생각한다. 앞으로 어떻게 될지에 대해 처음에는 머릿속으로 생각하고 실험을 해본다. 그다음에 해결을 시도하고 성공 여부를 확인한다. 만일 그 결과가 기대하는 것과 다르다고 생각되면 문제를 처음부터 재고한다.

일상생활에서 문제를 발견하는 방법은 문제가 있다고 느낄 때 마음을 가다듬고 그 문제를 최대한 서술해보는 것이다. 만일 누군가가 나보다 먼저 승진했다면 '상관이 나를 싫어하기 때문이다.'라는 생각이 들 수 있다. 그러면 곧 반대로, '내가 상관을 싫어하기 때문이다.'라고 생각해보자.

이런 식으로 문제를 바라볼 수도 있지 않을까? 그 생각이 적어도 부분적으로는 진실일 수 있지 않을까? 그다음에는 즉시 몇 가지 다른 이유들을 생각해보자. '내가 직업을 바꾸지 않았기 때문이다.' 또는 '최근에 집안일로 너무 정신이 없었고, 그래서 업무에 지장이 있었다.' 어떤 서술이 가장 문제에 근접한가? 아마도 각각의 이유가 어느 정도까지는 진실이며, 몇 가지 이유가 함께 작용했을 수도 있었을 것이다.

결국은 승진하지 못한 사실이 크게 문제가 되지 않는다는 결론을 내릴 수도 있다. 승진에서 누락되면 집에서 더 많은 시간을 보낼 수 있고, 새로운 일을 배우고, 다른 일에 정신적 에너지를 전념할 여유가 생길 수도 있다. 문제는 경쟁심과 욕심이다. 일 자체를 위해서가 아니라 출세를 하기 위해서 노력했다는 사실을 깨닫게 될지도 모른다. 따라서 승진에 실패한 것보다 좀 더 근본적인 문제를 먼저 해결해야 할 것이다.

아마도 그러한 서술이 사건의 원인을 분명하게 정의하지 못할 수도 있다. 그렇지만 문제의 성격을 정의해보는 일은 매우 중요하다. 왜냐하면 다음에 따라올 행동에 영향을 미치기 때문이다. 문제를 명명하고 원인을 파악하는 것은 과거뿐 아니라 미래에 영향을 준다. 이런 점에서 창의적인 사람들의 삶은 좀 더 유동적이다. 그들은 자신에게 일어나는 일들을 최대한 다양하게 서술하기 때문에 보다 넓은 선택 조건을 갖고 있는 셈이다.

문제가 함축하고 있는 의미를 생각한다.

일단 문제를 서술했으면 이제 가능한 해결책을 생각할 수 있다. '아무개가 나보다 먼저 승진했다'와 같은 단순한 문제도 어떻게 서술하고, 원인이 무엇이라고 생각하느냐에 따라, 해결책이 달라질 수 있다. 해결책은 직장 밖에서 흥미를 찾는다거나, 상관을 이해하고 좋아하는 법을 배운다거나, 일에 대한 능력을 키운다거나, 아니면 위의 모두가 될 수 있다.

이 단계에서도 역시 다양한 해결책을 생각하고 여러 가능성들을 받아들이는 것이 도움이 된다. 창의적인 사람들은 최선책을 발견할 때까지 여러 가지 대안들을 실험해본다. 또한 훌륭한 해결책을 생각하자마자 그 반대로 생각해보는 것이 필요하다.

아무리 유능한 사람도 생각만으로는 어느 해결책이 효과적인지 미리 알 수 없다. 그래서 우선 한 가지 방식을 시도해보고, 얼마 후 또 다른 방법을 시도해보고 나서 결과를 비교해보면 가장 창의적인 결과를 이끌어낼 수 있다. 신속하고 꾸준히 하는 것이 좋다. 창의적이 되려고 노력하면 때로 우유부단하게 보일 수 있다는 점을 각오해야 한다.

해결책을 보완한다.

창의적인 문제 해결을 위해서는 계속적인 실험과 보완이 필요하다. 선택의 여지가 많을수록 보다 독창적이고 적절한 해결책이 나올 수 있다. 창의적인 미술가들은 그림을 그리면서 기술을 변화시켜간다. 그러면 그림은 화폭 위에서 뜻밖의 방식으로 발전하게 된다. 그들은 자신도 예상하지 못했던 결과로부터 배우고 기꺼이 좀 더 나은 해결책을 발견할 준비가 된다. 마찬가지로 창의적인 작가들은 어떻게 끝날지 모르는 소설을 쓰기 시작하는데, 이야기가 전개되는 논리를 따라가다 보면 뜻밖의 결과에 이르게 된다.

이러한 과정을 우리는 일상생활의 창의성에 어떻게 적용할 수 있을까? 아주 사소한 예로, 파티를 열기로 했다고 하자. 손님들이 서로 잘 어울리도록 식탁 주위에 좌석을 배열하려고 한다면 미리 계획을 짜는 것이 좋다. 하지만 나란히 앉게 될 사람들이 서로에게 냉담한 것처럼 보인다면 앉히기 전에 그 계획을 바꿀 수도 있다.

이러한 융통성을 위해서는 해결 과정을 계속 조심스럽게 지켜보고 새로운 정보가 알려지는 대로 그 과정을 수정할 수 있도록 경계를 게을리하지 말아야 한다. 대부분의 사람들이 정해진 방법을 따라가는 이유는 정신적 에너지가 덜 요구되기 때문이다. 사실 집중력은 얼마 안 가 한계에 달하고 무너지기 때문에 언제나 창의적일 수는 없다. 그러나 창의적 해결에 도달하는 방법을 알고 있다면 그만큼 수고를 덜 수 있다.

모든 사고가 문제의 해결점에 이를 수 있는 것은 아니다. 때로 우리는 다른 사람들이 하는 말에 대답을 하고 의견을 제시하기도 해야 한다. 그다지 정신 집중이 필요하지 않은 이런 일들을 위해서도 어느 정도 창의적인 방법들이 있다. 친구와 하는 대화에서도 상투적인 문구보다는 좀 더 정확하고 참신한 표현을 시도해볼 수 있다. 평범한 개념보다는 좀 더 선명한 이미지를 사용해보자.

창의성 증진을 위한 대부분의 프로그램들은 특히 이러한 면에 집중한다. 그들은 일반적으로 창의성에 중요하다고 생각되는 확산적 사고의 세 가지 차원을 향상시키고자 한다. 즉 여러 가지 반응에 대처하는 유연성, 서로 다른 생각들을 생산하는 융통성, 그리고 진귀한 생각들을 생산하는 독창성이 그것이다. 브레인스토밍은 사람들의 생각과 반응에서 유연성, 융통성 그리고 독창성을 증대시키기 위해 자극하는 방법이다. 다음과 같은 제안들을 따라서 해본다면 원하는 결과를 얻는 데 도움이 될 수 있을 것이다.

최대한 많은 아이디어를 생각해낸다.

만일 감사 쪽지, 보고서 또는 편지를 써야 한다면 중심 단어를 정하고 가능한 한 많은 동의어를 만들어본다. 하다가 막히면 사전을 찾아본다. 아니면 비슷한 의미의 단어들도 생각한다. 처음에는 양적으로 많은 단어들을 생각해내고 나중에는 그 단어들을 질적으로 검토해본다.

만일 주말에 휴가를 계획하고 있다면 같은 방법을 해보자. 우선 생각나는 대로 많은 선택 사항을 떠올려보자. 엉뚱한 생각이 뜻밖에 새로운 방향을 제시할 수 있고, 거기서 좀 더 수용 가능한 대안으로 옮겨갈 수 있다. 백화점에 옷을 사러 간다면 곧장 자주 들리는 곳으로 올라가지 말고 시간이 허락하는 대로 최대한 다양한 선택을 시도해보자. 익숙하지 않은 분야의 책들을 읽어보자. 회사에서 상관이 의견을 물으면 뻔한 견해만 제시하지 말고 온갖 아이디어와 선택 그리고 가능성들을 피력해보자.

최대한 여러 가지 아이디어를 생각한다.

양은 중요하지만 과잉은 피하는 것이 좋다. 대화, 음악, 메뉴를 선택할 때의 다양성은 일반적으로 높은 평가를 받는다. 화제, 음식점, 전시회, 옷 입는 방식을 바꾸는 법을 배워보자. 모토로라의 로버트 갤빈은 간단한 정신 운동을 훈련했다. 즉 누구에게서 어떤 말을 들을 때마다 그는 자신에게 묻는다. 만일 사실이 그와는 반대라면? 다른 사람이 진실이라고 믿고 있는 것과 다른 상상을 해보는 것은 어쩌면 소용없는 짓일지도 모른다. 그러나 확산적 사고는 뜻밖에 독창적일 뿐 아니라 유용한 깨달음을 줄 수 있다.

기발한 아이디어를 생각해낸다.

독창성은 창의적 사고에 속하는 특징이다. 만일 아기에게 어떤 이름을 지어줄지, 종이 클립을 어떻게 사용할지, 또는 파티를 어떻게 해야 할지에 대해 물으면 창의적인 사람은 다수와는 다른 대답을 하기 쉽다. 그러나 그 대답은 결코 허무맹랑하지는 않다. 일단 들어보면, '아하! 내가 왜 그 생각을 못 했을까?'라고 감탄하게 된다.

유연성과 융통성을 배우는 것보다는 독창적인 방식으로 사고하는 방법을 배우기가 좀 더 어렵다. 그것은 전자의 두 가지에게 필요하지 않은 세련된 감각의 개발이 요구된다. 한 가지 연습법으로는, 매일 신문에서 한 가지 기사를 택해서 좀 더 독특하고 좀 더 인상적으로 그 사건을 묘사해보는 방법이 있다. 지루하거나 불분명한 기사를 다시 써보자. 사무실이나 집 거실을 둘러보고 그 장소가 우리의 개인적 취향을 반영하고 있는지 자문해본다. 만일 그렇지 않다면 자신과 보다 잘 어울리게 꾸며보자.

자주 회의와 회합에 참석하는 경우에는 탁자에 둘러앉은 다른 사람들이 하는 말을 간단히 요약해서 기록하는 습관을 기르도록 한다. 그러면 앞사람들이 말한 것과는 다른 대안을 생각하거나 여러 관점을 통합해서 좀 더 포괄적인 의견을 제시할 수 있다. 한 가지 입장만 고수하지 말고 회의 진행 방향에 따라 사고방식을 전환해보자.

확산적인 사고는 보편적이고 수렴적인 사고보다 좀 더 집중력이 요구된다. 틀에 박힌 생각보다는 창의적인 생각이 에너지가 더 많이 든다. 그러므로 언제 창의성을 시도할지 아닐지를 선택해야 한다. 그렇지 않으면 그 강렬한 불길에 화상을 입을지도 모른다.

- 출처: 미하이 칙센트미하이, 노혜숙 옮김, 『창의성의 즐거움』, 북로드, 2004, 447-455쪽에서 윤문.

창의적 문제 해결을 위한 방법들

3. 제안서와 연구계획서

학문공동체에 속한 사람들은 자신의 학문 분야와 자신이 속한 집단 속에서 다양한 문제를 발견하고 이를 문제로서 규정한 다음, 다양한 연구 방법 등을 모색하여 그 해결책을 제시할 수 있어야 한다. 그런데 학문공동체 안에서 중요한 소통 수단은 글이기 때문에, 이러한 일련의 과정을 글로 체계적으로 정리한 후 다른 사람들에게 보고하는 것도 중요하다. 이런 점에서 글쓰기 이론가인 린다 플라워(Linda Flower)는 글쓰기란 본질적으로 문제 해결 과정이라고 설명하기도 한다.

이 장에서는 글쓰기를 통한 문제 해결 과정으로서, 제안서와 연구계획서를 살펴보고자 한다.

1) 제안서 쓰기

제안서는 정책이나 프로그램, 사업 등을 제안함으로써, 제안 내용이 채택되어 실행에 옮겨질 수 있도록 상대방을 설득하기 위한 글이다. 자신의 제안 내용이 채택되기 위해서는 제안서에 제시된 문제에 대해 제안서 평가자의 공감을 얻어낼 수 있어야 하며, 해결 방법이 타당해야 한다. 무엇보다 자신이 제안한 내용이 채택되어 실행된다면, 어떠한 효과가 나타날지를 설득력 있게 제시해야 한다. 이러한 제안서를 작성하기 위해서는 자신이 제안하고자 하는 내용에 대한 철저한 자료 조사와 분석이 필요하다.

제안서는 자신이 제안하고자 하는 내용의 성격에 따라 구성 요소가 다르게 나타나며, 제안서를 제출할 기관에서 그 양식을 제시해 주기도 한다. 일반적으로 문제 해결을 위한 제안서는 다음의 구성 요소로 이루어진다.

- 개요
- 현황과 문제점 분석
- 해결 방안
- 기대 효과
- 소요 기간 및 비용

① 개요

'개요'는 현재 직면한 문제와 제안을 하게 된 배경을 제시하면서 자신이 제안하고자 하는 내용이 무엇인지를 개략적으로 밝히는 부분이다. 개요를 작성하는 목적은 제안서 평가자에게 제안서의 내용이 무엇인지를, 다음에 이어질 구체적인 내용을 읽기 전에 미리 알 수 있도록 하는 데 있다. 최근에는 관공서나 기업 등에서 다양하고 창의적인 제안이 많이 이루어질 수 있도록 제안서 양식을 간소화하는 경우가 늘고 있는데, 이때에는 '개요' 항목이 생략되는 경우가 있다.

② 현황과 문제점 분석

'현황과 문제점 분석'에서는 현재 존재하는 문제로 인해 어떠한 상황이 나타나고 있으며, 이러한 문제가 발생하게 된 배경이 무엇인지를 구체적으로 밝히면 된다. 이 부분에서는 제안서를 읽을 평가자가 자신이 발견하고 설정한 문제를 공감할 수 있도록 설득하는 것이 중요하다. 그러기 위해서는 현재의 문제적 상황에 대한 객관적인 자료나 근거들을 제시해 줌으로써 자신이 설정한 문제가 정말 '문제'임을 보여주어야 한다.

③ 해결 방안

'해결 방안'에서는 자신이 분석한 문제를 해결할 수 있는 구체적인 방안과 내용들을 제시해야 한다. 앞에서 살펴본 '현황과 문제점 분석'을 통해 도출해 낸 문제적 상황을 어떻게 해결할 것인가를 단계별, 또는 내용별로 밝히면 된다. 이때 자신이 제안하고자 하는 해결 방안이 채택될 수 있도록 평가자를 설득하는 것이 중요하다. 따라서 자신의 제안 내용을 구체적으로 밝히고, 자신이 제안한 해결 방안이 다른 해결 방안과 어떤 차별성을 지니며, 어떤 점에서 다른 해결 방안보다 더 효과적인지를 함께 밝힐 필요가 있다.

④ 기대 효과

'기대 효과'에서는 자신이 제안한 내용이 실행되었을 때 나타날 수 있는 긍정적 효과를 기술하면 된다. '기대 효과'는 수치로 표현될 수 있는 정량적인 내용이 기술될 수도 있으며, 이미지 제고와 같은 정성적인 내용이 기술될 수도 있다.

⑤ 소요 기간 및 비용

'소요 기간 및 비용'은 제안 내용의 실행 주체에 따라 생략될 수 있는 내용이다. 즉, 자신이 제안한 내용을 자신이 아닌 평가 담당 기관에서 수행한다면 이 항목이 생략될 수 있다. 그러나 자신이 직접 제안 내용을 실행한다면 어느 정도의 기간과 비용이 필요한지를 구체적으로 밝혀주어서 이에 필요한 적절한 지원이 이루어질 수 있도록 요청해야 한다. 이때 중요한 것은 평가자가 제안서에 제시된 추진 기간과 비용의 타당성 여부를 판단할 수 있도록, 구체적인 추진 일정과 예산 항목 등을 제시해 주어야 한다는 것이다.

쓰기 활동 1

다음은 대학 생활에서 발견한 문제를 해결하기 위해 작성한 제안서이다. 다음의 제안서를 읽고, 대학 또는 지역 사회에서 해결해야 할 문제가 무엇이며, 이를 어떻게 해결할 수 있을지 조별로 논의한 후 제안서를 작성해 보자.

제안 제목	도서관 개인 좌석 예약 용지 낭비와 잔여 좌석 확인 해결을 위한 애플리케이션 개발
개 요	현재 ○○대학교 도서관은 개인 좌석제로 운영되고 있다. 이를 위해 도서관에서는 열람실 1층에 개인 좌석 지정 발권기를 설치하고, 이를 통해 개인 좌석 지정과 좌석 확인 등을 할 수 있도록 하고 있다. 그런데 이때 좌석 확인을 위해 발급되는 용지가 낭비되거나, 열람실 1층에서만 개인 좌석을 지정할 수 있다는 문제점이 발생하고 있다. 학생들은 도서관의 개인 좌석을 이용하기 위해서 먼저 열람실 1층의 좌석 지정 발권기로 가서, 개인 아이디와 비밀번호를 입력한 뒤 자리를 정해야 한다. 그러면 발권기에서 해당 이용 가능 시간과 좌석을 알려주는 종이가 나온다. 자신이 좌석을 예약했다는 것을 증명하기 위해 예약 확인 용지를 발급받아야 하지만, 대부분의 사람들은 좌석을 정하면 예약 확인 종이는 그 자리에서 버리는 경우가 많다. 때로는 용지 부족으로 종이가 발급되지 않을 수도 있다. 또한 도서관에 잔여 좌석이 얼마나 남아 있는지를 알기 위해서는 직접 도서관 1층에 가서 확인하는 방법밖에 없다. 이로 인해 현재 이용 가능 좌석이 없는데도 불구하고, 이를 확인하기 위해 직접 도서관 열람실로 가야 하는 번거로움이 발생한다. 따라서 도서관 좌석 예약 내역을 확인할 수 있으면서도, 버려지는 용지의 낭비를 줄일 수 있고, 직접 도서관에 가서 좌석을 예약하는 번거로움을 줄이고자 도서관 좌석 예약을 위한 애플리케이션을 개발할 것을 제안하고자 한다.
현황과 문제점 분 석	현재 도서관 좌석 예약 시 대부분의 학생들이 예약 후 발급되는 용지를 챙기지 않고 있다. 그렇다 보니 좌석 예약 확인권 발권기 앞은 학생들이 버린 용지로 지저분한 경우가 많다. 학생들이 확인 용지를 챙긴다 한들, 결국은 버려지는 종이일 뿐이다. 또한 용지에 이름과 학번 및 지정 좌석이 표시되어 있다 보니, 이는 개인 정보 노출의 위험도 안게 된다. 비슷한 예로 영수증이 있는데, 이 영수증은 버려지는 경우가 허다하다. 실제로 한국인터넷진흥원이 2014년에 발표한 전자영수증 서비스화 사업 연구 결과 보고서에 따르면 영수증의 생산과 폐기 과정에서 온실가스 배출이 5만 5000톤에 달한다고 한다. 이에 자원 낭비와 환경오염을 예방하기 위해 종이 영수증을 전자 영수증으로 대체하는 기업들이 늘어나고 있다. 더불어 이 문제를 토대로 △△대학교 도서관은 스마트폰으로 도서 대여와 열람실 좌석 예약이 가능하게 이미 시행하고 있다. ○○대학교 도서관에서 발급되는 용지는 교내의 환경오염 및 국가의 자원 낭비로 이어지기 때문에 이에 대한 해결은 중요한 문제이다.

현황과 문제점 분 석	이 문제가 발생하는 원인은 더 좋은 아이디어와 시스템의 부재라고 생각한다. 먼저 확인 용지의 출력은 현재까지 종이로 사람들의 신원을 증명하는 것이 가장 간단한 방법인 것으로 학교 측과 학생들에게 비판적 사고 없이 인식되어 왔다. 이로 인해 더 좋은 방안을 고려할 수 있음에도 불구하고 다른 방법과 시스템이 고려되지 않았다. 또한 직접 도서관 1층의 좌석 예약 기계를 통해서만 도서관 잔여 좌석의 유무를 확인할 수 있다는 점도 문제이다. 현재 도서관의 시스템은 스마트폰이 보급되기 전에 도입되었으며 과거에는 당연히 신원을 종이로 확인하는 것이 가장 좋은 방법이고 도서관 외의 장소에서 좌석을 확인하는 도구가 없었기 때문에 기존의 방법이 사용되었을 것으로 추정된다.
해결 방안	개인 정보가 담긴 예약 확인 종이가 버려지는 종이의 낭비 문제, 그리고 도서관 좌석 확인의 번거로움 등을 해결하기 위해서는 도서관 좌석 예약을 위한 애플리케이션을 개발할 필요가 있다. 구체적 방안은 ○○대학교 포털의 아이디와 비밀번호를 애플리케이션과 연동하여 기존 학우들의 사용을 편리하게 한 다음, 도서관의 좌석 배치도를 애플리케이션에 등록하여 손쉽게 좌석 확인 및 좌석 등록을 할 수 있도록 개발하면 된다. 이때 좌석 예약을 애플리케이션에서도 가능하도록 할 경우에는 좌석 예약 남용과 같은 추가적인 문제점이 발생할 수 있기 때문에, 애플리케이션에서는 잔여 좌석 유무만 확인하고, 실제 좌석 예약은 도서관 1층에서만 가능하게 하여 좌석 예약 남용을 예방하고자 한다. 또한 좌석을 지정했을 때 기존의 좌석 정보를 담는 용지의 내용을 애플리케이션으로 확인할 수 있게 하되, 애플리케이션을 다운로드하지 못하는 사람들을 위해서 기계를 통해 용지 출력 유무를 선택할 수 있게 하면 된다. '좌석 확인 용지'와 '잔여 좌석 확인' 이렇게 두 가지 기능을 애플리케이션으로 구현함으로써 용지 절약과 시간적으로 효율적인 좌석 지정이 가능하게 된다. 추가적인 기능으로 연장 시간이 되면 알림이 울리고 연장 시간을 놓치는 일이 없게 하면 보다 편리할 것이다. 이외에도 애플리케이션이 개발된다면, 도서관 이용과 관련된 여러 기능을 추가할 수 있을 것이다.
기대 효과	문제가 해결될 시 첫 번째 효과로 용지 절약을 들 수 있다. 용지를 절약하게 되면서 이 부분에 대한 예산 감축뿐만 아니라 용지 생산을 위해 필요한 자재, 그리고 생산하면서 생기는 에너지 낭비와 공기오염을 막을 수 있어서 환경적인 부분에 대해서도 긍정적인 효과를 기대할 수 있다. 이에 더해 애플리케이션이 없었을 때 무분별한 용지 낭비로 미관이 훼손되었다면 이 애플리케이션의 도입으로 인해 도서관 1층의 미관을 깨끗하게 할 수 있다. 두 번째로는 도서관의 잔여 좌석 확인을 도서관뿐만 아니라 다른 곳에서도 실시간으로 할 수 있어, 좌석 확인을 위해 소비되는 시간과 체력을 절약할 수 있다. 도서관 운영 예산 중 용지 부분이 차지하는 비용이 얼마만큼 절약되었는지 확인함으로써 애플리케이션의 효과를 측정할 수 있을 것이다. 또한 애플리케이션 이용자들을 대상으로 설문 조사를 통해 잔여 좌석 확인을 위해 소비된 시간이 얼마나 줄었는지 확인한다면, 그 효과를 측정할 수 있을 것이다.

– 출처: 2017 전남대학교 기초교육원 교양교육지원센터 〈문제 탐색 프로젝트〉 공모전 참여 신청서를 윤문함.

제 안 제 목	
개 요	
현황과 문제점 분 석	
해결 방안	
기대 효과	

2) 연구계획서 쓰기

표준국어대사전의 정의에 따르면, 연구란 "어떤 일이나 사물에 대하여서 깊이 있게 조사하고 생각하여 진리를 따져 보는 일"을 의미한다. 따라서 연구계획서는 연구를 본격적으로 시작하기 전에, 자신이 '조사하고 생각하여 진리를 따져볼' 내용이 무엇이며, 왜 이러한 연구가 필요한지, 그리고 어떠한 방법과 절차 등을 통해 연구를 할 것인지를 미리 체계적으로 정리해 보는 것이다. 연구보고서는 연구계획서의 내용을 바탕으로 실제 연구를 수행한 결과를 체계적으로 정리한 것이라 할 수 있다.

연구계획서는 특정 연구를 시작할 때 자신의 연구를 시작하기 위한 승인을 받거나, 지원을 받기 위한 목적에서 작성하는 글이다. 따라서 연구계획서는 계획서를 검토하는 사람을 설득하기 위한 문서로서, 자신의 연구가 왜 필요하며, 이러한 연구를 통해 어떠한 긍정적 효과를 얻을 수 있는지를 보여주기 위한 글이다.

계획서는 계획 단계의 글이지만 자신이 계획하고 있는 연구나 활동이 어떠한 방법과 절차대로 진행될 것인가를 담고 있다. 따라서 계획서를 쓰면서 자신의 연구나 활동의 과정을 스스로 조감해 볼 수 있다. 또한 구체적인 연구나 활동이 시작되기 전에 계획서 검토자로부터 조언을 받아 수행 과정 중에 일어날 수 있는 시행착오를 줄이는 데 도움을 얻을 수 있다.

연구계획서는 학문 분야나 목적에 따라 작성 양식이 각기 다르나, 일반적으로 다음의 구성 요소를 지닌다.

- 연구 제목
- 연구 배경 및 목적
- 선행 연구 검토
- 연구 방법
- 연구 결과의 기대 효과
- 참고문헌

① 연구 제목

'연구 제목'은 연구 내용을 함축적으로 제시하는 것으로서, 독자가 제목을 보았을 때에 연구 대상과 내용을 짐작할 수 있도록 해주어야 한다. 이때 연구 제목이 지나치게 광범위하거나 협소해서는 안 된다. 일반적으로 연구 제목은 하나의 구절로 제시하는 것이 바람직하지만, 하나의 구절 안에 이를 충분히 담아내기가 어려울 경우에는 제한적으로 부제를 사용할 수도 있다. 또한 연구계획서에서의 제목은 비유적인 표현이나 문장형을 사용해서는 안 된다.

② 연구 배경 및 목적

'연구 배경 및 목적'은 연구를 하게 된 이유와 필요성 등을 다루면서, 이 연구의 구체적인 주제가 무엇인지를 밝히는 부분이다. 이 부분에서는 연구를 시작하게 된 상황적 배경이나 학문적 배경 등을 밝힘으로써 이 연구를 수행해야 하는 당위성을 언급하면 된다. 아울러 연구의 목적이 무엇인지를 명시적으로 제시해 주어야 한다.

③ 선행 연구 검토

'선행 연구 검토'는 자신이 다루고자 하는 연구 주제와 관련하여 이미 이루어진 연구 경향 등을 검토하는 것을 의미한다. 선행 연구 검토를 하는 이유는 자신의 연구 동향을 살피기 위한 것도 있지만, 자신의 연구가 기존의 연구와는 다른 차별화된 내용을 담고 있다는 것을 밝히기 위한 것이기도 하다. 따라서 선행 연구 검토 부분에서는 기존 연구의 방향을 정리하면서, 기존 연구의 의의와 한계를 밝히는 것이 필요하다. 이때 기존 연구자의 연구 내용을 정리할 때에는 각각의 연구 내용을 무조건적으로 나열하기보다는, 기존 연구 내용을 주제별로 묶어서 재구성하는 것이 좋다.

④ 연구 방법

'연구 방법'에서는 자신의 연구 목적을 달성하기 위한 구체적인 절차나 방법 등을 제시하는 것이다. 예를 들어, 연구를 수행하는 과정에서 설문 조사나 인터뷰 등이 필요하다면, 어떤 사람을 대상으로 어떤 방법으로 설문조사나 인터뷰를 할 것이며, 이에 대한 결과 분석은 어떠한 방법으로 할지 밝히면 된다. 연구 방법은 가능하면 구체적으로 작성하는 것이 좋다. 연구 방법을 통해 검토자는 연구의 실현 가능성을 점검해 볼 수 있으며, 적절한 조언을 제공해 줄 수 있기 때문이다. 그리고 자신의 연구 주제에 적합한 연구 방법이 무엇인지 찾기 위해서는 다양한 연구 방법론을 학습하는 것도 중요하다.

⑤ 연구 결과의 기대 효과

'연구 결과의 기대 효과'는 연구가 최종적으로 수행되었을 때 예상할 수 있는 연구 결과의 가치나 의의 등을 정리하는 것이다. 검토자는 연구 결과의 기대 효과 내용을 통해, 이 연구의 수행 필요성과 가치 등을 다시 한번 재확인해 볼 수 있다.

⑥ 참고문헌

'참고문헌'은 자신이 연구계획서를 작성하는 과정이나 앞으로 연구를 수행하는 과정에서 참고하게 될 논문이나 저서 등을 정리해 놓은 것이다. 검토자는 연구계획서의 참고문헌에 제시된 목록을 통해 연구자가 적절한 자료를 참고하고 있는지를 살펴보며, 중요한 참고 자료가 누락되어 있을 경우에는, 연구자에게 이에 대한 적절한 조언을 해 줄 수 있다. 따라서 이 연구를 수행하는 과정에서 참고하게 될 자료가 무엇일지를 신중하고 생각하여, 이를 성실하게 제시하는 것이 필요하다.

쓰기 활동 2

다음은 대학 생활 중 발견한 문제를 바탕으로, 이를 해결하기 위해 작성한 연구계획서이다. 이 연구계획서를 읽고, 잘된 점과 부족한 점이 무엇인지를 함께 논의해 보자. 그런 다음, 각자 관심 있는 주제로 연구계획서를 작성해 보자.

○○대학 내 장애학생들을 위한 편의시설과 교육지원 현황 및 개선 방향

1. 연구 배경

'교육'은 인간이 삶을 영위하는 데 필요한 모든 행위를 가르치고 배우는 과정이며 수단이다. 이러한 교육을 받을 권리는 헌법 제31조의 "모든 국민은 능력에 따라 균등하게 교육을 받을 권리를 가진다."를 통해 보장된다. 장애인의 권리가 보장됨에도 불구하고, 여전히 우리 사회에는 장애인에 대한 차별적인 인식이 남아 있으며, 장애인의 교육 접근성은 낮은 편이다. 그러나 최근 인권에 대한 사람들의 인식이 변화하기 시작했으며, 정부에서도 장애인들의 안정된 삶을 위한 노력을 해오면서 실질적인 장애인 교육권 보장의 필요성도 커지게 되었다. 이를 바탕으로 1995학년도부터 장애자복지대책위원회의 특수교육 진흥 방안에 따라 장애인의 교육 환경 개선을 위한 장애인 대학 입학 특별전형제도가 도입되었으며, 장애인의 고등교육 지원도 확대되었다. 이에 따라 장애학생들의 대학 진학률에 증가에 맞춰, 대학 내 편의시설이나 교육적 지원 등 교육적 환경의 조성이 필요해지게 되었다.

○○대학교에서도 장애학생들을 위한 편의시설과 교육 지원책을 마련하고 있다. 실제, ○○대학교 장애학생지원센터 홈페이지를 보면 장애학생들을 위한 편의시설에 대한 정보들은 얻을 수 있었는데, 대부분의 건물들에 승강기와 경사로가 설치되어 있음을 확인할 수 있었다. 그러나 그 정보는 2010년 이전에 등록된 것으로, 새롭고 실질적인 자료가 필요하다. 이에 이 연구에서는 ○○대학교 내 장애인 학생들을 위한 편의시설 및 교육지원의 현황과 장애학생들의 실질적인 요구 사항을 조사하여 앞으로의 ○○대학교 내 교육 환경의 개선 방향에 대한 기초 자료를 제시하고자 한다.

2. 선행연구의 검토

장애학생들을 위한 캠퍼스 내 편의시설 실태를 다룬 관련 연구로는 특정 대학교를 대상으로 〈장애인·노인·임산부 등의 편의 증진 보장에 관한 법률〉의 기준에 따라 편의시설의 현황을 분석한 연구들이 많았다. 서희숙·하재명(2009)은 대학 장애학생 교육복지지원 자체평가보고서(경북대학교, 2008)의 항목들을 기준으로 K대학교의 장애학생들을 위한 편의시설들을 평가하였으며, 이태경·임신영·이상홍(2009)도 대학 장애학생 교육복지지원 자체평가보고서의 항목들을 기준으로 지역 거점 5개 대학의 편의시설을 평가하였는데, 편의시설을 다시 5개의 시설로 세분화하여 조사하였다. 조홍중·강수균(2005)은 '장벽 철폐', '유니버설 디자인'의 개념을 들며 전남 소재의 한 대학의 편의시설 실태를 조사하였다. 나준태(2002)는 국내의 현황뿐 아니라 미국, 영국의 지원 서비스에 대하여도 조사하였다.

이처럼 특정 대학 내 장애학생을 위한 편의시설의 현황을 세부항목들을 기준으로 평가한 연구들은 많았지만, 장애학생들의 요구와 교육지원에 대한 연구는 부족했으며 ○○대학교의 전반적인 시설을 다루는 연구는 이루어지지 않았다.

3. 연구 방법

이 연구에서는 장애학생을 위한 편의시설의 기준 적합 여부를 판단하고, 면담자와의 면담을 통한 개선 요구 사항을 파악하기 위해 다음과 같은 연구 방법을 활용하고자 한다.

1) 장애학생을 위한 편의시설의 기준 적합 여부를 평가하기 위해, 교내 장애학생을 위한 편의시설을 실측하여 세부항목별 평가 기준 목록표에 따라 평가한다. 평가 항목은 대학 장애학생 교육복지지원 자체평가보고서에 근거한다. 조사 대상이 되는 건물은 본부를 비롯하여 학생회관, 도서관 등 60여 개의 건물 중 학생들이 자주 이용하는 20개의 건물로 한정하여 조사한다.

2) 장애학생을 위한 교육 지원 진행 수준과 그에 대한 장애학생들의 구체적인 개선 요구 사항을 분석하기 위해 장애학생과 장애학생지원 담당 직원과의 면담을 진행한다.

① 장애학생지원 담당 직원과의 면담을 통해 ○○대학교 홈페이지에 게시된 지원 서비스들의 구체적인 내용을 이해하고, 이행 수준을 파악한다.

② 장애학생, 도우미 학생과의 면담을 통해 시설적 부분, 교육 지원적 부분에서 만족스러운 부분과 개선이 필요하다고 생각되는 부분을 파악한다.

4. 연구 결과의 기대 효과

기존의 연구들에서는 ○○대학교의 전반적인 편의시설들을 다루지 않았기 때문에 본 연구를 통하여 보다 객관적인 편의시설 현황을 파악하여 ○○대학교 장애학생지원센터의 자료 업데이트에 도움을 제공할 수 있을 것이다. 새로운 자료를 통해 ○○대학교의 장애학생 지원이 원활하게 이루어지고 있는 것을 보인다면, ○○대학교가 선진적이고 민주적인, 대학으로서의 역할을 충실히 하고 있음을 보일 수 있을 것이다.

또한 장애학생들과의 면담을 통하여 실질적으로 편의시설을 필요로 하는 이용자들의 입장에서의 개선 요구 사항들을 조사함으로써 학교 측에서는 구체적인 요구 사항들을 수용할 수 있게 되어 최종적으로 장애학생들의 편의 시설·교육지원 제도의 지침으로 활용될 수 있을 것이다. ○○대학교가 국립대학교로서의 역할을 하고 있는 만큼, 타 학교에게 이러한 지침을 제공하고 모범 사례가 될 수도 있을 것이라 예상한다.

이를 통해 현재 증가하고 있는 장애학생들의 대학 진학률에 발맞춰 적절한 교육 환경이 조성되어 그들이 최소한의 제한을 느끼며 안정적으로, 진정한 고등교육을 받을 수 있게 될 것이다.

– 출처: 학생의 글

연구 제목	
연구 배경 및 목적	
선행 연구 검토	
연구 방법	
연구 결과의 기대 효과	
참고문헌	

부록

1. 좋은 문장, 어떻게 쓸까?

2. 연구보고서 작성법

1. 좋은 문장, 어떻게 쓸까?

문장은 생각을 담는 그릇이어서 생각이 정리되지 않으면 문장 또한 모호해지기 쉽다. 한 문장 한 문장을 완성하는 과정은 생각을 명쾌하게 다듬어가는 과정이다. 내가 쓴 하나의 문장이 다른 사람에게 전달될 수 있는 것은 하나의 언어공동체 내에 약속된 어법이 있기 때문이다. 어법에 부합되는 문장은 잘 읽히기 마련이고, 좋은 글의 출발점이자 그 바탕이 된다. 바르고 좋은 문장이 어떤 것인지 수학처럼 정답이 있는 것은 아니다. 좋은 문장은 다듬고 또 다듬는 끊임없는 과정을 통해서 얻어질 수 있다.

■ 아래 문장들을 읽어보자. 대강의 의미는 파악될지 모르지만 어법에 맞지 않는 어색한 문장들이다. 어느 부분이 어색하게 느껴지는지, 또 의미가 정확히 전달되지 않는 대목은 어디인지 이야기해 보자.

1) 개방적이고 낙천적인 부모님 밑에서 자란 나는 엄마와 아빠의 손을 잡고 아장아장 걷던 시절부터 나에게 무서움과 두려움이라는 것은 존재하지 않았다.

2) 인간이 발전하는데 고여 있는 썩은 물이 아니라 잔잔한 시냇물일지라도 조금씩 변화하는 것이 중요하다는 것은 누구나 다 알고 있을 것입니다.

3) 대부분의 많은 사람들은 "도시와 농촌 중에서 무엇이 더 좋겠느냐?"라고 물어본다면 대다수의 사람들은 당연히 도시가 더 좋다고 말할 것이다. 하지만 이와는 반대로 나는 농촌이 오히려 도시보다 더 뛰어나다고 생각한다.

■ 주어와 서술어는 문장의 의미를 세우는 기본 틀이다. 주어-서술어는 서로 일치하고 호응되어야 한다는 것을 명심하면서 아래의 문장들을 수정해보자.

1) 저의 성격은 무엇이고 제 성격에 끼친 여러 가지 영향에 대하여 알아보고 싶었습니다.

→

2) 사람은 모든 시련을 마주했을 때에도 꿈을 지탱해주는 원동력이 하나씩은 있다.

→

3) 나는 작은 시골에서 초등학생 때부터 살았기 때문에 음악을 하는 아이들이 많이 없었다.

→

4) 화재 현장을 취재한 기자의 보도는 불이 난 병원이 상대적으로 노령 환자가 많고 대피를 도울 당직 의료진이 부족했으며 대피로가 협소했다는 것이다.

→

■ 하나의 문장 안에 동일어를 반복해서 사용하면 문장이 답답하고 진부하게 느껴진다. 가급적 중복되는 단어가 없도록 아래의 문장을 다듬어 군더더기 없는 깔끔한 문장으로 수정해보자. (한 편의 글 안에서도 특별히 강조하는 핵심어가 아니라면 동일어를 자꾸 반복하기보다 다양한 표현으로 바꾸어 쓰는 것이 글을 지루하지 않게 한다.)

1) 일반적으로 열등감을 생각하면 부정적인 사고방식이라고 생각한다.

→

2) 친구들은 그림을 보여주며 나에게 칭찬받길 원하고 내 그림엔 항상 칭찬뿐이었다.

→

3) 친구를 사귀는데 있어서 가식으로 대하지 않고, 한 사람, 한 사람에게 애정을 주고 거짓 없이 진심으로 대하면, 그 사람들도 나를 그렇게 바라봐 준다.

→

4) 우리 팀은 매번 힘들고 어려운 상황을 잘 이겨냈다고 좋은 호평을 받았다.

→

■ 영어식 문장의 영향으로 명사구(절) 주어나 수동(피동) 표현이 사용되는 경우가 많다. 하지만 이런 표현들은 우리말 문장을 딱딱하고 어색하게 하는 경우가 많다. 아래의 문장들을 자연스러운 우리말 문장으로 수정해 보자.

1) 이런 부분에서 오는 힘듦을 그 당시에는 부모님에게 많이 표출했던 것 같다.

→

2) 그 사실을 알게 된 두 명의 친구의 반응은 날 걱정해주는 공통점을 지닌 동시에 서로의 성격에 맞는 차이점이 있었다.

→

3) 좋은 글은 하루아침에 쓰여지는 것이 아니다.

→

4) 그 탈옥수는 시민들의 협조와 경찰의 포위작전에 의해 붙잡혔다.

→

■ 알맞은 접속어는 문장을 매끄럽게 잘 연결해 주고, 조사는 문장의 의미관계를 명확하게 한다. 아래의 문장에서 접속어나 조사가 어색한 곳을 찾아 바르게 수정해 보자.

1) 어렸을 때를 회상해 보면 관심을 가지게 되면 깊게 빠지는 성격이었던 것 같다.

→

2) 대한민국의 복지 제도는 지속적으로 발전을 거듭해 온 것은 우리 모두 인정해야 한다.

→

3) 인간은 자연을 지배하기도 하고 순응하기도 해왔다.

→

4) 우리는 광주 시민으로써 현실 속의 민주주의를 실현함으로서 5.18 정신을 계승해야 한다.

→

■ 수식어는 문장의 표현력을 높여주지만 위치가 적절하지 않으면 오히려 의미를 모호하게 한다. 아래의 문장에서 수식어의 위치에 따라 의미가 어떻게 달라질 수 있는지를 살펴보고, 자신이 의도한 의미에 맞도록 수정해 보자.

1) 나는 노래를 부르면서 뒤따라오는 동생을 기다렸다.

→

2) 무작정 아버지는 내가 혼자 여행하는 것을 반대하셨다.

→

3) 한참 동안이나 그 여자는 참을성 있게 도무지 꼼짝하지 않으려 하는 아이를 바라보았다.

→

■ 맞춤법에 맞는 문장을 쓰는 것은 글쓰기의 가장 기본이다. 틀리기 쉬운 맞춤법을 점검해 보고 실수하기 쉬운 것들은 꼭 기억해 두자.

1) 입사한 첫해, 나는 내게 새로 주어진 일에 적응하느라 [숨 가쁜/숨 가뿐] 나날을 보냈다.

2) 시간 [되면/돼면] 네가 내게로 좀 와주면 [안돼/안되]?

3) 너의 생일은 음력으로 몇 월 [몇일/며칠]이니?

4) 이 계약에 어떤 조건을 [부칠/붙일] 것인지 회의에 [부칩시다/붙입시다].

5) 아기를 [나은/낳은] 후 감기에 걸렸는데 오랫동안 [낫질/낳질] 않았다.

6) 다음 번 모임에서 [뵈요/봬요].

7) 그는 섬마을 초등학교에서 전 학년을 [가르쳤다/가리켰다].

8) 이 자리를 [빌어/빌려] 감사의 말씀을 전합니다.

9) 그녀는 공부를 [하던지/하든지] 운동을 [하던지/하든지] 간에 열심히 한다.

10) 정말 [어의없구나/어이없구나]. [어따 대고/얻다 대고] 반말이니?

■ 띄어쓰기는 전문 작가들도 자주 틀리는 경우가 많다. 대부분 컴퓨터 문서 프로그램이 오류를 잡아주지만 그래도 기본은 익혀 두자.

1) 시골 생활이 따분할 것 같지만 [할 게/할게] 많아요.

2) 이렇게 밤이 늦었는데 기어코 [갈거야/갈 거야]?

3) 이 옷은 [예쁠뿐더러/예쁠 뿐더러] 값도 저렴해요. 디자인도 [만족스러울 뿐만 아니라/만족스러울뿐만 아니라] 실용적이기까지 하고요.

4) 얼마나 차가 [막히던 지/막히던지] 면허를 [딴지/딴 지] 얼마 되지 않은 나로서는 운전이 쉽지 않았다.

5) 나로서는 그렇게 [할 수밖에/할수밖에] 없습니다.

6) [그럴리가/그럴 리가] 없습니다.

7) 우리 세대에게는 [결혼은커녕/결혼은 커녕] 연애도 쉽지 않군요.

8) 우리가 함께 밥 [먹는 데/먹는대]로 그를 [불렀는데/불렀는 데], 그가 오지 않았다.

9) [가 볼 만한/가볼만 한] 곳이 딱히 없어 하루 종일 [잠만/잠 만] 잤다.

10) [김 사장/김사장]은 [박여사/박 여사]를 정중하게 대했다.

2. 연구보고서 작성법

연구보고서는 특정한 주제에 대해 수행한 연구 내용 및 결과를 정리한 일종의 학술 보고서이다. 연구보고서의 형식은 학문 분야나 연구 주제의 성격에 따라 다양하게 작성할 수 있다. 부록에서는 연구보고서 작성법의 기초적인 내용을 간략하게 소개한다.

연구보고서의 구성 요소를 서론, 본론, 결론의 구성에 따라 간략하게 정리하면 다음과 같다.

- 연구 제목
- 목차
- 서론 - 연구 배경, 연구 목적, 연구 방법
- 본론 - 연구 결과
- 결론 - 연구 결과 요약, 연구 결과가 주는 시사점이나 의의
- 참고문헌

1) 목차 쓰기

목차는 연구보고서의 전체 구성을 한눈에 볼 수 있도록 제시한 것으로서, 각 장의 소제목을 일목요연하게 제시한 것이다. 그러나 목차를 단순히 소제목의 열거라고 생각해서는 안 되며, 목차에 제시되어 있는 각 장의 소제목을 통해 독자들이 연구보고서의 전개를 예측할 수 있도록 해야 한다. 무엇보다도 목차에 제시된 소제목을 통해 예측해 본 내용의 전개가 논리적으로 자연스러워야 할 것이다.

목차의 구성은 학문 분야, 연구 내용, 연구 방법 등에 따라 다양하게 나타난다. 목

차 구성의 몇 가지 예시를 제시하면 다음과 같다.

목차 예문

대학생 글쓰기 윤리의 현 실태와 윤리의식 제고 방안

Ⅰ. 서론
Ⅱ. 연구 윤리와 글쓰기 윤리
Ⅲ. 글쓰기 윤리의 현실태
Ⅳ. 윤리의식 제고 방안
Ⅴ. 결론
참고문헌

토론 동아리가 대학생의 지도력과 의사소통 능력에 미치는 효과

Ⅰ. 서론
  1. 연구 배경 및 목적
  2. 연구 대상
Ⅱ. 선행 연구 검토
Ⅲ. 연구 방법 및 절차
Ⅳ. 연구 결과
Ⅴ. 결론
참고문헌

2) 서론 쓰기

연구보고서의 서론은 6장에서 살펴본 연구제안서의 연구 배경 및 목적, 선행 연구 검토, 연구 방법 등을 밝히는 부분이다. 학문공동체의 구성원으로서의 독자는 연구보고서의 서론을 통해 이 보고서에서 다루는 문제가 무엇이며, 이러한 문제를 어떤 방식으로 다루어 해결할 것인지에 대한 대략적인 정보를 얻을 수 있다.

서론은 학문 분야와 연구 내용 등에 따라 다르게 구성할 수 있다. 그러나 일반적으로 연구 배경 및 목적, 선행 연구 검토, 연구 방법 등이 서론이라는 하나의 장 안에 요약적으로 제시할 수도 있고, 각각의 장으로 상세하게 제시할 수도 있다.

연구 배경 및 목적, 선행 연구 검토, 연구 방법 등을 하나의 장으로 구성한 사례를 제시하면 다음과 같다.

서론 예문

4차 산업혁명 시대의 인문교양교육의 역할과 방향

1. 서론

지난 2016년 1월 20일부터 3일간 열린 다보스포럼에서 '4차 산업혁명의 이해'라는 주제로 세계 각국 정상의 토의가 이루어진 이래, '4차 산업혁명'이라는 용어가 현재까지 지속적인 화두로 떠오르고 있다. 국내의 경우, 2017년 대선 국면에 접어들면서 정치적으로도 4차 산업혁명 시대를 대비하기 위한 국가 정책 수립과 관련된 의견들이 무수히 제기되고 있다. 심지어는 기술 관련 자격증 취득 학원에서조차도 4차 산업혁명을 거론하며 홍보 마케팅을 하는 모습을 쉽게 발견할 수 있게 되었다.

한 가지 주목할 점은 이러한 4차 산업혁명의 주요 논의의 방향이 과학과 산업 경제 분야에 집중되어 있다는 점이다. 물론 4차 산업혁명을 주도한 것이 과학기술의 발달이었기 때문에, 자연스럽게 과학 분야와 관련된 산업 경제 분야에서 이에 민감하게 반응하는 것은 당연한 일일지도 모른다. 실제로 지난 2016년에 국내에서 발표된 4차 산업혁명에 관한 학술적 논의의 대부분도 과학 분야에 집중되어 있으며, 그중에서도 인공지능에 집중되어 있다. 예를 들어, 원동규·이상필은 4차 산업혁명 시대의 인공지능의 기술 동향을 살펴보기도 했으며[1], 한재권 역시 인공지능 로봇이 미래사회에 미칠 영향을 논의하기도 했다.[2] 박병원은 인공지능과 4차 산업혁명의 긍정적인 측면을 분석하기 이전에 4차 산업혁명의 도래에 필요한 우리의 사회·과학 시스템적 측면에서의 과제 등을 제시하기도 했다.[3] 일부에서는 인공지능이 아닌 4차 산업혁명 시대에 필요한 대학 교육의 방향을 논의하기도 했으나, 이들 논의는 신기술 등을 활용한 콘텐츠 교육[4]이나 소프트웨어 교육[5] 등으로 국한되어 있어서, 4차 산업혁명과 관련된 논의의 대부분이 과학기술 관련 분야에 치우쳐 있음을 확인할 수 있다.

한 가지 흥미로운 것은 4차 산업혁명을 바라보는 많은 논의의 이면에는 로봇과 인공지능으로 인해 사라질 수많은 일자리에 대한 두려움과 경계심이 느껴진다는 것이다. 그 이면에는 '지구상의 가장 위대한 존재'였던 인간이 자신의 지위를 인공지능을 갖춘 로봇에게 넘기고, 공상과학영화처럼 로봇에게 인간이 지배당하는 것은 아닐까 하는 막연한 두려움이 존재하는 듯하다. 이러한 우려와 두려움의 근본적인 이유는 바로 인공지능과 로봇이 아닌 바로 '인간이란 누구이며, 어떻게 살아가야 하는가'라는 인간 존재 그 자체에 대한 근원적인 질문에서 비롯된 것이라 생각한다. 이는 곧 자연스럽게 4차 산업혁명 시대에 인문학 또는 인문교양이 어떠한 역할을 담당해야 할 것인가에 관한 질문으로 이어진다.

이 글에서는 4차 산업혁명 시대의 인문교양교육의 역할과 방향이 어떠해야 하는지를 고찰해 보는 것을 목적으로 한다. 이는 그동안의 4차 산업혁명과 관련된 논의가 지나치게 과학 분야에만 치중되어 있었다는 반성에서 비롯된다. 이를 위해 4차 산업혁명의 특징과 전망을 살펴보고, 새 시대에 맞는 인문교양교육의 필요성을 논의하고자 한다.

– 출처: 김현정, 「4차 산업혁명 시대의 인문교양교육의 역할과 방향」, 『교양학연구』 5, 다빈치미래교양연구소, 2017, 95-97쪽.

1) 원동규·이상필, 「인공지능과 제4차 산업혁명의 함의」, 『ie 매거진』 23(2), 대한산업공학회, 2016.

2) 한재권, 「로봇과 인공지능의 현황 및 전망」, 『미디어와교육』 6(1), 한국교육방송공사, 2016.

3) 박병원, 「Introduction: 인공지능, 로봇, 빅데이터와 제4차 산업혁명」, 『Future Horizon』 28, 과학기술정책연구원, 2016.

4) 한동승, 「4차 산업 혁명 시대, 대학 교육과 콘텐츠」, 『인문콘텐츠』 42, 인문콘텐츠학회, 2016.

5) 김진형, 「4차산업혁명, 인공지능 시대의 교육」, 『STSS지속가능과학회 학술대회 자료집』, 지속가능과학회, 2016.

3) 본론 쓰기

본론은 연구 내용의 결과들이 체계적으로 정리된 부분이다. 본론에서는 자신이 연구한 내용을 타당한 근거들을 통해 제시해야 하는데, 이때 다른 연구나 자료를 참고하는 경우가 많다. 따라서 본론에서는 자신이 참고한 자료를 적절하게 인용함으로써, 1장에서 살펴본 연구 윤리에 위배되지 않도록 유의해야 한다.

따라서 본론 작성 부분에서는 정당한 인용법과 정확한 출처 표기법을 구체적으로 살펴보고자 한다. 출처를 표기하는 것은 나의 주장에 대한 근거를 제시하는 것이며, 관련 내용에 대한 선행 연구를 수행한 원저자의 업적을 인정해 주는 행위이다. 출처를 표기하는 방법은 학문 분야에 따라 다르다. 따라서 자신이 속한 학문공동체에서 통용되는 출처 표기법을 미리 학습하는 것이 중요하다.

일반적으로 인용은 직접 인용과 간접 인용으로 나뉜다. 직접 인용은 원자료의 내용을 그대로 옮겨오는 것이며, 간접 인용은 원자료의 내용을 자신의 글의 문맥에 맞게 수정하여 옮겨오는 것을 말한다.

직접 인용은 인용한 부분을 큰따옴표(“ ”) 안에 표기하거나 별도의 단락으로 구분하여 표기하는 방법이다. 큰따옴표를 사용하는 경우는 인용한 부분의 분량이 비교적 적을 경우이며, 별도의 단락으로 구분하여 표기하는 경우는 인용한 부분의 분량이 비교적 많을 경우이다. 직접 인용은 자신의 표현보다는 원저자의 표현 그 자체가 중요하다고 판단할 때에만 제한적으로 사용하는 것이 바람직하다.

간접 인용은 원저자의 표현보다는 자신의 글의 문맥에 맞게 고쳐서 인용하는 방법이다. 간접 인용은 직접 인용처럼 큰따옴표나 별도의 단락 구분 없이 바로 사용하며, 인용이 끝나는 지점에 출처를 표기해 주어야 한다. 간접 인용은 원저자의 표현이 왜곡되지 않도록 유의해야 하며, 인용의 경계가 불분명하기 때문에 출처 표기가 누락되지 않도록 더욱 신경 써야 한다.

간접 인용과 직접 인용의 예시

【원문】

연구윤리가 제대로 정착되기 위해서는 사실 가이드라인의 제정만으로 불충분하다. 무엇보다 중요한 것은 초·중등학교 학생에서부터 대학·대학원 학생에 이르기까지 표절 예방에 관한 교육으로 정직한 글쓰기가 체화되도록 해야 할 것이다. 이를 위해 학교생활 속에서 올바른 글쓰기 교육과 연구윤리 의식을 체득할 수 있는 교육과정과 프로그램의 개발이 절실하다.

– 출처: 리처드 앨런 포스너, 정해룡 옮김, 『표절의 문화와 글쓰기의 윤리』, 선지니, 2009, 142-143쪽.

【긴 직접 인용】

포스너는 연구윤리의 정착 방안에 대해 다음과 같이 말한다.

연구윤리가 제대로 정착되기 위해서는 사실 가이드라인의 제정만으로 불충분하다. 무엇보다 중요한 것은 초·중등학교 학생에서부터 대학·대학원 학생에 이르기까지 표절 예방에 관한 교육으로 정직한 글쓰기가 체화되도록 해야 할 것이다. 이를 위해 학교생활 속에서 올바른 글쓰기 교육과 연구윤리 의식을 체득할 수 있는 교육과정과 프로그램의 개발이 절실하다.[1)]

이와 같이 포스너는 학교 교육 과정 안에서의 표절 예방 교육을 강조하면서, 관련 교육과정과 프로그램 개발을 강조하고 있다.

---

1) 리처드 앨런 포스너, 정해룡 옮김, 『표절의 문화와 글쓰기의 윤리』, 선지니, 2009, 143쪽.

【짧은 직접 인용】

포스너는 표절과 같은 연구 윤리가 체화될 수 있는 방안으로 "학교생활 속에서 올바른 글쓰기 교육과 연구윤리 의식을 체득할 수 있는 교육과정과 프로그램의 개발"[1]을 제안하였다.

1) 리처드 앨런 포스너, 정해룡 옮김, 『표절의 문화와 글쓰기의 윤리』, 선지니, 2009, 143쪽.

【간접 인용】

포스너는 연구윤리가 정착되기 위해서는 가이드라인뿐만 아니라, 학교 교육과정 안에서 관련 교육과정과 프로그램이 개발되어, 학생들이 표절 예방 교육을 받도록 해야 한다고 강조하였다.[1]

1) 리처드 앨런 포스너, 정해룡 옮김, 『표절의 문화와 글쓰기의 윤리』, 선지니, 2009, 143쪽.

출처를 표기하는 방법은 크게 각주와 같은 주석을 통해 표기하는 방법과 본문에서 괄호를 사용하여 출처를 표기하는 방법으로 나뉜다. 주석을 통해 표기하는 방법은 인문학에서 주로 쓰이며, 괄호를 사용하여 출처를 표기하는 방법은 사회과학이나 이공학 분야에서 주로 쓰인다.

다음은 주석을 통해 출처를 표기하는 방법 중의 하나이다.

㉠ 저서: 저자, 책이름, 출판사, 출판 연도, 인용 쪽수.

차두원·김서현, 『잡킬러: 4차 산업혁명, 로봇과 인공지능이 바꾸는 일자리의 미래』, 한스미디어, 2016, 110쪽.

㉡ 논문: 저자, 논문명, 학술지명, 학술지 권호, 학회명, 출판 연도, 인용 쪽수.

이인재, 「연구진실성과 연구 윤리」, 『윤리교육연구』 제21집, 한국윤리교육학회, 2010, 270쪽.

㉢ 인터넷 자료: 사이트명, 사이트 주소(검색일).

전남대 기초교육원 표현과 소통 상담실, http://ctl.jnu.ac.kr/SVC_C005.do?MENU=03040101(검색일: 2018. 7. 31.).

㉣ 인터넷 매체 기사: 필자, 기사 제목, 인터넷 매체 이름, 작성일자, 사이트 주소(검색일).

최현목, 「국회 제4차산업혁명포럼, 퓨처스 아카데미 10주 과정 개설」, 『일요시사』, 2016. 8. 10., http://www.ilyosisa.co.kr/news/articleView.html?idxno=107984 (검색일: 2017. 2. 23.).

주석이 아닌 본문 안에서 괄호를 통해 출처를 표기할 때에는 인용한 부분이 끝난 지점에 괄호를 달고, 글쓴이와 출판 연도, 인용 쪽수만 표기하면 된다. 이때 구체적인 서지 정보는 참고문헌 목록에서 밝혀주어야 한다.

【예시】

…한 것으로 확인되었다(홍길동, 2017: 20).
이에 대하여 홍길동(2017: 20)은 …….

4) 결론 쓰기

결론은 연구보고서에서 다루었던 내용을 요약하며 정리하는 부분이다. 서론이 연구보고서에서 다루어야 할 핵심적인 내용을 대략적으로 소개하는 것이었다면, 결론은 지금까지 다루었던 내용을 종합적으로 정리하면서, 다시 한번 강조할 사항이라든지, 이 연구보고서의 의의 등을 밝히는 부분이라고 보면 된다.

4. 결론

4차 산업혁명은 과학기술의 발달이 이끌어낸 것인 만큼 과학과 이로 인한 산업 경제 분야가 주목받는 것은 당연할 것이다. 그러나 4차 산업혁명 시대에 이루어질 과학기술과 산업 경제 분야의 발달은 과학과 산업 경제라는 그 범위 안에서만 영향을 미치는 것이 아니라, 그 이전과는 비교할 수 없을 만큼으로 인류의 전반에 걸쳐 영향을 미칠 것으로 전망되고 있다. 이러한 시기에 4차 산업혁명 시대에 살아남기 위한 방법으로 국가 차원에서 과학과 산업 분야에서의 4차 산업혁명 정책을 고심하고 있다. 그러나 이러한 4차 산업혁명을 준비하는 '인간이라는 존재'와 '과학기술과 인류의 공존'이라는 근본적인 고민은 정작 이루어지지 않고 있다. 이에 이 글에서는 4차 산업혁명 시대에 인문교양교육의 역할을 다시 한번 생각해보고자 했던 것이다.

많은 미래학자들은 4차 산업혁명이 3D 프린팅 기술, 사물인터넷 기술, 인공지능이 도입된 로봇 기술의 발달로 획기적인 변화를 가져다줄 것이라고 예측하고 있다. 그리고 정도의 차이는 있지만, 이미 우리 생활 곳곳에 이러한 변화들이 감지되고 있기도 하다. 이러한 변화는 아직까지는 긍정적인 측면으로 우리 생활에 영향을 미치고 있다. 이러한 긍정적인 영향이 지속될 수 있기 위해서는 이러한 기술의 부정적인 측면에 관한 객관적인 인식과 이러한 기술이 '인간다움'이라는 인간 근원에 관한 질문에 어떠한 관련성을 지니는지에 대한 성찰이 전제되어야 할 것이다.

이에 이 글에서는 이러한 성찰을 가능하도록 하는 교육이 바로 인문교양교육임을 강조하고자 했으며, 인문교양교육의 방법으로 '읽기·쓰기·말하기'가 연계된 사고 중심의 교육을 지향해야 함을 제시하고자 했다. 또한 4차 산업혁명 시대가 요구하는 인재로서 소프트파워, 즉 인간의 이성과 감성을 바탕으로 다양한 개체를 상호 연결하고 창의적으로 접근할 수 있는 능력을 갖춘 인재가 필요하다는 것도 우선적으로 살펴보았다. 이러한 소프트파워를 갖추기 위해서도 역시 '읽기·쓰기·말하기'가 연계된 인문교양교육을 통해 사고하는 힘을 길러주어야 할 것이다.

비록 이 글에서는 인문교양교육이 중요함을 강조했으나, 사실 4차 산업혁명 시대라 불리는 새 시대에는 비과학도도 과학을 이해하고, 과학도도 인문학을 이해할 수 있는 교육, 즉 융합교육이 매우 중요해질 수밖에 없다. 다만, 융합교육의 기반을 과학에 둘 것이냐, 인문학에 둘 것이냐는 측면에서 인문교양교육에 관한 관심이 앞으로도 지속되어야 할 것으로 보인다.

출처: 김현정, 「4차 산업혁명 시대의 인문교양교육의 역할과 방향」, 『교양학연구』 5, 다빈치미래교양연구소, 2017, 116-117쪽.

5) 참고문헌

참고문헌은 연구보고서를 작성하는 과정에서 참고한 자료들을 정리해 놓은 것이다. 이때 주의해야 할 점은 본문에 인용된 문헌들은 반드시 참고문헌 목록에 포함되어야 한다는 점이다. 참고문헌 제시 순서는 일반적으로 저자의 이름순이며, 참고문헌 목록의 분량에 따라 저서와 논문, 인터넷 자료 등을 구분하여 제시하기도 한다.

참고문헌에서 출처를 표기할 때에는 각주와 동일한 방식대로 표기하되, 논문의 경우에는 해당 인용 쪽수만이 아니라 논문의 첫 페이지와 끝 페이지를 모두 명기해 주어야 하며, 단행본의 경우에는 별도의 인용 쪽수를 적지 않는다. 만약 본문에서 내주 형태로 출처를 밝혀주었다면, 참고문헌에서는 '저자(출판 연도), 책이름, 출판사, 전체 쪽수'와 같이 저자와 출판 연도를 나란히 명시해 주어야 한다.

참고문헌 예시(1)

과학기술정책연구원 미래연구센터, 『인공지능, 4차 산업혁명 그리고 인간의 미래: 미래는 더 나아질 것인가』, 알에이치코리아, 2016.

김민정, 「이공계 연구중심대학의 통합형 교양교육과정에 대한 연구」, 『교양교육연구』 6(3), 한국교양교육학회, 2012, 357-381쪽.

김상윤, 「4차 산업혁명의 핵심 동력 '소프트 파워'」, 『POSRI 이슈리포트』 2016(10), 포스코경영연구원, 2016, 1-13쪽.

김진형, 「4차산업혁명, 인공지능 시대의 교육」, 『STSS지속가능과학회 학술대회 자료집』, 지속가능과학회, 2016, 21-29쪽.

김현창, 「3D프린팅이 사회·경제에 미치는 영향에 관한 연구」, 『디지털융복합연구』 13(7), 한국디지털정책학회, 2015, 23-31쪽.

이창균, 「[4차 산업혁명, 과장됐나] 지금은 혁신 정체기 … '혁신의 역설(Innovation Paradox)'돌아보라」, 『이코노미스트』, 2017. 1. 23, http://jmagazine.joins.com/economist/view/315053(검색일: 2017. 4. 18.).

한동승, 「4차 산업 혁명 시대, 대학 교육과 콘텐츠」, 『인문콘텐츠』 42, 인문콘텐츠학회, 2016, 9-24쪽.

참고문헌 예시(2)

과학기술정책연구원 미래연구센터(2016), 『인공지능, 4차 산업혁명 그리고 인간의 미래: 미래는 더 나아질 것인가』, 알에이치코리아.

김민정(2012), 「이공계 연구중심대학의 통합형 교양교육과정에 대한 연구」, 『교양교육연구』 6(3), 한국교양교육학회, 357-381쪽.

김상윤(2016), 「4차 산업혁명의 핵심 동력 '소프트 파워'」, 『POSRI 이슈리포트』 2016(10), 포스코경영연구원, 1-13쪽.

김진형(2016), 「4차산업혁명, 인공지능 시대의 교육」, 『STSS지속가능과학회 학술대회 자료집』, 지속가능과학회, 21-29쪽.

김현창(2015), 「3D프린팅이 사회·경제에 미치는 영향에 관한 연구」, 『디지털융복합연구』 13(7), 한국디지털정책학회, 23-31쪽.

이창균(2017), 「[4차 산업혁명, 과장됐나] 지금은 혁신 정체기 … '혁신의 역설(Innovation Paradox)' 돌아보라」, 『이코노미스트』, 2017. 1. 23., http://jmagazine.joins.com/economist/view/315053(검색일: 2017. 4. 18.).

한동승(2016), 「4차 산업 혁명 시대, 대학 교육과 콘텐츠」, 『인문콘텐츠』 42, 인문콘텐츠학회, 2016, 9-24쪽.

부록에서 다루고 있는 연구보고서 작성법의 내용을 기초로 삼아, 각 해당 학문 분야에서 쓰이는 연구보고서의 형식과 작성 방법, 출처 표기법 등을 익히는 것이 필요하다.

생각 나누기 1

다음은 부록에서 설명한 내용과 다른 방식으로 인용 출처와 참고문헌을 표기하는 법을 설명하고 있는 내용이다. 다음의 내용과 같이 학문 분야마다 인용 출처 및 참고문헌 표기법은 각기 다르기 때문에, 해당 학문 분야의 인용 출처 및 참고문헌 표기법이 무엇인지를 찾아보자.

예문 1

〈한국교육학회〉의 인용 출처 및 참고문헌 표기법(일부)

◎ **인용문**: 인용하는 내용이 짧은 경우에는 본문 속에 기술하고, 긴 경우(3행 이상)에는 본문에서 따로 떼어 기술한다. 따로 기술하는 경우에는 인용 부분의 아래위를 본문에서 한 줄씩 비우고 각각 5글자씩 들여 쓰고, 줄간격은 150으로 한다.

가. 인용하는 저서나 저자명이 본문에 나타나는 경우에는 괄호 속에 발행 연도, 또는 발행 연도와 해당 면을 표시한다.

(예 1) 이 문제에 관하여 홍길동(2001)은…

(예 2) 홍길동(2001: 15)은….

나. 인용하는 저서나 저자명이 본문에 나타나지 않는 경우에는 해당 부분 말미에 괄호를 하고 그 속에 저자명과 발행 연도, 해당 면 등을 표시한다. 참고문헌이 여럿일 경우에는 문헌들 사이를 쌍반점(;)으로 가른다.

(예 1) … 한 것으로 확인되었다(홍길동, 2001: 18)

(예 2) 한 연구(홍길동, 2001; Anderson, 1999)에 의하면…

다. 저자가 3인 이상인 경우 저자를 모두 표시하되 첫 인용에는 모두 성을 표기하고, 같은 문헌이 반복될 때에는 제1저자의 성 뒤에 등(等)을 표기한다.

(예 1) 홍길동, 김교육과 박연구(2009)는… 첫 인용

홍길동 등(2009)은… 반복 인용

(예 2) Hong, Kim과 Park(2009)은… 첫 인용

Hong 등(2009)은…반복 인용

한편, 성과 연도를 ( )안에 표기할 경우 최종 저자 앞에는 ", &"로 표기한다. 단, 저자가 2명인 경우는 &앞에 ","를 찍지 않는다.

(예 1) 교육 혁신 방향(Kim, Riddle, & Oh, 2008)

(예 2) 교육 행정 시스템(Lee & Park, 2007)

라. 저자가 4인 이상일 경우 첫번째 저자만 나타내고 그 이하는 다음과 같이 나타낸다.

(예 1) (국문) 홍길동 등(2001)은… 첫 인용, 재인용 모두

교육의 의의(홍길동 외, 2001)

(영문) Anderson 등(2000)은… 첫 인용, 재인용 모두

사회학적 접근(Anderson et al., 2000)

마. 복합인용: 같은 저자의 복합인용인 경우 연도순으로 하여 ","로 띄어쓰고, 저자명은 각 논문마다 반복하지 않는다.

(예 1) (김교육, 2007, 2008) (Woods, 1999, 2005)

(예 2) (홍길동, 2005a, 2005b, 2007)

◎ 국문 참고문헌 작성

● 본문에 인용된 문헌은 반드시 참고문헌 목록에 포함되어야 한다. 참고문헌은 저자의 성에 따라 가나다순과 알파벳순으로 나열한다. 같은 저자에 의한 출판물은 연도순으로 나열한다.

● 여러 나라 문헌을 참고했을 경우 韓·中·日·西洋書 순으로 열거한다. 여기에 예시한 이외의 서양 참고문헌의 작성법은 대체로 APA(5ed.) 양식을 따른다.

가. 단행본의 경우: 책 이름은 진하게 한다.

홍길동(2001). **창의력**. 서울: 공공출판사.

홍길동·김기동(2001). **창의력과 평가**. 서울: 공공출판사.

나. 정기간행물 속의 논문의 경우

홍길동·김기동(2001). 열린교육 평가를 위한 연구. **교육학연구**, 39(2), 143-166.

다. 학위논문의 경우

홍길동(2000). 기독교 신앙 행동의 측정과 분석. 박사학위논문. 한국대학교.

라. 편저 속의 논문의 경우(해당 페이지를 반드시 밝힐 것)

이상호(1998). 아비튀스와 상징질서의 새로운 사회이론. **문화와 권력: 부르디외 사회학의 이해**. 현택수(편), 121-161.

마. 학술발표회 발표논문의 경우

최상진(1999). 문화심리학: 그 당위성, 이론적 배경, 과제 및 전망. 한국심리학회 하계심포지움 문화와 심리학, 1-20. 8월 20일. 서울: 연세대학교 제2인문관.

바. 신문기사의 경우

동아일보(2001. 9. 23). 사이버 대학 1학기 수강생 10명 중 8명 꼴 재등록. 19면.

사. 전자 매체, URL 등 인터넷 간행물의 표기

① 인터넷에서 정보를 인출한 경우 자료 원천의 이름과(혹은) 주소를 적은 후 인출한 날짜의 연월일을 구분하여 적고 "… 에서 인출"이라고 적어 문장을 끝낸다. 반드시 URL과 인출한 날짜를 기입한다.

American Psychological Association(2001, August 1). APA style for electronic resources. http://www.apastyle.org/styleelecref.html에서 2001. 9. 5 인출.

② 인터넷의 비정기간행물 문서의 경우 날짜가 명기되지 않고 일반 기관에서 게시한 인터넷 문서가 여러 페이지로 구성되었을 때는 그 문서가 들어간 홈페이지(혹은 첫 화면)로 연결될 수 있는 URL을 적어주고 작성 일자가 없음을 '작성일 불명'(영어는 no date를 나타내는 축약어 n.d.로 표기)이라고 명시한다. 문서작성자를 확인할 수 없는 문서는 그 문서의 제목을 저작자명으로 간주하여 제시한다.

GVU's 8th WWW user survey.(n.d.). http://www.cc.gatech.edu/gvu/user_surveys/survey-1997-10에서 2000. 8. 8 인출.

④ 기타(온라인 포럼, 토론 및 온라인 상에서 읽은 일간지 기사 등)

이정모(2000. 12. 24). 과학도로서의 심리학도의 자세/신조. http://www.koreanpsychology.org 회원광장 사이버특강에서 2001. 10. 3 인출.

한국일보(2001. 10. 12). 생명의 비밀 상자-게놈. http://www.hankooki.com에서 2001. 10. 12 인출.

◎ **영문 참고문헌**

가. 책명은 이탤릭체로 하며 저자(출판연도), 제목(판), 출판도시: 출판사 이름 순으로 표기한다.

McMillan, J.H.(2001). *Classroom assessment: Principles and practice for effective instruction*(2nd Ed.). Boston: Allyn and Bacon.

나. 편집된 책의 경우 아래의 방식을 따라 표기한다.

Wells, A.S.(1996). African-American students'view of school choice. In Fuller, B., Elmore, R., & Orfield, G.(eds.), *Who chooses? Who loses? Culture, institutions, and the unequal effects of school choice.* New York: Teachers College Press.

단, 여러 사람이 쓴 글을 편집하여 펴낸 책에서 한 논문을 참고하였을 때는 해당 논문의 쪽수도 함께 표기한다.

다. 번역서 혹은 편역서의 경우 원저자명 뒤에 본문에서 인용한 번역서의 출판 연도를 괄호 안에 제시하고 번역서명을 적는다. 원전의 제목을 알고 있는 경우에는 대괄호를 이용하여 원전의 제목을 표기하고 이어서 괄호로 묶어 역자명을 적고 "역 혹은 편역"으로 번역서임을 표시하고 마침표를 할 것. 그리고 번역서의 출판지와 출판사를 적고, 그 뒤에 원전의 출판 연도를 괄호를 묶어 제시할 것. 그러나 본문에서는 괄호 안에 원저자명을 적고 원전의 출판연도와 번역서의 출판 연도를 빗금(/)으로 구분하여 나란히 표기할 것[예: Bowles, S., & H. Gintis(1976/1986)].

Bowles, S., & Gintis, H.(1986). 자본주의와 학교교육[*Schooling in capitalist America: Educational reform and the contradictions of economic life*]. (이규환 역). 서울: 사계절. (원전은 1976에 출판)

라. 신문기사

Mayer, C.E.(2005, January 7). Group takes aim at junk-food marketing. The Washington Post, p. E2.

마. 홈페이지 등 전자매체

National wage data.(2004, April 20). Bureau of Labor Satistics. Retrieved January 19, 2005, from http:// www.bls.gov/bls/blswage.htm#/national

예문 2

〈한국융합학회〉의 인용 출처 및 참고문헌 표기법

◎ 참고문헌

- 참고문헌은 본문에 인용되었거나 언급된 것으로 제한하며 인용한 순서대로 기재한다.
- 본문 중에 [ ]를 사용하여 참고문헌 번호를 기재한다. (예) 정의하였다[4].
- 기술 순서는 저자, 제목, 학술지명, 권, 호, 쪽수, 발행년도 순으로 작성한다.
  ex) 《저자, "제목", 학술지명, Vol.권, No.호, pp.쪽수-쪽수, 발행년도.》
- 저자가 2인 이상일 때에는 모든 저자의 이름을 기재한다.
- 책이나 논문의 일부를 참고하였을 때는 페이지를 표시하되 연결된 페이지에 '-'를 쓴다.
- 저자 불명 또는 미상일 경우는 책명이나 제목을 제일 앞에 둔다.
- 문장 기호 다음에는 반드시 한 칸을 띄운다.
- 참고문헌 명세에서 순서는 인용한 순서대로 기술한다.
- 여러 개를 동시에 인용한 경우에는 [1-3].과 같은 방법으로 기술한다.
- 논문과 직접적으로 관련이 있는 참고문헌을 모두 작성하되 15개 이상 작성한다.
- 참고문헌은 영문으로 작성한다.

● 다음의 예는 지금까지 기술한 참고문헌 작성 원칙에 따른 것이다.

■ 저널 논문

저자명. (연도). 논문제목. *학술지명, 권수(호수),* 시작 페이지-끝페이지.
S. Y. Kim & Y. S. Han. (2009). Title. *Journal of The Korea Convergence Society, 7(4),* 1-10. DOI : 10.22156/JKCS.2018.7.1.001

● 저자가 2인 이상인 경우, 저자를 쉼표로 구분하되 마지막 저자 앞에 &을 기입한다. 저자명은 이름을 약자로 먼저 기입한 후 마침표로 한다. 성은 이니셜(Initial)로 기입한다.

● 7인 이상의 저자 논문의 경우, 1st Author et al.'을 붙인다.

● 학술지명과 권수는 이탤릭체로 한다.

■ 잡지

저자명. (년. 월). 글 제목. *잡지명, 권수,* 시작 페이지-끝 페이지.
S. Y. Kim. (2017. May). *Title. Review of JKCS, 4,* 46-70. DOI : 10.22156/JKCS.2018.7.1.001

- 월간지의 경우, 월 표기만, 주간지의 경우, 월과 일을 기입한다.
- 잡지명, 권수는 이탤릭체로 한다.

■ 소식지

저자명. (년. 월. 일.). 글 제목. *소식지명, 권수,* 시작 페이지-끝 페이지.
S. Y. Kim. (2017. May). Title. *Newsletter of JKCS,* 4, 46-70.

- 단체명 저자인 경우, 저자에 단체명을 기입한다.
- 저자가 없는 경우, 제목. (년도. 월. 일.). 소식지명, 권수, 시작페이지-끝페이지. 로 작성한다.
- 소식지명, 권수는 이탤릭체로 한다.

■ 신문 글(인쇄출판물)

저자명. (년. 월. 일.). 글 제목. *신문명, p. 페이지.*
S. Y. Kim. (2017. 1. 28). Title. *News of JKCS, p. 25.*

- 저자가 없는 경우 : 제목 (년도. 월. 일). 신문명. p. 페이지.
- 불연속적인 페이지인 경우, 쉼표를 사용하여 페이지 분리를 한다.
- 일간 신문의 경우 (년. 월. 일).을 작성하고, 월간 신문의 경우, (년. 월).을 작성한다.
- 신문명, 페이지는 이탤릭체로 한다.

■ 단행본

저자명. (출판 연도). *서적명.* 출판도시: 출판사명.
S. Y. Kim. (2017). *Title.* Seoul: JKCS.

- 저자가 없는 경우, 서적명. (출판 연도). 출판도시: 출판사명. 의 순으로 진행한다.
- 서적명은 이탤릭체로 한다.

■ 소책자

저자명 혹은 단체명. (년도). *소책자명.* [소책자]. 출판도시: 저자
SMB. (2017). *Title.* [Brochure]. Seoul: Kim. S. Y.

● 책명 다음 [Brochure]을 작성한다.

● 페이지는 삭제한다.

● 서적명은 이탤릭체로 한다.

■ 회의 및 심포지엄 회의

저자. (년도). 논문명. *심포지엄 책자명* (pp. 00-00). 출판도시: 출판사명.
S. Y. Kim. (2017, May). Title. *Conference.* (pp. 2017-2019). Seoul : SMB.

● 회의가 개최된 달을 알면 기입한다.

● 회의명 또는 심포지엄명은 이탤릭체로 한다.

■ 석박사 학위논문

저자. (년도). *논문 제목.* 00학위청구논문. 00대학교, 대학소재 도시명.
S. Y. Kim. (2017). *Title.* Doctoral dissertation. SMB University, Seoul.

● 논문 제목은 이탤릭체로 한다.

■ 전자매체

저자. (년도). *제목(전자문서명).* 웹사이트명(학회지명/서적명). URL
S. Y. Kim. (2017). *Title.* SMB(Online). http://www.kcons.or.kr

● 페이지 제목(전자문서명)은 이탤릭체로 한다.

■ 보고서 / 특허

저자. (년도). *제목.* 기관 소재 도시 : 기관명.
S. Y. Kim. (2017). *Title.* Seoul : JKCS.

● 저자명이 없을 경우, 기관명으로 대체한다.

● 페이지 제목은 이탤릭체로 한다.

예문 3

〈대한산업공학회〉의 인용 출처 및 참고문헌 표기법

◎ 참고문헌

인용된 문헌은 저자명과 연도(괄호 안)를 본문 중에 명시하고, 인용된 문헌들만을 본문 끝 참고문헌 부문에 저자명의 알파벳순으로 일괄 기입한다. 참고문헌의 모든 내용은 영문을 사용한다. 한국어, 일본어, 중국어 등 비영어권의 언어로 작성된 논문을 인용할 경우, 고유명사는 음역(transliteration), 그 외 보통명사 등은 번역(translation)을 통하여 영문 알파벳을 사용하여 기입한다. 학술지의 경우는 저자명, 발행연도, 논문제목, 학술지명, 권, 호, 쪽번호의 순으로 기입하고, 정기간행물이 아닌 문헌의 경우는 저자명, 출판연도, 서명, 출판수(2판 이상의 경우), 쪽번호 또는 장(필요시), 출판사명, 출판지역의 순으로 기입하되, 다음의 예를 따른다.

Bai, D. S. (1992), *Statistical Quality Control*, Yeongji Moonhwasa, Seoul, Korea.

Hillier, M. S. (2000), Component Commonality in Multiple-Period Assemble-to-Order Systems, *IIE Transactions*, 32(8), 755-766.

Hwang, H-S. and Lu, J-C. (1996), A Study on an Inventory Model for Items with Weibull Ameliorating, *Proc. 20th Int. Conf. on Computers & Industrial Engineering*, 579-582.

Seol, T-R., Park, C-K., and Park S-D. (1998), Minimum Deficiency Ordering with the Clique Storage Structure, *Journal of the Korean Institute of Industrial Engineers*, 24(3), 407-416.

성찰과 소통을 위한 글쓰기

인쇄 2019년 2월 20일
발행 2019년 2월 28일

펴낸이 전남대학교 기초교육원
발행인 정병석
발행처 전남대학교출판문화원

등록 1981. 5. 21. 제53호
주소 61186 광주광역시 북구 용봉로 77
전화 (062) 530-0571~2 **마케팅** (062) 530-0573
팩스 (062) 530-0579
홈페이지 http://www.cnup.co.kr
이메일 cnup0571@hanmail.net

값 10,000원

ISBN 978-89-6849-608-0 (03700)

이 도서의 국립중앙도서관 출판예정도서목록(CIP)은 서지정보유통지원시스템 홈페이지(http://seoji.nl.go.kr)와 국가자료종합목록시스템(http://www.nl.go.kr/kolisnet)에서 이용하실 수 있습니다.
(CIP제어번호 : 2019006583)